中国政法大学知识产权法新兴学科建设项目成果。

博士生导师学术文库

A Library of Academics by
Ph.D.Supervisors

# 知识产权制度及其运行研究

## ——法律保护·战略运用

冯晓青　著

光明日报出版社

图书在版编目（CIP）数据

知识产权制度及其运行研究：法律保护·战略运用 /
冯晓青著 . -- 北京：光明日报出版社，2022.2
ISBN 978-7-5194-6473-8

Ⅰ.①知… Ⅱ.①冯… Ⅲ.①知识产权制度—研究—
中国 Ⅳ.① D923.404

中国版本图书馆 CIP 数据核字（2022）第 035451 号

# 知识产权制度及其运行研究：法律保护·战略运用
ZHISHI CHANQUAN ZHIDU JIQI YUNXING YANJIU: FALÜ BAOHU · ZHANLÜE YUNYONG

| | |
|---|---|
| 著　　者：冯晓青 | |
| 责任编辑：宋　悦 | 责任校对：郭嘉欣 |
| 封面设计：一站出版网 | 责任印制：曹　净 |

出版发行：光明日报出版社

地　　址：北京市西城区永安路 106 号，100050

电　　话：010-63169890（咨询），010-63131930（邮购）

传　　真：010-63131930

网　　址：http://book.gmw.cn

E－mail：gmrbcbs@gmw.cn

法律顾问：北京市兰台律师事务所龚柳方律师

印　　刷：三河市华东印刷有限公司

装　　订：三河市华东印刷有限公司

本书如有破损、缺页、装订错误，请与本社联系调换，电话：010-63131930

| | | | |
|---|---|---|---|
| 开　　本：170mm×240mm | | | |
| 字　　数：299 千字 | | 印　　张：21 | |
| 版　　次：2022 年 2 月第 1 版 | | 印　　次：2022 年 2 月第 1 次印刷 | |
| 书　　号：ISBN 978-7-5194-6473-8 | | | |

定　　价：99.00 元

# 前　言

知识产权制度是当前世界各国、地区普遍采取的保护知识产权人合法权益、协调利益关系，激励创新和促进创新成果推广与运用的法律制度与激励机制。知识产权制度立足于颁行知识产权法律，加强知识产权保护。同时，知识产权制度的有效运行离不开充分运用知识产权，实现知识产权的经济社会价值，确保知识产权的保值增值。在当代国内外市场竞争日益激烈的背景下，知识产权制度的有效运用还成为一个国家和地区提高产业竞争力和国际竞争力的重要手段。这使得知识产权成为一个国家战略问题，从战略高度实施知识产权制度事关国家核心竞争力的提升；在微观层面上，则关系到企业知识产权能力和市场竞争力提升的问题。

正是基于知识产权制度及其有效运行的重要意义以及充分、有效保护知识产权对于知识产权制度的重要支撑作用，近年来，我国通过制定和完善知识产权政策与法律等形式不断完善我国知识产权制度。改革开放以来，我国知识产权制度的实施取得了巨大成效。2008年6月5日，国务院发布《国家知识产权战略纲要》，知识产权制度的有效实施也上升为国家战略问题。当前，我国正在深入实施国家知识产权战略和创新驱动发展战略，朝创新型国家宏伟目标迈进。知识产权制度将在我国经济社会发展中发挥更加重要的作用。

2020年10月26日至29日在北京举行的党的十九届五中全会审议通过了《中共中央关于制定国民经济和社会发展第十四个五年规划和二〇三五年远景目标的建议》（以下简称《建议》），为我国未来经济社会发展指明了方向，并提出了战略规划。《建议》提出，我国已经进入新发展阶段，需要贯彻新发展理念和构建新发展格局。《建议》在第三部分"坚持创新驱动发展，全面塑造发展新优势"中明确指出，要"加强知识产权保护，大幅提高科技成果转移转化成效"。在新形势下，加强知识产权法律保护，促进创新发展，同时强化知识产权转化和运用，是我国知识产权制度有效运行的重中之重。2020年11月30日，习近平总书记在中央政治局第25次集体学习时，专门针对加强知识产权保护工作发表了重要讲话，指出："创新是引领发展的第一动力，保护知识产权就是保护创新。全面建设社会主义现代化国家，必须更好推进知识产权保护工作。"习近平总书记还指出：知识产权保护工作关系国家治理体系和治理能力现代化、关系高质量发展、关系人民生活幸福、关系国家对外开放大局、关系国家安全，并提出了加强知识产权保护工作顶层设计、提高知识产权保护工作法治化水平、强化知识产权全链条保护、深化知识产权保护工作体制机制改革、统筹推进知识产权领域国际合作和竞争、维护知识产权领域国家安全等方面的对策。① 这些重要观点和对策，为在新发展格局下我国加强知识产权保护工作，促进创新发展以及知识产权有效运用提供了重要的指导和指引，也是当前我国推进知识产权强国战略实施和创新型国家建设的指南。

2021年9月，中共中央、国务院发布《知识产权强国建设纲要（2021-2035年）》，对于未来一段时期我国知识产权制度有效实施提出了全面而系统的战略性措施与对策，是新时代我国强化知识产权保护、充分发挥知识产权制度在我国社会主义现代化建设中的重要作用的总体蓝图和战略布局。2021年10月9日，国务院发布《"十四五"国家知识产权保护和运用规划》，针对加强我国知识产权保护和运用提出了诸多措施。

近年来我国知识产权制度和国家知识产权战略的实施，对于加强我国知识产权法律保护和战略运用等方面的研究提出了更高的要求，同时也为这方面的研究提供了更大的舞台。本书作为笔者近年来研究知识产权法律保护和战略运用方面的专题性成果，就是适应上述形势要求的体现和反映。

---

① 习近平.全面加强知识产权保护工作　激发创新活力推动构建新发展格局[J].求是，2021，（3）：4-8.

本书分知识产权法律保护和战略运用两部分内容。其中，知识产权法律保护研究部分涉及知识产权制度与创新驱动发展战略之间的关系、我国知识产权制度的变革与发展、知识产权保护与公共领域保留的关系、信息网络时代的知识产权保护、市场经济条件下商标权的保护，以及专利权的保护等内容。知识产权战略运用部分则包括企业知识产权战略的基本理论、创新驱动发展战略视野下我国企业专利战略的运用、小微企业知识产权战略及其运用、企业知识产权运营战略及其实施、企业知识产权管理制度与激励机制建构，以及企业品牌战略及其实施策略等内容。由于近年来随着我国经济社会发展，我国知识产权制度本身也在不断完善中，本书在收录笔者上述研究成果时，对相关内容进行了必要的修改和完善。

由于笔者研究水平有限，本书难免存在错漏，敬请广大读者批评指正。

作　者

2022年1月5日

于中国政法大学

# 目　录
CONTENTS

# 上　篇

# 下　篇

# 上　篇

# 知识产权法律保护

# 知识产权制度对创新驱动发展的动力机制研究 [①]
## ——兼论知识产权法中公共领域的作用

## 一、知识产权制度与创新驱动发展

知识产权制度作为法律制度的一部分，属于上层建筑范畴，是由经济基础决定的，并与一定的经济社会发展阶段相适应。从知识产权制度的发展历史来看，其产生不仅是保护专有权和激励创新的需要，而且是划清专有权和公共领域之间保护界限的要求。可以说，知识产权制度发展的历史就是知识产权这一专有权与知识产权法中公共领域之间此消彼长、不断博弈的历史。知识产权制度的最终目的在于促进思想、知识、信息、技术的广泛利用和传播，从而推动科技文化进步与经济社会发展。为确保这一最终目的的实现，知识产权制度设计了两条路径：一条是通过对知识产权人专有权利的保护从而运用利益激励机制促进创新、再创新以及知识的传播和利用；另一条是通过对知识产权法中公共领域的保护，保障社会公众对知识的充分接近和使用，从而使创新和再创新可以获得充足的养分，促进知识的广泛传播和利用，保障创新和再创新的可持续性。由此可见，知识产权制度主要是由知识产权这一专有权和知识产权法中公共领域两大支撑体系构成，这两大支撑体系从不同角度维护了知识产权制度价值目的的实现，推动了知识产权制度的可持续发展。

知识产权制度中的公共领域是指知识产权这一专有权保护范围以外

---

① 原载《光明日报》（11版）2019年2月27日。

的知识产品，包括但不限于没有纳入知识产权法律制度保护内容的知识产品、知识产权保护期限届满的知识产品，以及知识产权人放弃权利保护的知识产品等。对于创新驱动发展战略而言，知识产权法中公共领域与知识产权具有同等重要的地位，只是激励创新从而驱动发展的方式不同。以往，学术界更多地从知识产权这一专有权的角度研究其与创新驱动发展的关系，而对知识产权法中公共领域关注不足。实际上，知识产权法中公共领域对于创新驱动发展也意义重大，是实现创新驱动发展战略必不可少的条件。

具体而言，知识产权法中公共领域之于创新驱动发展的意义主要体现在以下几个方面。一是知识产权法中公共领域为创新驱动发展提供养料土壤。知识产权法中公共领域旨在使创新能够有充分的、可持续的公共知识成果加以使用，能够使社会公众得以自由接近已有知识成果，并从中借鉴灵感、汲取养分乃至直接使用。二是知识产权法中公共领域为创新驱动发展提供外驱力。知识产权法中公共领域的存在有效驱动了创新，为创新驱动发展营造了宽松的、低成本的环境。三是知识产权法中公共领域为创新驱动发展提供补充保障。知识产权的私权属性和绝对性使得其对创新的实现可能基于某些原因而难以发挥效用，而知识产权法中公共领域则为这一可能提供了补充，保障了创新的实现，使得无论在何种情况下，对创新的激励不会停止。

## 二、知识产权制度对创新驱动发展的动力机制：激励创新

知识产权制度是激励创新的现实需要。现代产权经济学认为，经济增长的关键在于有效率的经济组织，而这离不开有效的、适当的产权激励制度。知识产权制度通过赋予知识产权人以垄断性的产权，保障权利人在他人使用其知识成果时不仅能够收回成本、获取收益，还能有效抵制可能存在的他人"搭便车"行为。这种制度保障使得知识产权成为创新

者的目标追求，从而激励创新者不断创新以获取更多的知识产权保护。从当前各国科学技术和经济社会发展的情况来看，知识产权制度不仅普遍存在于各国，在法律制度体系中占有特殊重要的位置，而且在激励创新中发挥着十分重要的作用。可以说，知识产权已经成为激励创新、促进科学技术进步、推动国家经济社会发展的重要资源，知识产权的拥有数量和对知识产权的创造、运用、保护和管理能力已成为衡量一个国家创新实力的核心因素。知识产权制度已经成为当代社会各国维护技术优势、激励创新发展、建设创新型国家的重要手段与保障。世界知识产权组织原总干事卡米尔·伊德里斯（Kamil Idris）曾经指出，"知识产权是促进经济增长的有力手段"。在我国，党的十九大明确提出实施创新驱动发展战略，加快建设创新型国家；习近平总书记指出要"把创新驱动发展作为面向未来的一项重大战略实施好"。为了实现创新驱动发展这一战略目标，我国配套实施了许多政策措施和制度安排，其中最重要的一项就是知识产权制度。近年来，我国多次修订著作权法、专利法、商标法等法律，以适应科学技术和经济社会发展特别是创新的需要。

商业化激励是知识产权制度激励创新的内在动力。随着市场经济的发展，知识产权人对知识产品权利的享有不再满足于占有，而是对其的运用有了更多的需求。知识产权制度从知识产品的无形性等特殊属性出发设计了一系列旨在保护知识产品使用和传播的法律规定，使知识产品能够更好地运用于市场中实现商业化，以获取最大化的经济利益。知识产品的运用与市场活动密切相关，与经济利益紧密相连，且在当代市场经济条件下离不开制度的保障。知识产权制度正是基于知识产权人对知识产品运用的这一内在需求，对知识产品的商业化予以保障，使这种商业化更加顺畅、有效，以最小成本获取最大收益。同时，知识产权制度在进行制度设计时，也对知识产品的商业化进行了一些条件限制，使得创新者的知识产品商业化可以获得最大的制度保障，从而获取更大的经济利益。这一制度设计的目标就在于给予创新者以知识产品商业化的激励，使创新者比一般社会公众拥有更多的优先权、可以获得更多的利益，从而促使社会公众争做创新者以达到激励创新的目的。需要指出的是，知识产权制度对创新的激励不仅体现在保护知识产品正向运用和商业化上，而且体现在对知识产品商业化侵权行为的约束上。知识产权制度在设计一系列保护知识产品运用和商业化行为的同时，还对市场主体的行为进行了规范，对侵权行为规定了制裁措施。这种规范不仅是对知识产品商业化的利益保护，也是对市场竞争公平合理秩序的维护，从而保障了知识产品商业化目标的有效实现。知识产权制度就是通过正反两方面的规范，为知识产品的商业化提供全方位的保障，给创新者和潜在创新者提供有效的商业化激励，使创新成为一种内在需求。

再创新激励是知识产权制度激励创新的动态效果。在现实经济生活中，经济行为的外部性是不可避免地存在的。这种外部性可能是积极的外部性，也可能是消极的外部性。知识产权的行使行为作为市场活动中经济行为的一种，其不可避免也会产生外部性问题。从社会效用的角度来说，如果知识产权这一专有权利趋于绝对，就不仅会限制他人对知识产品的使用，而且会使这种使用始终处于高成本之中，进而损害他人乃至社会的利益。法律制度在进行制度设计时就需要充分考虑这种外部性，从而做出合理选择。知识产权制度在应对这一外部性时选择了将知识产权法中公共领域确认为与知识产权同样重要的支撑体系之一，以抵消知识产权行使可能产生的消极外部性，纠正因外部性存在而导致的社会公众对知识产品的使用不便及可能引发的市场失灵问题。知识产权制度通过规定知识产权法中公共领域，使创新成果在满足一定条件后可以进入公共领域而为社会公众所自由接近和使用，这样既满足了创新者基于其创新行为获取利益的需要，又使创新者不至于满足于已有创新成果而怠于继续创新，同时还为社会公众提供了创新的养料。

## 三、结 语

总的来说，知识产权制度始终在寻求知识产权这一专有权和知识产权法中公共领域之间的最佳平衡，其通过对知识产权法中公共领域的确认激励创新者和社会公众在既有创新成果基础上进行再创新，从而进一步丰富创新成果。知识产权制度关于知识产权法中公共领域的规定使创新进入良性循环轨道，推动对创新成果的专有权利保护进一步健全和完善，不断充实知识产权这一权利保护内容，并不断充实知识产权共有知识池的内容。与有形物产品市场可能出现的"公地悲剧"现象不同，知识产品因其具有无形性，对其反复、多次使用非但不会减损其价值或效用，反而可能激发其更大的价值。因此，知识产权法中公共领域使得已有知识产品的效用发挥得以最大化，可以使其成为激励再创新的重要源泉。纵观史上历次科学技术的飞跃，都离不开已有知识成果的积累和对已有知识产品的利用。创新、再创新已成为推动科学技术进步和经济社会发展的重要动力，而知识产权制度则为这一机制的实现及其预期目标达成提供保障和激励。

# 论我国知识产权制度的变革与发展①
## ——以推进国家治理体系和治理能力现代化为考察视角

《中共中央关于坚持和完善中国特色社会主义制度　推进国家治理体系和治理能力现代化若干重大问题的决定》（以下简称《决定》），对于在新时代如何完善我国各项国家制度，通过有效的国家治理，提高国家治理现代化水平，为实现"两个一百年"奋斗目标提出了明确的方向、措施与目标。国家治理体系的本质是涉及经济、政治、文化、科技等各方面的国家制度。在国家制度中，作为保护和激励创新、促进创新成果运用的知识产权制度具有其独到的功能、特点和作用，其构建、完善与有效运行对于推进我国国家治理体系和治理能力现代化，使我国由知识产权大国变为知识产权强国、不断提高国家核心竞争力等方面具有极端重要的作用。因此，从国家治理体系和国家治理能力现代化的角度研究如何完善我国知识产权制度，十分必要。

## 一、国家治理体系和治理能力现代化的基本内涵

治理的英文是"Governance"，原义是控制、操纵与引导等。近年来，治理的概念在国家层面被赋予特定含义，即通过国家制度、利用多元化的参与机制以推进国家和社会发展。我国社会主义国家的本质是中国共产党的领导。我国的国家治理就其根本而言，是中国共产党领导人民有效治理国家。《决定》即明确指出："中国特色社会主义制度是党和人民在长期实

---

① 原载《人民论坛·学术前沿》2019年第24期。

践探索中形成的科学制度体系，我国国家治理一切工作和活动都依照中国特色社会主义制度展开，我国国家治理体系和治理能力是中国特色社会主义制度及其执行能力的集中体现"；"中国特色社会主义制度和国家治理体系是以马克思主义为指导、植根中国大地、具有深厚中华文化根基、深得人民拥护的制度和治理体系"。由此可见，中国特色社会主义的国家治理有别于西方的概念。以习近平同志为核心的党中央提出的治国理政理念和措施，是新时代国家治理理念和措施的重要体现。国家治理是一个多元的系统工程，强调社会多元化主体参与，不仅是权力机关治理，而且与政府治理和社会治理具有密切联系。正如《决定》所指出的，"需要构建系统完备、科学规范、运行有效的制度体系，加强系统治理、依法治理、综合治理、源头治理，把我国制度优势更好转化为国家治理效能"。

习近平总书记指出：国家治理体系和治理能力是一个国家制度和制度执行能力的集中体现。国家治理体系是在党领导下管理国家的制度体系，包括经济、政治、文化、社会、生态文明和党的建设等各领域体制机制、法律法规的安排，是一整套紧密相连、相互协调的国家制度。国家治理能力则是运用国家制度管理社会各方面事务的能力，包括改革发展稳定、内政外交国防、治党治国治军等各个方面。

国家治理体系和治理能力现代化集中体现了国家制度的建设要求和执行能力，尤其是在党的领导下国家的制度体系及其有效运行。《决定》第四部分"坚持和完善中国特色社会主义法治体系"也指出："建设中国特色社会主义法治体系、建设社会主义法治国家是坚持和发展中国特色社会主义的内在要求"。法律制度是国家制度核心的内容之一，在"依法治国""建设社会主义法治国家"等目标的新时代背景下，法治化是国家治理的核心内容。同时，法治化也是国家治理科学化、民主化、文明化的要求。总书记专门指示，法治是国家治理体系和治理能力的重要依托。作为体系建设的重要内容，推进国家法治化建设是国家治理体系建设和治理能力现代化进程中不可或缺的。

关于国家治理现代化的基本框架，有学者认为包括以下四部分：国家的基本政治制度、国家治理的价值体系、国家治理体系以及国家治理能力。笔者则认为，国家治理现代化是一个以国富民强为根本目标的综合性的系统工程，涉及国家政治、经济、科技、文化等各方面制度构建与有效运行、理念与意识形态的先进性、以国家权力运作为核心的组织行为与资源优化配置及有效运用等的一体化的推进过程。国家治理能力现代化无疑是我国建设社会主义现代化强国的必由之路和根本方向。

## 二、我国知识产权制度变革与发展：基于推进国家治理体系和治理能力现代化的视角

众所周知，知识产权制度是激励创新与保护创新成果的法律制度和激励机制。如何构建和推进知识产权国家治理体系、推进知识产权治理能力现代化，是当前我国知识产权制度改革和完善值得重视的重大课题。在我国大力推进国家治理体系与治理能力现代化的大背景下，需要立足于知识产权制度的现状和存在的问题，探讨适应于我国国家治理体系与治理能力现代化需要的具有中国特色的知识产权制度。2015 年国务院印发的《国务院关于新形势下加快知识产权强国建设的若干意见》即指出："到 2020 年基本实现知识产权治理体系和治理能力现代化"。

其一，知识产权国家治理体系与治理能力现代化的基本问题。

国家制度体系是国家治理体系的核心内容，法治化是国家治理体系现代化的保障。据此可以认为知识产权国家治理属于国家治理体系的重要范畴，也是国家治理体系中十分重要的组成部分。知识产权作为一种具体的民事权利，和非法律领域相比有自身的特点，知识产权治理体系更侧重于知识产权法律法规体系的构建和完善，同时还包括知识产权法治实施体系、知识产权法治监督体系和知识产权法治保障体系。知识产权国家治理是在国家治理原理和政策指引下，以知识产权制度和政策的制定与有效推行为核心、以先进的理念为指导、以相关权力运作为基础并充分调动和运用社会组织与公民广泛参与，将知识产权上升为国家战略需求的手段，全

面提高国家知识产权战略能力和核心竞争力的过程和策略。知识产权治理能力现代化也是对现有的知识产权体制机制和政策的变革与发展，比如相关的立法制度、司法制度，以及文化、教育、科技、创新、国际贸易等领域涉及知识产权的相关政策的制定与完善。

关于提升知识产权治理体系的现代化路径，有学者认为有三条：一是优化和协调知识产权制度体系；二是调整多元化治理主体之间的关系；三是完善权力路径、扁平化权力维度。笔者则认为，实现知识产权治理体系的现代化，知识产权制度需要从立法、司法、政策、管理体制机制及协调等各方面进行改革。知识产权治理体系现代化要真正在创新型国家建设中发挥独特作用，必须建立产学研深度融合的技术创新体系，以企业为主体、以市场为导向，通过知识产权制度完善与有效运行实现有效的国家治理。《决定》第六部分之（四）"完善科技创新体制机制"，其实与知识产权制度之完善具有极大关系。

在知识产权全球治理的环境下，治理体系现代化不能闭关自守，需要提高中国知识产权保护的地位，在国际事务中发挥更大的作用。知识产权制度要服务于国家经济社会发展，科技创新能力的提升要适应当代知识产权制度的现状。实现知识产权治理体系现代化，需要解决重点矛盾、提出重点措施，推进知识产权制度执行力提高、知识产权运营能力提升。

同时，作为知识产权国家治理体系的重要范畴，需要构建与形成国家知识产权治理体系的价值观，包括正义价值、效率价值和创新价值等。这些基本价值观，在著名知识产权法学者吴汉东教授有关成果中也有充分展示。这些价值观，也是在知识产权制度及其运行领域落实《决定》提出的"坚持共同的理想信念、价值理念、道德观念"的体现。具体而言，关于知识产权制度正义价值，从立法来讲，制度要追求公平、正义、平等；从司法来讲，法官审案要保证司法公正。关于知识产权制度的效率价值，其本身就追求经济效率。基于效率价值（包括知识产权制度的竞争效率价值）考虑，在推进知识产权国家治理体系构建和完善进程中，必须高度重视提高我国知识产权的应用和转化能力、深入实施知识产权战略，使知识产权不断保值增值，为国家和企业竞争力的提高做出更大的贡献。关于创新价值，其包括知识创新与技术创新等内涵。在当前鼓励创新的激励机制下，更要强调这方面的价值。在推进知识产权国家治理中，如何释放我国知识产权制度和政策激励创新的功能和作用，是从国家战略高度提升我国知识产权综合运用能力、运用知识产权制度推进国家治理能力现代化的重要一环。

其二，推进我国知识产权国家治理体系与治理能力现代化的内容与策略。

一是应构建具有中国特色的知识产权国家治理体系。首先，实现知识产权治理国际化。知识产权制度的特点是高度国际化，甚至全球化，这与社会发展，尤其与国际经济贸易的全球化有很大的关系。国际化竞争中，国际公约的制定和修改大多由发达国家把持，包括中国在内的发展中国家需要大力加强话语权、增加参与深度、扩大参与范围。在国际化的环境下，针对包括技术贸易在内的国际贸易，发展中国家与发达国家的冲突以及发达国家之间的冲突，应当如何进行有效的知识产权治理，是知识产权治理国际化的主题。

其次，着力知识产权治理本土化。本土化的前提是加入国际公约，其内容是构建既符合国际化又具有中国特色的知识产权保护制度。当下，国内知识产权治理体系在理论和实践方面都具有自身特色，但学界对具有中国特色的社会主义知识产权体系研究还不够深入。在社会主义制度之下，立法服务于社会主义强国建设之目标，在知识产权实践主体、权益归属、保护范围等方面，显然要考虑自身国情。我国知识产权制度包含行政执法，从中央到地方都设置了行政执法管理体系，对侵害知识产权的行为进行查处，而西方国家并非如此，知识产权行政执法就是我国知识产权治理在执法方面的特色。例如，我国的知识产权海关保护制度，进口和出口都在查处范围内，从世界范围来看，也是独一无二的。知识产权集中化管理体制，也是因独特的国情产生的。此外，在知识产权本土化和国际化的过程中，可能会出现矛盾，如何协调矛盾值得我们进一步探讨。

　　二是应树立知识产权保护发展观。知识产权制度作为科学技术与商品经济发展的产物，是一个与时俱进、随着社会发展和变革而不断完善的法律制度。我们需要在国际知识产权制度大变革和大发展的背景下研究、解决中国的知识产权问题，把握最新的发展动态，因应技术发展对知识产权及时进行变革。技术发展对于法律制度的变革影响很大，信息网络引发了大量新兴技术问题，而法律大多显得滞后，从这个角度来讲，技术在一定程度上会推进立法的修改。另外，法院系统的信息化建设，例如智慧法院的建立，利用高科技手段固证和质证，网上立案与网上审理等，都体现了在制度发展过程中与时俱进的理念和观念。

　　三是推进知识产权法治的现代化。从全局和战略的高度，要采取有效的措施充分开发、利用知识资源，着力提高知识产权的创造、运用、管理和服务能力，使得创新成为经济社会发展的动力和全社会的普遍行为，从而依靠制度创新和科技创新实现经济社会的协调发展。

　　在知识产权法治现代化过程中，我们还面临一系列的挑战。首先是理论上认识不统一。例如，我国专利确权制度和专利侵权制度是长期剥离的，浪费了大量的社会资源，不利于执法。最高人民法院成立知识产权法庭，试图通过审理技术类知识产权侵权纠纷案件，将涉及确权的案件一揽子解决，但国家相关行政管理部门对此并不完全赞同。其次是实践中制度实施的效果不理想。近几年专利和商标申请的数量飙升，一方面大量的知识产权诉讼给法官造成了极大的压力，另一方面专利闲置、商标囤积及恶意抢注等问题却愈演愈烈。如何在国家治理推进的背景下，使中国知识产权法治发挥功能、完成历史使命，是我们不得不关注的问题。

　　在具体措施方面，笔者认为应着力于以下四点。

　　一是知识产权立法需要改革与完善。《决定》要求完善立法体制机制，坚持科学立法、民主立法、依法立法。我国知识产权立法完善，无疑有利于完善我国法律体系。目前在国家层面、地方层面有大量的知识产权政策，但没有统领的基础性法律。日本《知识产权基本法》是在其知识产权国家战略背景下出台的，我国《国家知识产权战略纲要》中也提到适时制定知识产权基础性法律，相关部门正在酝酿制定《知识产权基本法》。这将是我国知识产权立法完善的重要安排。此外，《决定》还指出："要健全以公平为原则的产权保护制度，建立知识产权侵权惩罚性赔偿制度，加强企业商业秘密保护"。下一步，我国需要围绕提高知识产权保护水平以及推进公平保护进一步完善我国知识产权立法。

二是知识产权管理体制变革与完善。《决定》在第五部分"坚持和完善中国特色社会主义行政体制，构建职责明确、依法行政的政府治理体系"，对于构建和完善我国行政体制提出了明确的要求和目标，也为我国知识产权管理体制改革指明了方向。根据这一要求，结合我国知识产权管理体制改革现状和问题，我国知识产权管理体制改革与完善的对策主要包括：①综合性知识产权管理制度改革，在国家行政管理体制改革的大背景下，这一改革具有必然性；②知识产权执法体系的整合与协调，尤其是通过构建与完善一体化的执法体系，提高知识产权执法效率；③知识产权公共服务效能提升与一体化建设，例如知识产权公共信息服务、中介服务等，助推知识产权管理体制机制改革。

三是知识产权司法保护体制及其完善。以下问题可做进一步思考并提出对策。①知识产权司法保护的政策导向。需要在总结现有经验的基础上，做出改进和完善，进一步规划未来。②知识产权司法专门化问题，例如地方现行的知识产权法庭有无必要进一步升级为知识产权法院。③三审合一的问题，不仅涉及知识产权体制改革，还涉及相关的法律制定与修改问题，如最高人民法院正在调研和研究知识产权诉讼特别程序法问题。④知识产权案例指导制度，无论是制度规范本身，还是人民法院实践的操作性，都还有很多的探讨空间。⑤公正司法，是知识产权治理体系的价值观在私法保护领域的重要体现，也是知识产权保护的灵魂。立法再完善，若法官审案不能够保证公正，司法保护也注定是失败的，所以要进一步推进知识产权司法保护的公正性。⑥当前知识产权司法保护存在的相关瓶颈和出路，比如数量飙升的诉讼与有限的审判力量如何衔接；二审的低改判率是否符合事实与法律；以及司法国际合作等其他相关问题都值得探讨。

四是知识产权公共政策与战略运行。《国家知识产权战略》实施已逾10年，成效卓然。但是，国家相关部门的评估报告在令人振奋的同时，也暴露了些许问题。下一步要推进强国建设，国务院已经发布了知识产权强国建设的若干意见。当前，随着新时代建设社会主义现代化强国目标的提出，知识产权强国建设正在深入推进。我国如何由当前的"知识产权大国"跃变为"知识产权强国"，知识产权公共政策、国家知识产权战略的深入推行值得深入研究。例如，到2035年服务于建设社会主义强国的宏伟蓝图和目标，知识产权强国战略如何有效实施，就是当前推进国家知识产权战略的重大问题。这一重大问题当然也是当前知识产权国家治理体系现代化进程中的重大课题。

### 参考文献

[1] 俞可平.衡量国家治理体系现代化的基本标准 [N].南京日报，2013，12，10（A07）.

[2] 薛澜.顶层设计与泥泞前行：中国国家治理现代化之路 [J].公共管理学报，2014，11（4）：1 6+139.

[3] 许耀桐.习近平的国家治理现代化思想论析 [J].上海行政学院学报，2014，15（4）：17-22.

[4] 朱丹.浅谈知识产权治理体系现代化 [J].中国发明与专利，2017，14（11）：13-18.

[5] 徐小奔.知识产权损害的价值基础与法律构造 [J].当代法学，2019，33（3）：116-125.

[6] 罗莉.专利行政部门在开放许可制度中应有的职能 [J].法学评论，2019，37（2）：61-71.

[7] 中共中央关于坚持和完善中国特色社会主义制度　推进国家治理体系和治理能力现代化若干重大问题的决定 [Z].2019-11-05.

[8] 中共中央关于全面深化改革若干重大问题的决定 [Z].2013-11-16.

# 知识产权的私权属性及其制度完善①

## ——民法典实施背景下我国知识产权制度的变革与发展

2020年5月28日，《中华人民共和国民法典》（以下简称《民法典》）在第十三届全国人民代表大会第三次会议上获得通过，并于2021年1月1日起施行。《民法典》的通过，是我国社会主义法治建设进程中的重大事件，也是我国经济社会发展的重大事件。其通过对我国现行民事法律制度进行编纂和体系化，更加充分地保护民事权利，调整民事关系，必将对我国经济社会生活和人民福祉产生深远的影响。就知识产权制度而言，由于其保护的知识产权属于民事权利、具有私权属性，我国民法和知识产权法理论都认为知识产权法律属于民事法律、知识产权制度属于民事法律制度。因此，在民事法律制度的构建和完善中，也都是将知识产权作为民事权利进行规范的。最典型的民事立法即是1986年我国颁行的《中华人民共和国民法通则》（以下简称《民法通则》）在第五章"民事权利"的第三节中专门规定了知识产权制度。在当时我国知识产权制度刚刚建立、还很不完善且社会公众的知识产权意识较为淡薄，《民法通则》的制定者们可谓富有睿智和前瞻性眼光，对知识产权制度的基本内容做了规定。尽管其规定的内容只有寥寥数条，但对于确立知识产权制度在民事法律制度中的地位、明确知识产权作为一种重要的受法律保护的民事权利的重要性则是不可忽视的。

近年来，随着知识产权保护制度在国际环境和我国经济社会发展中地位的不断提升，我国知识产权制度也在不断完善。如果将改革开放以来我

---

① 原载《甘肃政法大学学报》2020年第6期。

国知识产权制度的构建与发展阶段进行划分，则大致可以分为初创期、发展期和变革完善期。① 从改革开放之初的1982年我国《中华人民共和国商标法》的率先颁布，到后来的《中华人民共和国专利法》和《中华人民共和国著作权法》的颁行，在20世纪末之前我国已建立了基本的知识产权制度。此后，随着我国社会主义市场经济体制的建立与完善以及加入世界贸易组织，我国根据加入的知识产权国际公约的新需求和适应社会主义市场经济发展的需要，先后对知识产权相关专门法律进行了修订。这一阶段可以称为我国知识产权制度的发展期，其中最重要的是与国际知识产权保护制度的接轨。近几年来，我国经济社会发展进入新时代，在深入实施创新驱动发展战略和建设创新型国家的历史背景下，更加需要充分利用知识产权制度的激励机制和保护功能，为提升我国创新能力、实现经济发展方式改变和产业转型升级服务。随着形势的变化，现行知识产权制度更需要立足于本土化的国情要求加以修改和完善。因此，近几年来我国知识产权专门法律的最新修改的动因本质上体现为符合我国自身国情的需要。上述我国知识产权制度变革与发展的特点与规律，深刻地体现和反映了知识产权制度服务于经济社会发展的规律和要求。

我国《民法典》已经实施，正在深入推进知识产权强国建设。在这一背景下，如何充分立足于知识产权的私权属性以及知识产权制度的民事法律制度秉性，进一步完善我国知识产权制度，是值得我们深入研究的重要问题。本文不揣浅陋，拟从知识产权的民事权利属性特别是财产权属性出发，在解读《民法典》关于知识产权制度规定的基础之上，结合当前我国知识产权保护形势，对民法典实施背景下我国知识产权制度的变革与发展若干问题进行初步探讨。

---

① 冯晓青．中国70年知识产权制度回顾及理论思考[J]．社会科学战线，2019，（6）：25-37.

# 一、知识产权私权属性的再认识

知识产权具有私权属性，属于民事权利，这是知识产权法基本的理论观点。早在2004年，笔者作为第一作者曾在专业刊物上发表关于知识产权私权属性及其公权化趋向的专题论文。[①] 探讨知识产权制度与民法典之关系，特别是在民事法典化背景下如何完善我国知识产权制度，无疑需要对知识产权的私权属性有深刻的认识。基于此，笔者在前述研究基础之上，试图对知识产权的私权属性进行进一步的解读，并附带对在一定程度上引起争议和讨论的"知识产权的公权化"问题予以回应和解释。

通说认为知识产权制度是科学技术和商品经济发展的产物，两者缺一不可。其中，科学技术发展产生了值得受保护的知识产权客体，并且为知识产权客体知识产品的传播和利用提供了技术手段，商品经济发展则为知识产权作为私权的观念产生以及知识产品的市场流通提供了现实需要与条件。从国内外知识产权制度的产生与发展历史来看，知识产权制度最初诞生于特许权制度中，如11世纪我国宋代以及15世纪欧洲关于图书出版的特许制度，就是后来著作权制度的孕育期。当然，同样是特权制度，在欧洲较早发展为具有现代私法意义上的知识产权制度，在我国则滞后数百年。这其中的关键在于当时我国和欧洲国家所处的经济社会条件不同，尤其是我国长期处于自给自足的自然经济中，而欧洲的英国在17世纪即进行了工业革命，随着资本主义自由商品经济的发展，以权利本位为主体的私权观念日益深入人心。正如马克思主义经典著作所指出的，权利不能超越社会经济结构以及由社会经济结构所决定的社会文化的发展。

知识产权作为一种私权，如吴汉东教授所指出的，是财产的非物质革命的产物。在早期的罗马私法中，并不存在现代意义上的知识产权制度实施的条件。当然，那时关于"无体物"概念的提出，以及后来欧洲学者关于"无形财产权"概念的提出，为现代社会意义上的知识产权制度奠定了

---

[①] 冯晓青、刘淑华.试论知识产权的私权属性及其公权化趋向[J].中国法学，2004，（1）：61-68.

一定的思想观念基础。现代意义上的知识产权制度，最根本的就是将知识产权视为一种具有私人所有属性的知识财产，将知识产权定位于知识财产的私有化。换言之，知识产权是知识财产私有的法律形态。通过对知识财产的私有化改造，知识产权制度成功实现了由过去的"特权"到"私权"的飞跃。正如吴汉东教授所指出的："知识产权制度的确立，完成了非物质财产的权利形态从特许之权到法定之权的制度变革，变革的结果使得知识产权嬗变为一种新型的私人财产权。"[①]

在我国当代的知识产权法原理中，一般认为知识产权是具有人身权利和财产权利"两权一体"的权利。实际上，严格地说，知识产权中的人身权利并非存在于所有知识产权中，而主要体现于著作权中的人身权中，而财产权属性则是所有知识产权的共同属性。因此，所谓知识产权的私权属性，本质上还是针对知识产权的财产权属性，尤其是无形财产权属性。进言之，只有从财产权特别是无形财产权属性方面认识知识产权的私权属性，才能更深刻地认识到知识产权的私权本质。因此，以下将继续从财产权的角度剖析知识产权的私权秉性。

知识产权具有财产权的属性，其在本质上具有财产权的基本特征，即排他性和支配性。知识产权人能够因实现这一权利而获取经济利益。在知识产权制度中，知识产权是作为民事主体的知识产权人对知识产品进行独占性控制并排除他人使用的专有权利，而排他性正是财产权的基本属性。正如国外学者指出：排除他人使用的权利是财产的必要条件和基本组成部分。如果能够赋予某人从有价值的资源中的排除权，某人就拥有财产。相反，如果不赋予这一排除权，就没有财产。[②]国外学者还从知识产权本身的抽象性和附载有形物的特点出发，认为"知识产权表达短暂且抽象之物（智力过程），同时也表达带有边界的、固定且确定的占有概念，故知

---

① 吴汉东. 知识产权的私权与人权属性——以《知识产权协议》与《世界人权公约》为对象 [J]. 法学研究，2003，25（3）：66-78.

② Thomas W. Merrill, Property and the Right to Exclude, 77 Neb. L. Rev. 730, 730（1998）.

识产权作为财产形式的特殊地位是不足为奇的"。① 同时，从知识产权相关规则和制度层面考察，也会发现作为无形财产权的知识产权与有形财产之间共通性也很多。② 吴汉东教授则进一步从知识产权作为财产权属性出发，指出这一财产权也需要受到法律的必要限制。他认为："知识产权作为知识财产私有的权利形态，受到严格的法律保护，但也受到了必要的法律限制。这是知识产权的立法宗旨所决定的，并通过法律平衡与调整的制度设计而完成。"③ 该观点表明，知识产权作为一种财产权毕竟是无形财产权，由于对这种权利的保护承载着较为重要的公共利益，为了实现知识产权制度的目标，需要对这种专有权利进行必要的限制，以实现知识产权人的利益和社会公众利益之间的平衡，最终实现知识产权法的制度宗旨。④ 实际上，在知识产权司法实践中，知识产权也是被作为一种典型的私权和财产权受到法律保护的。⑤

　　笔者认为，将知识产权视为一种财产权，还可以从以下方面加以认识：知识产权制度作为市场经济的产物，其所保护的知识产权能够通过市场实现其经济社会价值，并且知识产权本身也可以作为一种具有价值和使用价值的无形商品在市场流通，如技术商品化就是体现。从知识产权保护的角度来看，知识产权侵权行为所追求的一般也是为了实现财产性利益。通过加强对知识产权的保护，就能够更好地实现知识产权人和利害关系人的利益。知识产权侵权损害赔偿制度本质上也是因为侵权行为对于权利人造成了经济损害，需要根据民事赔偿的填平原则甚至惩罚性赔偿原则加以

① Henry E. Smith, Intellectual Property as Property: Delineating Entitlements in Information, 116 Yale L.J. 1742, 1744（2007）.

② Trotter Hardy, Not So Different: Tangible, Intangible, Digital, and Analog Works and Their Comparison for Copyright Purposes, 26 U. Dayton L. Rev. 211, 213（2001）.

③ 吴汉东.关于知识产权私权属性的再认识——兼评"知识产权公权化"理论 [J]. 社会科学, 2005,（10）：58-64.

④ 冯晓青.知识产权法利益平衡理论 [M]. 北京：中国政法大学出版社, 2006：545-761.

⑤ 相关案例，参见某（北京）国际文化传媒有限公司与北京某文化有限公司等合作创作合同纠纷案，北京市第三中级人民法院（2014）三中民（知）初字第10606号；2014年度北京法院知识产权十大案例之一钱锺书书信著作权及隐私权侵权案，北京市高级人民法院（2014）高民终字第1152号。

赔偿。至于著名知识产权法专家刘春田教授将知识产权视为知识经济第一财产权利，笔者对此则认为：至少可以说在财产权体系中，知识经济时代的知识产权是最为重要的财产权类型之一，因为随着知识经济的发展，科技创新与知识含量对于经济增长的贡献日益加强，有形财产的价值也越来越体现于附载于其上的知识产权的高附加值。当代世界，知识产权之所以成为包括我国在内的很多国家的国家战略，更是因为知识产权还具有重要的市场竞争方面的战略价值。[①] 所有这些，都建立在知识产权的财产权属性和财产价值上。

关于知识产权的私权属性，还需要澄清一个关于"知识产权公权化"的认识误区。如前所述，笔者在十多年前曾发表论文，在论及知识产权私权属性的同时指出存在"公权化"趋向。不料，此举却引发了一些误解和争议。实际上，笔者并不是认可知识产权成为公权，也不认为基于"相当一部分知识产权需要公权机关的授予才能获得"会使得知识产权成为公权，而是认为知识产权保护中存在维护公共利益的价值取向。关于知识产权制度维护公共利益的价值目标，这不仅在我国加入的世界贸易组织《与贸易有关的知识产权协议》（TRIPs 协议）中有明确规定，而且在我国的知识产权立法和司法实践中得到了充分体现。私权意义上的知识产权保护之所以需要实现维护公共利益的价值目标，是因为知识产权制度的立法宗旨不仅限于保护知识产权人的私权，还承载着在保护私权基础上更好地促进知识创造以及创新性成果有效传播和利用，从而更好地发挥促进经济社会发展和创新能力提升的作用。从知识产权对私权的保护和维护公共利益价值目标以及两者平衡的角度来看，知识产权作为财产权保护相较于一般财产权确实具有一些特殊性，这也使得知识产权保护在相当大程度上被作为国家的公共政策加以推行。不过，无论如何，笔者认为知识产权作为私权保护的特殊性不足以使其成为一种"特殊的民事权利"，其仍然需要按照民事法律规定的一般原则和制度予以实施。

---

① 冯晓青 . 企业知识产权战略（第 4 版）[M]. 北京：知识产权出版社，2015：1–25.

## 二、《民法典》关于知识产权制度规定的理解与评价

基于知识产权的私权属性，我国民事立法一直将知识产权视为民事权利的范畴而加以规范。如前所述，在当初我国知识产权制度尚不健全的20世纪80年代，《民法通则》即在民事权利一章中对知识产权制度做了基本规范。2017年通过的《民法总则》，则在其第123条确立了知识产权的民事权利地位和知识产权保护的范围。2020年5月28日通过的《民法典》则将《民法总则》的内容纳入，在同条款中做了同样的规定，具体而言，其第123条第1款规定："民事主体依法享有知识产权。"其第2款则规定："知识产权是权利人依法就下列客体享有的专有的权利：（一）作品；（二）发明、实用新型、外观设计；（三）商标；（四）地理标志；（五）商业秘密；（六）集成电路布图设计；（七）植物新品种；（八）法律规定的其他客体。"

关于上述第123条第1款规定，笔者认为尽管该规定的内容较为简略，但其意义十分重要。这主要体现在：①

第一，在我国民事基本法中确立了知识产权作为民事权利、作为私权的法律地位，为构建和完善我国知识产权民事法律制度提供了基本的法律依据。如前所述，知识产权是一种私权、一种民事权利。只有从私权和民事权利的角度认识知识产权的秉性与特征，才能在实践中充分维护知识产权人对其知识财产享有的私人权利，更好地鼓励知识创造，实现知识产权制度的宗旨和价值目标。从新中国成立以来我国知识产权制度的构建与发展的情况来看，囿于长期的计划经济体制和私权观念缺乏，我国在相当长时期内对于知识产权保护的定位缺乏私权的考虑，过于强调知识产权制度的"管理"色彩，这在商标制度上表现得更加突出。甚至至今的《商标法》第1条立法宗旨规定仍然将"加强商标管理"置于"保护商标专用权"之前。如前所述，知识产权制度固然也存在维护公共利益的价值目标和取向，但知识产权保护中实现公共利益仍然立足于对于知识产权这一私权的

---

① 国家相关立法部门所做的立法草案说明中，指出："为建设创新型国家，草案对知识产权作了概括性规定，以统领各个单行的知识产权法律（第一百二十三条）。"

充分保护和维护。离开对私权的充分、有效的保护去谈论维护公共利益问题，会造成本末倒置的后果。特别是在过去的知识产权文化中，广大社会公众对于知识产权的财产秉性和私权属性的认识较为缺乏，在相当大的程度上影响了知识产权制度的有效执行。《民法典》移植《民法总则》的规定，明确规定民事主体享有知识产权。这一规定在《民法通则》规定基础上，强化了知识产权的民事权利地位，必将有利于改变过去长期忽视知识产权私权、财产权秉性的惯性思维，更好地维护知识产权的私权属性。

第二，对于我国知识产权制度的构建与完善，提供了根本性的方向和原则。我国知识产权制度虽然涉及知识产权的民事保护、行政保护和刑事保护，民事保护只是知识产权保护体系的一部分，但却是其基础和最重要的部分。可以认为，在知识产权制度中，知识产权民事保护制度仍然是其基本的制度。这仍然源于知识产权的民事权利属性，只是知识产权作为一种民事权利，对其保护的手段和方法不完全限于民事法律，还包括行政法律和刑事法律。

第三，确立知识产权的民事权利地位，还有利于在司法实践中充分维护知识产权人和相关当事人的合法权益，防止侵害知识产权的行为，并对业已发生的知识产权侵权行为追究侵权损害赔偿等法律责任。当前，随着我国知识产权事业发展以及知识产权在经济社会发展中地位的不断提升，形形色色的知识产权侵权行为也不断增多。在我国各级人民法院依法判决的大量的知识产权侵权诉讼案件中，侵权人的行为多表现为对被侵权人财产利益的侵害，本质上都是侵害知识产权人对其知识财产享有的私权。从法官的视角来看，知识产权法律可以被视为知识产权纠纷案件的"裁判法"。在国家民事基本法中明确知识产权的私权属性，无疑有利于为知识产权司法实践提供明确的指引，充分尊重私权和维护私权，并且根据知识产权制度宗旨，在上述基础上实现对知识产权人利益的保护与公共利益的平衡。

关于上述第123条第2款规定，笔者认为其通过规定受知识产权保护的客体，明确了受知识产权保护的客体范围，有利于为社会公众界定知识产权保护的范围。值得注意的是，在当初《民法总则》制定过程中，对于知识产权客体的范围存在一定的争议，如曾将"科学发现""数据信息"等纳入知识产权保护的客体，并且存在客体与权利混用的情况。在如何表述兜底性质的规定方面，也存在一定争议。例如，行政法规是否可以规定知识产权客体的范围。最终，《民法总则》明确只能由法律明确规定知识产权客体的范围。笔者认为，基于知识产权的法定性特点，以及知识产权制度随着经济社会发展与科学技术进步而与时俱进的要求，在明示知识产权客体范围的基础上，增加兜底性质的规定很有必要。这样可以使法律制度更好地应对经济社会发展和技术变革，及时纳入产生的新型知识产权客体。同时，为确保知识产权客体的增加与现行法律规定相一致，该款规定只能限于法律规定的其他客体。换言之，法律以外的行政法规、部门规章和司法解释等均不能规定新型知识产权客体。

除了《民法典》总则部分对于知识产权制度有上述规定以外，值得注意的是，其分则部分也存在一些相应规定，也有必要加以认识和理解。以下不妨进行简要分析和评述。

基于如前所述的知识产权的财产权属性，《民法典》在第二编第十八章第二节关于"权利质权"的规定中，明确规定"可以转让的注册商标专用权、专利权、著作权等知识产权中的财产权"是可以由债务人或者第三人有权处分的出质的权利类型之一。[①] 同时，考虑到知识产权的无形财产权属性，《民法典》还对以知识产权中的财产权出质的质权的设立以及出质后出质人应当履行的相应义务做了专门规定，具体而言，"以注册商标专用权、专利权、著作权等知识产权中的财产权出质的，质权自办理出质登记时设立。知识产权中的财产权出质后，出质人不得转让或者许可他人使用，但是出质人与质权人协商同意的除外。出质人转让或者许可他人使用出质的知识产权中的财产权所得的价款，应当向质权人提前清偿债务或者提存。"[②] 上述规定，有利于盘活知识产权一类无形资产，使其保值增值，

---

① 《民法典》第440条。

② 《民法典》第444条。

充分发挥知识产权资本化的作用。

知识产权作为一种财产权，与有形财产权一样，可以通过签订与实施合同的形式转移，以实现知识产权价值的最大化。知识产权合同也是我国合同的类型之一。因此，在《民法典》中分则合同编中，也会涉及知识产权合同制度相关问题。在《民法典》合同编中第二分编第九章买卖合同部分，明确了在包含知识产权的有形财产买卖中知识产权的归属问题。具体而言，出卖具有知识产权的标的物的，除法律另有规定或者当事人另有约定外，该标的物的知识产权不属于买受人。笔者认为，该规定是对知识产权法理论上广泛认可的知识产权与附载知识产权的有形物相分离原则的移植，有利于在解决相关知识产权与物权纠纷时提供基本的法律依据。在知识产权合同制度中，基于知识产权客体很大一部分来自技术，《民法典》分则关于技术合同的规定也必然涉及知识产权问题。《民法典》合同编第二十章关于技术合同的一般性规定中，即明确了签订技术合同保护知识产权的基本原则。具体而言，"订立技术合同，应当有利于知识产权的保护和科学技术的进步，促进科学技术成果的研发、转化、应用和推广。"[1] 这一原则性规定，有利于规制在签订与履行技术合同时存在的损害知识产权的行为，如对专利技术的许可使用施加不公平的限制性条件。此外，基于其他知识产权的转让和许可与通常的知识产权许可、转让的共性，《民法典》合同编第二十章第三节还规定集成电路布图设计专有权、植物新品种权、计算机软件著作权等其他知识产权的转让和许可，参照适用本节的有关规定。[2] 这样就为其他知识产权的转让与许可提供了参照适用的法律依据。

知识产权作为一种无形财产权，同样也是家庭关系中夫妻共同财产的范畴。不过，基于知识产权的专有性以及部分知识产权较强的人身属性，即使在夫妻关系中知识产权本身也不能当然地为夫妻所共有，双方能够共有的只能是夫妻在婚姻关系存续期间所得的知识产权收益。对此，《民法

---

[1] 《民法典》第844条。

[2] 《民法典》第876条。

典》在第五编婚姻家庭部分第三章第一节关于夫妻关系的规定中对此做了明确规定。同时，明确夫妻对于包括知识产权收益在内的共同财产，有平等的处理权。[①] 上述规定，也是借鉴了我国知识产权司法实践经验的结果，有利于协调知识产权保护与维护婚姻家庭夫妻共同财产关系，促进婚姻家庭关系的和谐与社会稳定。

此外，知识产权作为一种专有性的权利，在其司法保护实践中，很大程度上体现为对知识产权侵权行为的惩处与遏制。鉴于知识产权侵权很大一部分属于故意侵权且侵权情节较为严重，《民法典》在第七编第二章关于侵权的损害赔偿规定中对侵害知识产权的惩罚性赔偿制度做了规定，即"故意侵害他人知识产权，情节严重的，被侵权人有权请求相应的惩罚性赔偿"。[②] 值得注意的是，在审议《民法典》草案时，立法机关对于上述规定专门做了立法说明："为加强对知识产权的保护，提高侵权违法成本，草案增加规定，故意侵害他人知识产权，情节严重的，被侵权人有权请求相应的惩罚性赔偿（草案第一千一百八十五条）。"笔者认为，上述规定与近年来知识产权保护在当代我国经济社会生活中地位不断提升、我国在知识产权保护政策层面日益强化知识产权保护的新形势有很大关系。例如，党的十九届四中全会就明确提出要引进知识产权侵权的惩罚性损害赔偿制度。中共中央办公厅、国务院办公厅联合发布的《关于强化知识产权保护的意见》也强调要实施这一制度。可以预见，随着我国知识产权侵权损害赔偿制度的推行，我国知识产权保护水平将大大提升。当然，基于知识产权保护的公平原则，也应对这一制度严格适用，不能泛化和滥用。

## 三、民法典实施背景下我国知识产权制度的变革与发展

我国《民法典》已实施。尽管其对知识产权制度分别在总则和分则中

---

① 《民法典》第1062条。

② 《民法典》第1185条。

都做了一定的规定，毕竟不能与在分则中专门规定物权编、人格权编等相提并论。在《民法典》制定过程中，对于知识产权制度如何定位与规定，应当说我国民法学界和知识产权法学界存在较大的分歧。其中，在民法学界，主流民法学者一般主张基于知识产权作为民事权利的"特殊性"以及知识产权制度具有随着技术发展急速变革的特点，民法典不宜全面接纳知识产权制度，因此主张在分则中不宜设立与物权编、合同编等并列的知识产权编，而是仍然维持现行的单行立法模式。知识产权法学界尽管也有少数学者与民法学者观点相同，大部分学者则主张在民法典分则中独立设立知识产权编，认为在当今21世纪知识经济时代，民法典不能不接纳知识产权制度，这是我国民法典现代化之所需。

笔者也一直主张在《民法典》分则中设立知识产权编，[①]认为作为与物权、债权等并列的民事权利，在民法典中设立知识产权编有以下重要意义。

其一，有利于我国民法典中构建完整的民事权利体系。缺乏知识产权编，民法典将是不完整的。知识产权与其他民事权利一样，都是我国民事权利体系中的重要组成部分。在当初我国知识产权制度不够健全的形势下，《民法通则》尚能以专节的形式规定知识产权制度，在我国知识产权制度大大完善的当今，在民法典中系统规定知识产权制度是顺理成章的。

其二，有利于更加充分地发挥知识产权民事法律制度的作用。基于前述知识产权作为私权、作为一种无形财产权的权利属性，在民法典中系统规定知识产权制度（设立知识产权编）就能够利用编纂民法典的机会对现行知识产权制度进行整合、修改与完善，更加充分地发挥知识产权民事法律制度的作用。

其三，民法典中接纳知识产权制度，也是民法典现代化的重要标志。对此，可以从经典民法典的特点和当代知识产权制度的发展及其在财产权制度中的地位两方面加以理解。从前者来看，近代经典民法典即法国民法

---

① 冯晓青.《民法总则》"知识产权条款"的评析与展望 [J]. 法学评论, 2017, 35（4）: 12–23.

典和德国民法典都是以有形客体即"物"为中心加以规范的。从更早的古罗马法的规定来看，尽管罗马法中很早出现了无体物的概念，但仍然是围绕有形物展开的。知识产权制度则相对于传统的物权、财产权制度有些"姗姗来迟"。正如有学者指出："知识产品及其权利形态，是无法进入罗马法以来所建构的物与物权的体系之中的。换言之，知识产品是独立于传统意义上的物的另类客体，以知识产品作为保护对象的知识产权是与有形财产所有权相区别的崭新财产法律制度。"[①] 随着当前知识经济的凸显、科学技术迅猛发展以及市场经济中竞争格局日益强化，知识产权作为上述"崭新财产权"在经济社会生活及创新型经济发展与变革中的地位和作用日益增强。如何更好地发挥知识产权这一无形财产权制度的功能与作用，对于促进我国经济发展方式改变、产业转型升级以及深入实施创新驱动发展战略、建设创新型国家都具有十分重要的意义。正如习近平总书记所指出的："加强知识产权保护。这是完善产权保护制度最重要的内容，也是提高中国经济竞争力最大的激励。"[②] 当前我国已将知识产权作为国家战略。作为国家战略，最重要的措施之一是完善相关制度。在民法典中系统规定知识产权制度，即是强化知识产权的财产保护功能，更好地利用知识产权民事法律制度调整我国知识产权法律关系，更好地实现知识产权制度激励创新和促进经济社会发展目的的重要法律制度安排。实际上，这也是我国民法典现代化的重要标志。

当然，基于各种复杂的原因，我国《民法典》分则最终没有设立知识产权编，而只是如前面所探讨的，在与物权、合同、婚姻家庭和侵权责任相关的部分做了零散的规定。不过，笔者认为民法典时代我国知识产权制度的法典化问题仍然值得深入探讨。在当下，需要深入思考民法典实施背景下我国知识产权制度如何变革与发展？

对于上述问题，笔者认为现行《民法典》分则没有规定知识产权编，

---

① 吴汉东.知识产权的私权与人权属性——以《知识产权协议》与《世界人权公约》为对象 [J].法学研究，2003，（3）：66–78.

② 2018年4月10日习近平总书记在博鳌亚洲论坛2018年年会开幕式上发表的主旨演讲。

不等于未来也没有可能加以规定；即使未来一定时期内《民法典》分则仍然不设立知识产权编，也不等于知识产权法典化问题将完全终结。在《民法典》实施背景下，我国知识产权制度的法典化可以考虑以下两种方式。

第一种方式：未来通过修改《民法典》，将知识产权制度规定为独立的一编，和物权编、合同编、人格权编等并列。

如上所述，在《民法典》制定过程中，基于多种原因，其分则部分没有设立知识产权编。但是，随着我国经济社会的发展、技术迅猛发展，以及知识产权作为一种崭新的无形财产权在国家竞争能力提升、产业转型升级和创新型国家建设中作用的大大增强，完全不排除需要在民法典分则中系统规定知识产权制度的可能。当前我国正在启动知识产权强国战略，面对日益激烈的国内外竞争形势，我国更需要通过强化知识产权保护手段发挥知识产权制度在促进我国经济社会发展和创新型国家建设中的重要作用。同时，随着我国经济社会发展，《民法典》也需要与时俱进而在适当时机予以修正。利用修正该法典之际，接纳知识产权制度，不失为我国知识产权制度法典化较为理想的模式。事实上，从近年来国外民法典的制定和修改的情况来看，在民法典中全面接纳知识产权制度并非个案。例如，1992年荷兰民法典编纂中就涉及规定知识产权编的问题。1995年越南民法典则对典型意义上的知识产权进行了全面规范，专门规定了知识产权编。近年来，俄罗斯民法典更是对知识产权制度进行了大规模的引进。此外，蒙古民法典中也规定了知识产权制度。晚近民法典编纂、修改的趋势说明，接纳知识产权制度已成为一种重要的民事法律法典化趋势。

当然，必须指出：知识产权制度独立成编并纳入《民法典》分则中，需要有较成熟的版本。在目前我国知识产权制度的单行法体系以及知识产权法典化编纂研究尚不够深入的情势下，未来需要充分利用知识产权法学者和民法学者合作，大力加强对于《民法典》分则中知识产权编的研究和立法设计。笔者希望我国知识产权立法研究方面，重视对这一问题的深入研究和讨论。

第二种方式：制定专门的知识产权法典，对现行知识产权法律进行系统编纂，集中、系统规定知识产权制度。

这一方式即是人们所称之为知识产权法典化问题。这种法典化模式与前述不同之处在于，它是独立于民法典之外的知识产权法典。从国际上看，颁行专门的知识产权法典最具典型的是法国《知识产权法典》。当然，与其他国家相比，法国《知识产权法典》的制定有其自身原因，如其法典化前的知识产权单行法过于冗杂，通过系统编纂则便于适用。不过，毕竟法国的做法能够为其他国家知识产权法的法典化提供经验借鉴。就我国而言，在上述第一种方式"走不通"后，整合现行知识产权单行法并适当增补新的内容，进行知识产权专门法律的法典编纂，也不失为另一种可以考虑的知识产权制度变革与发展方向。

不过，同样应指出，知识产权法典化进路也存在需要克服的很多问题。甚至可以认为，此种立法变革与发展方式较之于前一种难度更大。原因是，在前一种立法模式中，尽管在民法典中设立知识产权编，并不意味着在民法典之外不再需要任何单行的知识产权专门法律。在后一种立法模式中，则是整合全部知识产权现行法律规范，如何提炼不同知识产权部门法律规范的共同规律，进行知识产权法典化系统编纂，需要克服诸多困难。无论如何，作为知识产权立法研究的重要内容，知识产权法典化研究也应成为民法典实施背景下未来我国知识产权制度变革与发展研究的重要主题。笔者同样希望我国知识产权法学界加大对该立法研究的关注。[1]

## 四、结　语

我国《民法典》的颁行，是我国经济社会生活中的一件大事，也是我国当代社会主义法治建设中的重大事件。[2]由于知识产权是一种私权和民

---

[1] 关于当前我国知识产权制度的变革与发展，还值得提出的一个问题是知识产权基本法制定的问题。目前，国家知识产权局正试图推动这方面的立法，笔者也深度参与了该基本法的立法研究项目。囿于篇幅，在此不赘述。

[2] 孙芳华.以民法典颁布为契机，完善我国知识产权制度——访中国知识产权法学研究会副会长、中国政法大学钱端升讲座教授冯晓青 [N].中国知识产权报,2020,7,2（8）.

事权利，并且在当代经济社会生活和创新型国家建设中具有十分重要的地位，《民法典》规定知识产权制度具有必要性和合理性。但是，我国《民法典》对知识产权制度的规定条文较为简略，尤其是没有像设立物权编、合同编、人格权编、婚姻家庭编和侵权责任编一样设立知识产权编。随着我国创新型国家建设的开展，特别是知识产权强国战略呼之欲出，知识产权作为一种崭新的无形财产权将在未来我国经济社会生活中，尤其是提升国家竞争能力过程中发挥重要作用。在我国民法典实施背景下，我国知识产权制度的变革与发展仍然需要考虑未来在民法典中接纳知识产权制度以及知识产权法典化问题。

# 知识产权法中专有权与公共领域的平衡机制研究<sup>①</sup>

　　随着知识产权制度的发展，知识产权法中专有权（以下简称专有权）与公共领域逐渐成为其两大支撑体系。从历史的角度来看，专有权的出现即是对公共领域的限制和"侵蚀"，并在很大程度上激励了知识成果的大量涌现。然而，到了近现代，专有权的扩张趋势越发明显，公共领域则日渐减缩，又带来了阻碍创新等负面影响，给知识产权人和社会公众都带来了一定程度的不便。由此可见，专有权与公共领域的失衡不仅会影响知识产权人，也会影响社会公众，更会对创新乃至以创新为驱动力的经济社会发展带来影响。在当前我国实施创新驱动发展战略的背景下，如何使知识产权制度为创新发挥最大效用成为一个必须解决的重要课题，而解决这一课题的关键就在于如何使知识产权制度的两大支撑体系，即专有权与公共领域之间达到最佳的平衡。本文即从知识产权法价值构成出发，对相关问题进行研究。

## 一、知识产权法的价值构成

　　知识产权法自产生之初，就将对专有权的保护作为价值目标。随着现代经济社会发展，公共利益越来越受到重视，知识产权法中出现了越来越多的维护公共利益的内容。从当前情况来看，私人权利和公共利益已成为

---

① 原载《政法论丛》2019年第3期。

知识产权法的两大价值构成，两者之间的利益协调贯穿于知识产权法的整个立法、解释和适用过程。

## （一）知识产权法对私人权利的保护

知识产权法的产生和发展，始终伴随着对知识产权人私人权利的确认和保护。知识产权法从其本质属性来说就是一部私法，一部私人权利法。早在19世纪中后期，资本主义各国逐渐发现知识产权在促进本国创新及创新驱动下经济社会发展中的重要作用，开始陆续寻求通过知识产权立法保护知识产权人的私人权利，以激励个体创新，从而带动整体的创新。到了高度市场化、商品化的现代市场经济社会，对私人权利确认和保护的需求日益高涨，不仅包括有形财产的私人权利，更包括无形财产的私人权利。在市场经济中，交易频繁发生，而"从法律上看，这种交换的唯一前提是任何人对自己产品的所有权和自由支配权"。[①] 也正是基于这一目的，知识产权法对知识产品及其所有人的私人权利予以保护，以便能建立起有序的市场交易秩序，进而促进经济社会的发展。知识产权制度本身是科学技术和商品经济发展的产物，尤其是市场经济离不开商品的充分交易和流通。知识产权保护的客体知识产品虽然具有无形性，但作为一种无形商品，其同样具有价值和使用价值，在进行产权交易前需要确认其所有人对其拥有的专有权利。从现代市场经济社会的意义上来说，知识产权法对知识产品的公共性是排斥的，其天然地要对知识产品及其所有人的私人权利予以排他性保护。

从国际范围来看，知识产权法对私权的保护已成为一种共识，主要体现为将知识产权作为私权认定和保护。TRIPs 协议在肯定有效保护知识产权必要性的同时，即要求"全体成员承认知识产权为私权"，任何成员不能因为主体或者客体而采取歧视政策，也不能像对待税收和配额一样可以任意调节。[②] 这一规定的前提就是基于"私权神圣不可侵犯"的理论基础。在世界各国的知识产权立法中也普遍将知识产权看作一种私权，作为私人

---

① 马克思恩格斯选集（第46卷）[M]. 北京：人民出版社，1974：454.

② 冯晓青. 知识产权法利益平衡理论 [M]. 北京：中国政法大学出版社，2006：304.

权利给予保护。例如，当今世界主要国家和地区均建立了知识产权制度，而且都被纳入本国或地区的民事法律制度之中。我国也不例外。在1986年制定的《民法通则》第五章第三节中，将知识产权列为与物权、债权等民事权利并行的民事权利。2020年通过的《民法典》第123条第1款则明确规定，"民事主体依法享有知识产权"。当然，从我国的情况来看，对知识产权权利属性的认识有一个历史发展及转变的过程。在新中国成立以后的一段时间里，基于对私权意识的缺乏尤其是在"文革"期间提出"反对知识私有"，将知识成果看作是一种完全的公共产品，并认为不应给予其权利保护，而由全体社会成员共同所有，自由无偿使用。因此，在这一时期，并没有系统的知识产权立法，更没有对知识产品给予全面的私人权利保护。客观地讲，虽然这一时期我国也产生了一些创新成果，但创新的活力不如知识产权制度激励下的创新活力旺盛，创新动力也不如知识产权制度提供的动力机制那样明显，人们更多的是基于完成工作任务或国家荣誉感去创造知识产品。这种对知识产品不给予私人权利保护的体制最终被证明不适应激励创新的需求和市场经济发展的需要。[①] 于是，从1978年改革开放开始，我国知识产权制度逐渐建立和完善，对知识产品给予私人权利的保护。1979年的《中外合资经营企业法》就明确规定了专利权和商标权问题，并将这两种知识产权作为可以在贸易中使用且能获得收益的专有权予以保护。

知识产权作为一种私权，在法律保护上体现为知识产权法将其作为专有的、排他的权利予以保护。我国《民法典》第123条第2款即明确规定，知识产权是一种"专有的权利"。进言之，知识产权法将知识产权确认为一种专为知识产权人所有的，不经法律特别规定或其权利所有人同意，任何人都不得占有、使用和处分的权利。基于知识产品不同于有形财产的无形性，知识产权法对知识产品的权利保护制定了一些不同于有形财产的特

---

[①] 当然，也不可否认在新中国成立后到改革开放前的几十年间，我国也还是颁行了立法层次不高的相关规范保护知识产权，如20世纪50年代初的《保障发明权和专利权暂行条例》。但整体上，在计划经济体制下知识产权制度的迫切需要无从体现。

殊规定，但从这些规定本质来说，都是将知识产权人对知识产品的专有性权利作为一种私人权利来保护。知识产权立法明确，第一，知识产权人可以依法独占其对知识产品所享有的知识产权。这种独占包括知识产权的所有权利内容，只有知识产权人可以单独占有，其他人都不能占有。比如，专利权人对其取得专利权的发明创造享有独占实施权，注册商标所有人在指定的商品或服务上对其注册商标享有商标专用权。第二，知识产权人对知识产权的使用必须置于其直接控制之下，任何人不经其许可或根据法律特别规定都不能使用其知识产权。知识产权人对知识产品占有、使用、处分等权能的使用都是直接的，并在其控制之下，排除其他任何人的使用。其他任何人只有经知识产权人许可或根据法律的特别规定才可以使用其知识产权。第三，一个知识产品之上赋予一个专有权，而不能同时具有两个或两个以上的专有权。与其他私权及其权利客体的关系一样，知识产权这一专有权与其知识产品客体同样具有一对一的对应性。知识产品虽然具有无形性，但其上的专有权仍是排他的，不能与其他专有权共存。比如，即使两个人分别做出了同样的发明，但专利权只能授予其中一项发明。第四，每一个知识产权都只能被授予一次专有权。无论是著作权、商标权、专利权，还是其他知识产权，专有权的授予只能是一次，不存在多次授予专有权的情况。比如，对同一申请人一项发明创造授予实用新型专利权后，便不能再次授予发明专利权，除非申请人声明放弃已经取得的实用新型专利权。2008年我国第三次修订的《专利法》第9条第1款即规定了禁止重复授权的原则："同样的发明创造只能授予一项专利权"。至于专利实践中存在的重复授权现象，是多方面原因造成的。

由此可见，知识产权法本质上是一种私法，其对知识产权给予的是一种私权保护。在知识产权立法中通过一系列的制度设计和安排，确立了对知识产权人私人权利的保护，以便给予知识产权人利益刺激，从而激励创新和驱动经济社会发展。将知识产权作为一种专有权给予私权保护，不仅具有理论上的正当性，而且具有实践中的重要性。仅从法律经济学的角度来看，知识产权法保护的知识产品具有私人产品和公共产品的双重属性。

例如，作品、发明创造等知识产品无疑是智力创造者创造性劳动的产物，是一种私人产品。但同时，这种产品的创造离不开对他人成果的吸收和借鉴，其深刻地打上了社会性的烙印，因此它又是一种公共产品。只不过这种公共产品与一般的公共产品具有不同之处，因为其具有非排他性、非竞争性和非消耗性。如果不对知识产品赋予特别的专属权利，其创造者就无法控制对该知识产品的使用和传播。在这种情况下，创造者面临不仅不能获得收益，而且投入的开发成本都难以收回的困境。这就是法律经济学上关于知识产权正当性讨论的著名论断"没有合法的垄断就不会有足够的信息被产生出来"。解决这一问题的关键就是制造一种认为的"稀缺"，赋予创造者或者投资者对知识产品的专有权利。当然，从法律经济学层面来看，赋予这种垄断权又会产生一个需要解决的新问题，即"赋予合法的垄断权又会使信息不会被有效地传播和使用"。从下文的讨论可知，构建知识产权法中专有权与公共领域的平衡机制，正是解决这一"悖论"的良策。

## （二）知识产权法中的公共利益及其体现

如上所述，私权属性和对私人权利的保护是知识产权立法的重要内容。但随着经济社会和科技文化的发展，知识产权立法开始逐渐呈现对公共利益的回归趋势。TRIPs协议的序言规定，"承认保护知识产权的诸国内制度中被强调的保护公众利益的目的，包括发展的目的与技术目的"；其第7条规定，"知识产权的保护与权利行使，目的应在于促进技术的革新、技术的转让和技术的传播，以有利于社会经济福利的方式促进技术知识的生产者与使用者互利，并促进权利与义务的平衡"；其第8条更进一步规定，"成员可以采取必要措施保护公共利益，并防止权利人滥用知识产权"。由此可见，虽然知识产权立法的直接目的是给予知识产权人私权保护以激励创新和保护创新成果，但其最终的目的在于通过这种利益激励创新机制促进知识创新成果的广泛传播与利用，进而促进科技文化进步与创新以及经济社会发展。

从民法物权理论出发，物的价值最终需要在使用中体现。知识产品作为一种无形物，虽然与物权法调整和规范的有形物颇为不同，但在促进"使用"这一点上也不例外。静态的知识产品及基于其享有的知识产权并不具有实际价值，只有当其进入交易、流通环节，在使用和传播中才能实现其经济和社会价值。比如，文学作品被创作出来，其不以作者自己孤芳自赏为目的，而是以社会大众的欣赏和利用为最终目的。又如，发明创造者申请专利的重要目的在于以受保护的专利权为武器独占市场。还如，尽管我国商标法采取注册获得商标专用权的原则，但获得的商标专用权最大市场竞争价值的发挥，也离不开对注册商标的充分使用，因为只有在使用中才能真正培植商标的信誉，而商标信誉才是注册商标的价值所在。对知识产品的充分利用，既是知识产权人行使权利的表现，更是知识产品实现其经济价值和社会价值的关键。对知识产品的利用，也可以说是知识产权的运用，实际上承载着实现知识产权法更加重要的公共利益的目的。因此，知识产权立法必须从这一最终目的出发，使社会所需要的思想自由交流、知识产品作为无形资源得到社会充分利用和扩散的公共利益得以确保。"知识产权与思想、信息、知识的表述和传播有着密切的关系。在保障知识创造者权益的同时，必须考虑促进知识广泛传播和推动社会文明进步的公益目标"。[①] 从知识产权立法产生直到现在的历史考察，其始终将公共利益作为自身的价值追求。例如，英国1624年《垄断法规》和1709年《安娜法令》分别为专利权、著作权规定了权利保护期，即是以创新为目的从知识的公众接近角度做出的制度安排，其最终目的就在于对公共利益的维护。尤其是当初《安娜法令》的通过，相关权利主张主体就是打着"公共利益"的旗号全力推动的。从表面上看，知识产权立法对知识产品给予专有的私人权利保护，一定程度上限制了公众的使用和公共利益，但从更深层次上研究，这实质上是一种为了更大公共利益实现的制度安排，即通过利益激励促进创新，为社会大众提供更多更好的知识产品，从而更好地驱动科技文化进步和经济社会发展。换言之，它是以在一定程度上牺

---

① 吴汉东. 科技、经济、法律协调机制中的知识产权法 [J]. 法学研究，2001，23（6）：128-148.

牲社会公众接触和利用知识产品的权利和自由，而在更大程度、更大范围内便利社会公众获取与利用知识产品。

无论是从知识产权公共政策层面，还是从知识产权制度的法理学抑或经济学理念层面考察，都能够得出知识产权制度之维护公共利益价值取向的结论。因此，公共利益构成了知识产权法价值构造中的又一关键元素和内核。具体言之：

以知识产权保护的公共政策而论，保护知识产权人享有的专有权的知识产权法本身具有重要的公共政策目标。这种公共政策目标的关键是，在有效保护和激励知识创造的基础上，通过有效的权利义务配置，突破专有权对知识产品流动的约束，促进对知识产品的有效利用和传播，最大限度地实现其经济和社会价值。由此可见，知识产权保护的公共政策以尊重和充分保护私权为出发点与基础，以实现知识产权保护的公共利益为依归。正如英国知识产权委员会发布的《整合知识产权与发展政策》所指出的：不管对知识产权采用什么措辞，我们更倾向于把知识产权当成一种公共政策的工具，它将特权授予个人或单位应当完全是为了产生更大的公共利益。[1]考察我国当下关于知识产权相关公共政策，也可以发现，其都是围绕有效保护和运用知识产权，充分挖掘知识产权制度之鼓励创造和成果运用的激励机制、协调利益关系的利益调节机制和制裁侵权的权利法律保障机制，鼓励创新、推动成果的广泛传播与运用，从而最大限度地利用该制度提高企业和国家创新能力、发挥知识产品的经济社会作用。[2]毫无疑问，知识产权保护的公共政策将知识产权制度定位于在私权保护基础上充分实现公共利益，而绝不是将其视为一种仅绝对保护私权的私法制度。

从一般的法理学出发，"所有的法律都必须服从于私益与公益这两种利益，失去了公共利益这个前提，个人自由便失去依托。一切法律无疑都

---

[1] 王利明，王学政，王轶，等.中国知识产权保护前沿问题与WTO知识产权协议[M].北京：法律出版社，2004：115.

[2] 党的十八届三中全会在建立技术创新激励机制部分提出要"加强知识产权的运用和保护"，实际上也是这一公共政策的反映。

是在维护社会整体利益这个前提，同时使社会成员的个别利益也得到满足。"① 英国经典作家亚当·斯密认为，建立一个在追求自己的私利的同时会给社会总利益做出贡献的制度具有合理性，个人在追求自己利益时，往往会使其比在真正出于本意的情况下更有效促进社会利益。② 相较于其他私法，知识产权法律承载着更加明显的公共利益。原因在于，与物权法调整和规范的有形财产相比，作为无形物的知识产品更需要得到社会利用，才能实现其经济、技术和社会价值，因为国家和社会对于知识产品使用和传播有强烈的需求。正如笔者曾指出的："知识产权法中隐含了使利益主体在追求自己的个人利益时增进社会公共利益，而不只是实现前者而忽视后者甚至对后者构成损害的意图。实现公共利益也正是确立知识产权这一专有权的重要理由。公共利益对知识产权的限制也体现了知识产权法对围绕知识产品产生的利益关系进行选择和衡量后希望达到的均衡状态。"③

　　再以知识产权制度的经济理性看，知识产权的公共产品属性以及有效配置和充分利用这些无形资源也承载着巨大的公共利益。经济学和法学在制度理念上不同，其主要不是关注公平、平等和正义，以及财产的秩序和安全，而是追求如何有效配置稀缺资源、有效利用这些资源和实现效益最大化目标。作为一种重要的法律制度，知识产权制度的经济理性追求的是有效地配置无形资源以及在有效率地运用的前提下实现无形资源效率最大化。正如吴汉东教授指出："效率是知识产权法产生的思想基础，也是知识产权法追求的价值目标……在制度设计方面体现为合理与有效的权利配置，也就是使各方主体在权利体系中达致一种均衡状态。"④ 并且，知识产权制度应当"担负起实现智力资源有效配置、促进社会非物质财富增加的使命。效益最大化目标，在知识产权领域可以解读为知识、技术、信息的

---

① 梅夏英. 当代财产权的公法与私法定位分析 [J]. 人大法律评论，2001，（1）.

② 斯密. 国民财富的性质和原因的研究（下卷）[M]. 郭大力，王亚南，译，北京：商务印书馆，1972：27.

③ 冯晓青. 知识产权法利益平衡理论 [M]. 北京：中国政法大学出版社，2006：314.

④ 吴汉东. 知识产权法价值的中国语境解读 [J]. 中国法学，2013，（4）：15–26.

广泛传播"。①知识产权制度效率目标的实现必须以知识、技术、信息的广泛传播与利用，知识产权的有效运用为前提，而这些在很大程度上正是为了实现知识产权制度所追求的公共利益。

进言之，公共利益在知识产权法价值构成中的重要地位，不仅在前述理论上可以得到充分论证和认识，而且实实在在地在各国知识产权制度中予以规定和体现，并且在知识产权司法实践中得到保障，即各国长期的知识产权立法和司法实践都对公共利益予以了确认和保障。从立法上看，1909 年美国著作权立法国会委员会报告指出："国会根据宪法的条款制定著作权法，不是基于作者在他的创作物中存在的自然权利，而是基于要服务于公共福利……手段是保障作者对其创作物享有有限保护期的专有权"。②再以我国为例，《著作权法》《专利法》和《商标法》等三部知识产权专门法律都涉及对公共利益的明确规定。其中，《著作权法》一方面以具体条文保障了作品传播、利用中的公共利益，包括文化教育、表达多样性乃至民主文化；③另一方面，又明确规定著作权人行使著作权不得损害公共利益，以及对于同时损害公共利益的行为应当承担的民事侵权责任、行政法律责任乃至刑事法律责任。《专利法》一方面也是以具体条文保障了技术公开、技术信息传播以及专利技术利用中的公共利益；另一方面则明确规定，妨害公共利益的发明创造，不授予专利权；以及基于维护公共利益目的的指定许可制度和基于公共利益目的的强制许可制度。这些制度的重要目的就是保障专利法的实施能够有效地维护公共利益。《商标法》一方面也是通过具体条文保障了具有公共资源性质的标识符号、标志等不得用于注册商标，从而促进了公平竞争，保护消费者利益；另一方面则通过具体制度明确了商标权利人可以行使权利的边界，从而保障竞争者利益，促进自由竞争，在更大程度上实现了市场经济秩序的正常构建。从另外一

---

① 吴汉东.知识产权基本问题研究（总论）（第二版）[M].北京：中国人民大学出版社，2009.

② 冯晓青.论著作权法与公共利益 [J].法学论坛，2004，19（3）：43-46.

③ 韦之.略论著作权法中的"公共利益"条款 [J].中国版权，2018，（16）：50-52.

个角度来说，知识产权这一专有权行使本身如果不当，尤其是知识产权滥用行为，就同样可能损害公共利益，须要受到法律制裁。对此，我国《反垄断法》第55条也有明确规定。此外，在我国知识产权相关司法解释中，近来也出现了基于维护公共利益考虑法院在认定专利侵权前提下可以不判决停止使用的规定。[①] 上述有关知识产权专门法律、司法解释关于保障公共利益的规定，无疑有力地证明了知识产权法价值构成中存在公共利益，其也是司法实践中人民法院审理知识产权案件中除了充分、有效保护知识产权这一专有权外侧重于维护公共利益的重要法律依据。

在知识产权司法实践中，公共利益的体现则更为广泛，以使司法案件的处理得到更加公平正义的结果。这在国内外司法实践中也都得到了充分体现。如美国法院早在1948年的 Unites States v. Paramount Pictures, Inc. 案中就主张"对知识产权人的报偿是作第二位考虑的"，[②] 进而在1985年的案中进一步指出，"著作权和专利权的一个重要的公共目标是促进创造性活动，通过特殊报酬的手段，允许在专有权期限届满后对他们知识产品的公共接近"。[③] 在我国近些年知识产权司法实践中，也同样重视公共利益的维护。相关案例如：在江苏某建材有限公司诉淮安市某水利水电建筑安装工程有限公司侵害发明专利权纠纷案中，法院针对原告提出的"拆除和销毁已施工的侵权产品"的诉讼请求，认为"因涉案的洋大河治理工程为水利工程，具有一定公益性，被控侵权的挡土块已实际码置在河道护岸的挡土墙中，将其予以销毁不利于保护社会公共利益，因此对原告该项诉讼请求不予支持，但在确定赔偿数额时将对上述情况予以综合考虑。"[④] 在济南某建筑设计有限责任公司与山东某建筑设计研究院著作权权属、侵权纠纷中，法院针对原告主张的责令停止使用被诉侵权图纸的诉讼请求，认

---

① 《最高人民法院关于审理侵犯专利权纠纷案件应用法律若干问题的解释（二）》（法释〔2020〕19号）第26条。

② Unites States v. Paramount Pictures, Inc., 334 U.S. 131（1948）；Twentieth Century Music Corp. v. Aiken, 422 U.S. 151, 156（1975）.

③ Harper & Row v. Nation Enters, 471 U.S. 539, 546（1985）.

④ （2012）宁知民初字第144号民事判决。

定"著作权人不得滥用其权利，著作权人行使权利必须尊重社会公共利益和他人合法权益。本案中，某设计院被诉侵权行为发生在涉案工程验收环节，如果判令某设计院停止使用被诉侵权图纸，会导致此建筑工程长期不能验收、无法投入使用，造成社会资源的浪费。因此，本案不宜判令华盛设计院停止使用被诉侵权图纸"。[①]

综上所述，无论是从知识产权法相关理论和原理考量，还是从知识产权立法和司法考察知识产权法均具有重要的公共利益目标。一方面，知识产权立法和司法会直接对公共利益予以确认并在实践中运用公共利益处理知识产权人与社会公众之间的关系；另一方面，知识产权立法和司法对私人权利的保护，会激励知识产权人对知识产品的运用及知识产品的更多涌现，这又为社会公众的使用提供了丰富的养料，客观上实现了对公共利益的维护。

### （三）知识产权法价值构造之核心理念与原则：利益平衡

如前所述，知识产权法既保护私人权利，又体现公共利益。虽然私人权利的保护和公共利益的体现在最终目的上可以实现一定程度的统一，但是在知识产品和知识产权实际运用中，私人权利保护和公共利益体现并不是时刻相统一的，反而更多地表现为直接的冲突。如果知识产权法一味地对专有权给予保护，则会限制甚至阻断社会公众对知识产品的接近，从而极大影响知识产品的自由交流和传播，进而对整个社会科技文化进步和经济社会发展带来不利影响。相反地，如果知识产权法一味地对公共利益给予保护，则会在一定程度上回到知识产权法律制度产生之前的状态，使知识产品处于"公地"之中，难以对知识产权人及潜在的知识产品创造者、隐蔽的知识产品拥有者产生激励，也会极大地影响创新的活力和动力，而创新的滞后不但会使知识产品的产出受到影响而呈现严重不足，还会最终阻碍科技文化的进步和经济社会发展。

知识产权法之所以产生，就是为了解决知识产品创造者与作为使用者

---

① （2015）鲁民三终字第159号民事判决。

的社会公众之间的矛盾冲突。知识产权人的垄断利益与社会公众接近知识产品的公共利益都具有存在的正当性和合理性,但知识产权法的立法目的则要放在更高的目标追求上进行制度设计。这个更高的目标追求就是科技文化的进步和经济社会的发展。知识产权法制度设计的价值观必须围绕这一更高的目标追求。基于此,知识产权法从促进科技文化进步和经济社会发展的最终目标出发,始终在私人权利和公共利益之间找寻平衡,希冀通过最合理的制度安排达到二者的统一进而最大限度、最高效率地实现上述最终目标。由此可见,知识产权法实际上是在专有权人私人权利保护和社会公众公共利益维护之间做利益分配和平衡,以期在知识产权领域中划分出合理的专有领域和公共领域,并通过这种合理分配和平衡为科技文化进步和经济社会发展做出贡献。

在当代,一方面,由于知识产品的无形性和侵权手段方式的多样性,必须对知识产权人的私人权利予以明确的法律保护,以防出现"劣币驱逐良币"的现象,最终导致知识产品市场化失败,进而影响到知识产权人及潜在知识产品创造者的积极性。另一方面,由于任何一个知识产品的产生都不是无本之木、无源之水,对知识产权人私人权利保护的绝对化会使得创新失去养料,影响知识产品的创造,进而影响公共利益,所以必须严防这种保护的绝对化。对知识产权人私人权利保护和对社会公众公共利益维护任何一方面的绝对保护都是片面的,从市场经济的实践和知识产权法的发展史来看,只有在这二者之间进行平衡才能实现最大的社会效用。这一利益平衡原则也得到了国际公约的认可。TRIPs 协议第7条规定,"应当促进权利与义务之间平衡";《世界知识产权组织版权条约》(WCT)和《世界知识产权组织表演和录音制品条约》(WPPT)在序言部分规定,条约的重要目的是保持作者及表演者、录音制品制作者的权利与广大公众的利益尤其是教育、研究和获得信息的利益之间的平衡。

基于上述,知识产权法在私人权利和公共利益之间不能有对任何一方的绝对倾向,知识产权法的立法目的在于将私人权利与公共利益并重,在充分、有效保护私权的基础之上实现该制度追求的公共利益作为基本的价值观。实现知识产权法的上述价值，则需要构建知识产权法中的专有权与公共领域的平衡机制，这种平衡机制始终立足于有效地保护和维护私权，同时充分保障知识产权法中的公共领域，实现知识专有财产和知识公共财产的对立统一。因此，以下很有必要继续深入探讨知识产权法中专有权与公共领域及其辩证关系和平衡机制之构建。

# 二、知识产权法中的专有权与公共领域

## （一）专有权与公共领域关系辨析

如前所述，知识产权法的价值构成主要包括私人权利和公共利益。与之相对应，知识产权制度对这两种价值给予了不同的制度保护，其中主要体现为专有权和公共领域，即知识产权法通过赋予知识产权人以私人权利，确认了其对知识产品享有的专有权，通过维护公共利益，使公共领域得以保留，而公共领域的保留又进一步维护了公共利益。专有权致力于对知识产权人私人权利的保护，而公共领域则将重点置于对公共利益的保护。对这二者之间关系的研究，对知识产权立法的制度设计具有重要意义。笔者认为，两者的关系主要体现为在限制与反限制基础之上的对立统一。以下将具体探讨。

### 1.专有权对公共领域的限制

法国学者卢梭将私人财产权保护与正义联系在一起，认为私人财产权保护的意义主要在于创造了一种在社会范围内尊重财产权的习惯，这种权利一旦确定，就使得财产成为真正的权利，并对他人产生限制。无疑，财产权确立了不受他人侵犯的权利边界，在权利边界范围之内，权利人可以充分行使自己的权利，并针对他人"跨界"的行为有权予以制止。财产权的存在，意味着将一部分客体划定为某个主体所有，且排除其他人的占有、使用、收益、处分等权能，对他人不可避免地产生了限制。这种限制，也是维系财产权利用与财产价值实现所必需的。当然，从财产权的本质来说，它反映的并不是人与物之间的关系，而是人与人之间的关系。

知识产权是一种无形财产权，属于财产权的范畴，因而也具有财产权的一般属性。在知识产权领域，知识产品的无形性使得这种权利确定显得更有价值。知识产权作为一种无形财产权，其实质上就是对某种知识产品确立了知识产权人的专有权，从而排除他人对该知识产品的权利享有和利用，限制了该知识产品进入公共领域的可能性。在专有权确立的权利范围内的知识产品，就不属于公共领域的范畴，未经专有权人许可或根据法律特别规定，任何人都不能自由、无偿使用。从这个角度来讲，专有权实际上在与公共领域的关系之间建立了一个"篱笆"，篱笆之内是享有专有权的知识产品，需要得到专有权人的许可或法律特别规定才可使用，而篱笆之外则是处于公共领域的知识产品，社会公众可以自由、无偿使用。不过，需要指出的是，知识产权这一专有权利在权利边界的确立上，较之于有形财产权困难和复杂得多。这一专有权需要在排除公共领域的基础上予以确立，也就是说需要限制公共领域的范围来确立专有权的边界和范围。从知识产权制度发展历史来看，在其建立之前，知识产品并不能由创造者所专有，只是知识产权制度使得原本停留在公共领域的知识产品短暂地回到专有领域。基于知识产权的法定性特征，专有领域范围由知识产权专门法律予以明确界定。例如，著作权法、专利法和商标法均对受保护的客体进行了限定，如果不在保护客体范围之内，就不能取得某种知识产权。知识产权保护期限也是界定专有权与公共领域的重要"分水岭"。知识产权法律对知识产权保护期限的规定也就相应地限定了公共领域的起算时间。专有权对公共领域的限制，确保了权利人在特定的时间和地域范围内可以充分地利用其知识产品，实现必要的经济和社会价值。专有权对公共领域的限制如果不足，或者说公共领域的范围侵蚀到专有权，就会使知识产权保护失去保障，知识产权法律制度赖以实现的保护和激励创新的目标也将无法实现。例如，在专利授权中，针对发明或实用新型专利申请，新颖性、创造性的判定均离不开对"现有技术"的判定。将现有技术范围不适当扩大，就会使得专利申请授权无望，进而可能挫伤发明创造者从事发明创造的积极性。当然，随着社会发展，"现有技术"概念的内涵和外延也需要改革，以适应急速发展的技术革新的需要。例如，我国2008年《专利法》第三次修改时就采用了绝对新颖性标准，针对使用公开也采取世界范围内标准。这样就会使得部分发明创造不再符合专利授权条件，这相应地会扩张公共领域的范围。

专有权对公共领域的限制如此明显，以至人们在寻求对知识产品的使用前，总是先从专有权的权利范围来了解，如果处在专有权范围内，就表明该知识产品被从公共领域中抽取出来，不再可以自由、无偿使用。当然，专有权对公共领域的限制也并不是毫无边界的。知识产权的产生源于封建特权，一开始的专有权是在已处于公共领域的知识产品中经皇权挑选出一些置于特权之下，这种特权专属所有、排他使用。然而，这种专属的、排他的权利仅及于其所对应的知识产品，并不延及其他处于公共领域内的知识产品。公共领域也不能越过边界侵入专有权的范畴，只有在个别法律特别规定的情形下才能自由利用专有权下的知识产品。

可以说，专有权从产生之初就是一种对公共领域进行限制的权利。这种限制，界分了知识产权这一专有权的范围，有利于为公众提供受保护的知识产品的确定性和稳定性。可以认为，没有对公共领域的限制，就没有知识产权这一专有权，正是知识产权制度对于一系列公共领域的限定，才保障了知识产权制度在以知识产权保护为核心的基础之上实现其立法宗旨。

## 2. 公共领域对专有权的反限制

虽然自知识产权法产生之时起，公共领域就一直受到专有权的限制，但随着经济社会发展和社会公众需求的变化，专有权的扩张逐渐产生了一些不良影响，开始引起人们对知识产权立法制度设计的反思。在这个背景下，知识产权法中的公共领域问题再次受到专家学者乃至立法者的重视，并运用公共领域对专有权予以反限制。①

公共领域对专有权的反限制首先表现在对专有权的法定限制上。知识产权立法从促进科技文化进步和经济社会发展的最终目的出发，对专有权做出了许多特别规定，以维护公共领域的合理空间。即知识产权立法并没有给予专有权以绝对保护，而是通过法律特别规定对公共领域予以确认进而对专有权的行使产生限制。在法律特别规定的情况下，处在专有权范围内的知识产品社会公众也可以自由、无偿使用。进言之，这种公共领域可以来自法律规定专有权具有一定的保护期限和地域范围，也可以是对处在专有领域的知识产品的不受限制的自由使用。

就时间限制而言，知识产权具有时间性。这意味着知识产权只在法定的时间期限内受到保护、享有专属排他权利。也就是说，专有权人只在法定的时间期限内可以把知识产品保留在公共领域之外并置于自己的直接控制之下，而一旦过了法定的时间期限，该知识产品就进入公共领域，成为具有公共财产性质的公共领域的一部分，可以被社会公众自由、无偿使用。从这个意义上来理解，享有专有权的知识产品，其最终归属还是知识产权法中公共领域，专有权只是处于公共领域的知识产品的某一个阶段而已。时间限制确保了知识产品最终具有进入公共领域的性质，使得公共领域的宝库日益增多，从而为后续知识创造和个人的学习、研究、使用提供了便利和保障。知识产权的时间限制本身也具有很强的正当性与合理性。例如，从法理学层面来看，知识产权人投入知识产品的创造性劳动终归是有限的，如果知识产权人及其后代可以永久性地独占，这不符合公平正义原理。又如，从经济学角度来看，知识产品保护既具有社会利益也具有社会成本，但知识产权保护到社会成本大于社会利益之际，不再符合经济学

① 国外相关研究，参见 Anupam Chander, Madhavi Sunder, The Romance of the Public Domain, 92 Cal. L. Rev. 1331（2004）; Jane C. Ginsburg, "Une Chose Publique? The Author's Domain and the Public Domain in the Early British and US Copyright Law, 65 Cambridge L.J. 636（2006）; Tyler T. Ccho, Origin and Meanings of the Public Domain, 28 U. Dayton L.Rev, 215, 268（2002）等。国内相关研究，参见冯晓青. 知识产权法的公共领域理论 [J]. 知识产权，2007，17（3）：3–11；王太平，杨峰. 知识产权法中的公共领域 [J]. 法学研究，2008，30（1）：17–29.

上效益价值取向，因而需要终止对知识产权的保护。当然，知识产权保护期限究竟以多长适宜，需要置于特定社会经济环境加以考虑。从各国知识产权法律制度的发展历史来看，知识产权保护期限有扩张之势。这种扩张有的是基于保护本国占优势的产业的需要，如美国针对部分作品延长著作权保护期限的立法；有的是基于特定领域加强知识产权保护的需要，如部分药品专利保护期限延长制度。总体而言，知识产权保护期限的确定应当基于适当的知识产权保护水平、基于知识产权人利益与社会公众利益平衡的角度加以考虑。

就地域限制而言，知识产权的地域性也限定了知识产权这一专有权保护的空间范围。在不考虑国际保护的条件下，知识产权地域性决定了一国或地区知识产权只能在本国或地区范围内有效，本国个人和单位可以自由使用来自他国的知识产品，这也相当于为本国个人和单位创设了一个特殊的公共领域。即使是在知识产权国际保护的当今，知识产权的地域性仍然没有被完全突破，因为知识产权国际保护还需要遵循独立保护原则。

公共领域对专有权的反限制表现在专有权权能行使的限制上。针对限制知识产权人的权利行使而产生的公共领域而言，主要体现为在特定情况下，他人可以不用经过知识产权人许可、也不需要支付报酬地自由利用知识产权人的知识产品的行为。这种情形在知识产权专门法中都有体现，以下将进一步进行阐述。这里只是从知识产权法中公共领域原理出发加以讨论。通常，在知识产权法中赋予知识产权人对知识产品的专有权不允许权利人以外的任何人利用，否则即构成侵害其知识产权。这也是保护知识产权的应有之义。但是，有原则就有例外。知识产权法赋予的上述专有权并非具有绝对性，即在任何情况下他人都不得利用知识产权人的知识产权。知识产权固然具有"权利专有"的特性，但其客体本身具有共享性，无法被知识产权人事实上垄断。更重要的是，知识产权法的立法目的决定了知识产权这一专有权的行使必须受到一定限制，即在一定情况下他人自由利用知识产权人的知识产权，知识产权人不得干预。著作权法中的合理使用、专利法中的侵权例外、商标法中的正当使用、商业秘密保护的限制、集成电路布图设计专有权的限制、植物新品种专有权的限制等就是典型体现。由于在上述利用知识产品的行为中，为使用人提供了一个不受知识产权人控制、限制的自由空间，仍应视为知识产权法中公共领域的范畴。

　　笔者认为，与知识产权保护客体之外形成的公共领域相比，知识产权法中权利限制所产生的公共领域同样十分重要。具体而言，首先，它保障了公众在一定条件和环境下自由使用知识产品的机会和空间，从而有助于为知识创造和创新提供"养料"与"营养"，也为知识的再创新和后续创新提供根本保障。其次，它在更大程度上实现了知识产品的社会价值。作为知识产权保护的客体知识产品本身具有社会属性以及自然流动的特点，而知识产权人限于自身条件不可能最充分地利用其知识产品。本着"物尽其用"的原则和提高无形财产使用效能的经济学理念，知识产权法律应当在不损害知识产权人利益的前提下促进知识产品的充分利用。在知识产权法的价值构造中，权利保护与权利限制成为确保专有权与维护知识产品利用的基本构架形式，保障了知识产品价值最大化。最后，通过知识产权权利限制实现可以自由利用的公共领域空间，还是维护公共利益的基本形式和必要制度设计，从而也是确保知识产权立法宗旨的必需。知识产权法具有维护公共利益的重要目的，维护公共利益的基本保障形式则需要赋予社会公众在一定条件和情况下的自由使用权。从实践来看，即使没有法律特别规定的例外情况，专有权的权能行使也不是毫无顾忌的。在专有权的权能行使中，特别是行使其使用权能的过程中，在考虑专有权人的利益和便利的同时还需要考虑社会公共利益。在司法实践中，很多案例都对专有权权能行使过程中的社会公共利益考虑予以认可。由此可见，公共领域作为知识产权法律体系中存在的两大支撑体系之一，其对专有权亦构成限制和制衡，以使得专有权不能任性而为，防止专有权的不当扩张而影响社会公共利益，进而为科技文化进步和经济社会发展的真正实现提供保障。

**3. 知识产权法中专有权与公共领域在限制与反限制中实现对立统一**

　　从上述讨论可知，在知识产权法中专有权对公共领域产生限制，公共领域又反过来对专有权产生反限制。从一定程度上来说，二者之间存在着此消彼长的关系。但这种拉锯式的此消彼长关系并不是专有权与知识产权法中公共领域之间关系的全部。

毋庸置疑，专有权的扩张会影响知识产权法中公共领域的范围，公共领域的扩张也会影响专有权的范围。但这种相互联系、相互影响从长期的实践来看并不是战争中的敌我关系，一方对另一方的限制也并没有将目的放在消灭另一方。从知识产权制度的宗旨、价值、目标来看，专有权与公共领域二者的任何一方都不能偏废，而是要在共存中寻求统一。

因此，专有权对公共领域的限制，实际上是为了产生足够的激励，使创新的活力和动力能够持续，从而产生更多最后会进入公共领域的知识产品。就最终目的而言，专有权对公共领域的限制，会为丰富公共领域的内容带来助益。公共领域对专有权的反限制正是为了让更多的人可以接近和使用已有的知识成果，虽然这些知识成果中可能存在或曾经存在专有权，但公共领域对这些专有权的限制正是为了让潜在的知识产品创造者有更多机会从已有知识成果中汲取养分，进而创造更多的知识成果，最终使专有权的领域更广泛、内容更丰富。也正是从这个意义上来讲，专有权对公共领域的限制及公共领域对专有权的反限制最终实现了有机统一，共同为创新提供了激励，共同促进了科技文化的进步和经济社会的发展。

知识产权法中专有权与公共领域虽然具有对立性，但其能够"共生共长"、实现对立统一，共同维护知识产权法的立法目标，其中很重要的原因在于它们都是实现知识产权立法宗旨的重要法律机制和保障措施：知识产权法首要宗旨是确保知识财产权人对其知识产品享有的专有权，以维持知识创新的动力和促进对知识创新的投资驱动与创造激励；知识产权法也同样需要广泛地促进知识产品的传播与利用，以在更大的程度和范围上实现知识产品的经济社会价值，这就需要同样地赋予社会公众在一定条件下使用知识产品的自由和空间，两者并行不悖、缺一不可。也正是基于此，知识产权制度在历史发展中一方面具有权利不断扩张的趋向；另一方面权利限制也"接踵而至"，并且其始终与权利扩张保持"水涨船高"的关系。

这也正是下文论及的专有权保护与权利限制形成的动态平衡。

### （二）专有权与公共领域在不同知识产权法律中的体现

专有权与公共领域是现代知识产权法律制度中不可或缺的两大内容，二者的共存已为世界各国的立法和司法实践所认可。在著作权法、专利法和商标法等知识产权法律中①，专有权保护与公共领域保留都得到了充分体现。以下不妨分别做出探讨。

#### 1. 著作权法中的专有权与公共领域

著作权法中对专有权的规定主要体现于作者和其他著作权人对其作品所享有的专属排他权利，主要包括人身权和财产权。对于著作人身权，著作权法规定这种权利不允许转让，而专属于著作权人，其他任何人都不得享有和行使。发表权、署名权、修改权和保护作品完整权作为著作人身权的内容，与作者的人格身份密不可分，不可以转让、继承和放弃，更不可以被剥夺或被强制宣告无效。这一权利只与作者作为"人"的权利相关，与作者的人格身份直接相联系，体现了特定的人格关系，给予了专属排他的保护。著作人身权的保护体现了对于作者与作品之间这种特定的身份关系的尊重和保护，也反映了作者与作品之间的特定的人身关系和人格利益。虽然英美法系国家在相当长的时间内在其著作权法中并不保护著作人身权，但并不意味着侵害著作人身权的行为不受任何法律保护。例如，在英国通过判例制度发展所谓"仿冒之诉"，就对于冒名等行为追究侵权法律责任。当然，随着英美法系国家加入《保护文学艺术作品伯尔尼公约》（以下简称《伯尔尼公约》），这方面的差别事实上已经不存在。

对于著作财产权，主要是基于对作品这一知识成果创造者劳动价值的肯定，赋予著作权人依法通过各种方式利用其作品并获得经济利益的权

---

① 专有权与公共领域始终是知识产权制度中的一对基本矛盾。除了在这些基本的知识产权法律中体现外，在集成电路布图设计、植物新品种专有权保护中也无不如此，我国相关规范都明确规定了专有权及其权利限制的内容。至于商业秘密，由于其本身专有性不足，对其限制形式更多，如基于反向工程、独立研发、许可等形式获得，因此商业秘密保护中的公共领域更具特色。限于篇幅，笔者将另行探讨。

利。按照洛克的财产权劳动理论，人们对物享有权利的基础是付出了自己的劳动和努力，这种权利的取得是符合自然状态、自然理性、社会契约等自然法精神的。劳动使得创造者能够从公有物中获得个人私有的部分，只要对该部分的占有为他人留下足够多、同样好的部分即可。也就是说，从权利取得的角度，著作权法将这种获得经济收益的权利赋予了作品创造者，著作财产权作为一种专属排他的权利为知识产权创造者或法定的其他著作权人所享有。我国著作权法规定了复制权、发行权、出租权、展览权、表演权、放映权、广播权、信息网络传播权、摄制权、演绎权、汇编权等多种著作财产权，并明确了其权利归属和行使方式，对其专属排他性给予了多方位的保护。无论是部分的著作财产权还是全部的著作财产权，著作权法都将其作为专有权予以保护，可以被专有权人利用并获得经济利益。

同时，著作权法还基于维护公共利益的目的对公共领域进行确认和保护。早在著作权法产生之初，世界上的第一部著作权法《安娜法令》就通过对作者对其图书专有权垄断期限的限制，保护了作者和出版者的双重利益，进而维护了公共利益。该法通过赋予有期限的垄断权的保护，实际上确立了著作权法上最典型的公共领域。从此，明确著作权有期限的保护方式在世界各国著作权法中都成为普遍的立法例，并为国际著作权公约所接受。美国早期的《宪法》更是在其第1条第8款第（8）项中明确指出赋予国会制定保护作者和发明者一定期限的专有权的法律，旨在促进科学和有用技术的进步。此后，《安娜法令》所确立的公共利益原则在各国著作权法中得到了充分保留。为此，著作权法对著作权施加了限制，认为著作权的专有权保护不能只考虑对作者的激励和经济上的回报，还要考虑公共利益。我国《著作权法》第4条也规定："著作权人和与著作权有关的权利人行使权利，不得违反宪法和法律，不得损害公共利益。国家对作品的出版、传播依法进行监督管理"。

在公共利益的指引之下，著作权法划定了公共领域的范围，使得处于这一范围内的作品可以被自由、无偿使用。以著作权法中公共领域确定的最主要方式之一——合理使用为例，著作权法中的合理使用制度是指在一定条件下，未经著作权人的许可就可以对作品进行使用，且不需要向著作权人支付报酬。合理使用制度主要解决的是后续作者为了创作新的作品如何利用在先作品的问题。为了使后续作者能够自由、无偿使用在先作品，从而促进新作品的诞生，合理使用制度将在先作品的特定使用方式置于公共领域之内，允许社会公众自由接近。比如，在 Sony Computer Entertainment Inc., v. Connectix Corp 案①中，美国法院认为被告只是生产了与原告的游戏相匹配的平台，而不是通过反向工程建立一个相匹配的非侵权产品，属于合理使用的方式，并不构成著作权侵权，并指出合理使用是约束著作权过度扩张的有力工具，否则可能会出现在授予最初著作权基础上的事实垄断。② 在该案中，美国法院基于正当市场竞争和著作权法对公共利益保障的考虑，认定了合理使用适用的范围和形式，确认了著作权法中公共领域的范围。我国很多著作权侵权纠纷案件的处理也体现了对于合理使用规定的维护。

合理使用之所以重要，是因为它是保障社会公众自由利用受著作权保护的作品的基本形式，是确保社会公众学习和研究、提高文化教育水平和促进国家文化发展的基本保障。如果没有基于合理使用制度形成的公共领域，社会公众利用作品的成本将极大提高，最终则会严重阻碍作品的传播和利用，也不利于著作权人利益的实现和保障。从经济学中的交易成本理论来说，合理使用也具有很强的合理性。原因在于，合理使用作品若无法得到法律允许，将极大增加他人使用作品的成本，甚至完全排斥他人的使用。当然，合理使用本身也需要具有合理性，而不能无故损害著作权人的合法权益。③ 此外，随着社会发展，合理使用制度本身也需要与时俱进。以我国2020年第三次修改的现行《著作权法》为例，其第24条关于合理

---

① 詹艳. 版权扩张：文化商品化与文化全球化 [J]. 河北法学，2013，31（6）：172-179.

② 詹艳. 版权扩张：文化商品化与文化全球化 [J]. 河北法学，2013，31（6）：172-179.

③ 如《伯尔尼公约》即规定了须限于特例、不得无故损害著作权人的合法权益，也不得损害著作权人享有的其他权利。

使用的规定，就对合理使用制度做了改进。主要有：第一，明确了合理使用的基本原则。该条第1款规定，合理使用限于特例，且"不得影响该作品的正常使用，也不得不合理地损害著作权人的合法权益"。该规定实际上是引进了《伯尔尼公约》"三步检验法"原则，同时也是将《著作权法实施条例》相关规定整合至《著作权法》的体现。第二，对于部分合理使用行为的条件进行了优化，如基于课堂教学和科学研究目的的合理使用行为，将原先的"翻译或者少量复制已经发表的作品"修改为"改编、汇编、播放或者少量复制已经发表的作品"，从而更好地满足基于课堂教学和科学研究目的而使用作品的需要。第三，将原来的对合理使用行为"封闭式"列举修改为"开放式"列举。该条第1款第（13）项新增"法律、行政法规规定的其他情形"这一兜底性规定。基于专有权保护与公共领域的对立统一考虑，在《著作权法》对专有权的列举包含了"其他应当由著作权人享有的财产权利"的前提下，关于合理使用的规定也应当具有一定的开放性，即增加兜底性质的条款。① 无疑，技术发展，特别是信息网络技术的革新，会给著作权法中的公共领域确定带来新的挑战，但只要坚持公共利益这一标准，就可以合理确定公共领域的范围和界限。合理使用制度就是充分保障著作权法中公共利益的重要法律制度。

## 2. 专利法中的专有权与公共领域

专利法对专利权同样给予了专属排他的保护。专利权是指专利权人对其专利依法享有的在一定期限内的专有权，可以说专利权的核心内容就是独占实施权。专利权作为法律赋予的专有权，任何人都要尊重专利权人的这种专有权利，不能随意剥夺或随意侵犯这种专有权利。与其他有形财产权一样，除法律特别规定以外，专利权不能被任何人限制、剥夺或阻碍其

---

① 值得注意的是，对于该兜底性规定仍存在一定争议。如有观点认为，增加兜底性质规定会影响著作权人的专有权的保护。笔者则认为，这种担心是不必要的。从立法条款架构来说，既然著作权人的财产权利可以增加兜底性质的权利，对于这一权利的限制的合理使用制度也相应地应当增加兜底性质规定。除此之外，著作权立法适应司法实践需要也很重要。封闭式规定明显不能很好地应对实践中形形色色的使用作品的行为。

独占实施。专利法对专利权的独占、专有予以明确规定，在专利权的保护期限内，不经专利权人的许可，任何人都不能以生产经营为目的实施专利权人的专利，否则就构成专利侵权。① 由于专利权客体的无形性和易于传播性，在没有专利法确认和保护的情况下，专利权客体在产生之后很容易进入公共领域，为了对专利权人进行保护和激励，专利法对专利权人的独占性专有权利予以确认，从而使得专利权客体及附着于其上的权利专属于专利权人所有。对专利权人的专有权予以确认是专利法的重要立法目的之一。当然，基于专利权的无形财产权属性，专利权的权利边界需要依法定的形式加以明确。具体而言，根据我国《专利法》第64条规定，发明或者实用新型专利权的保护范围以其权利要求的内容为准，说明书及附图可以用于解释权利要求的内容。外观设计专利权的保护范围以表示在图片或者照片中的该产品的外观设计为准，简要说明可以用于解释图片或者照片所表示的该产品的外观设计。尽管法律有上述明确规定，在专利司法实践中，准确界定专利权的保护范围却并非易事。为此，司法实践中总结并发展了全面覆盖原则、等同侵权原则、现有技术抗辩原则、捐献原则、禁止反悔原则、禁止多余指定原则等用于判断被告使用的技术是否落入原告专利权的保护范围的原则。无论如何，专利司法实践中在确定专利权保护范围时，需要高度重视维护公众使用现有技术的自由和权利。例如，最高人民法院相关政策文件即指出，要"不断完善专利侵权判定标准，准确确定专利权保护范围，正确认定专利侵权行为，在依法保护专利权的同时，防止不适当地扩张专利权保护范围、压缩创新空间、损害创新能力和公共利益"。②

虽然专利法对专利权人的专有权给予了专属排他保护，但为了维护公共利益，防止专利权人对专利权进行滥用，专利法对公共领域也进行了规定，允许在一定情形下将专利权客体纳入公共领域并可被社会公众自由、

---

① 我国《专利法》第11条。
② 最高人民法院《关于贯彻实施国家知识产权战略若干问题的意见》第三部分"依法审理好各类知识产权案件，切实加大知识产权司法保护力度"。

无偿使用。概言之，专利法上公共领域主要包括以下类型与表现。

其一，专利权保护期限届满或者保护期限届满前专利权人放弃专利权从而形成的公共领域。专利法对专利权的有效期都进行了规定，实际上就是对专有权的享有规定了时间限制，在有效期内属于专有权的范围，超出了有效期则进入公共领域的范畴。专利权具有有限的保护期限意味着专利权这一专有权最终具有进入公共领域的性质，专有权保护只是通向公共领域的一个"驿站"。除了因为保护期限届满而进入公共领域外，专利权也可以因为专利权人放弃专利权而提前进入公共领域。专利权人既可以不缴纳年费的形式放弃其专利权，也可以书面声明形式放弃其专利权。专利权人放弃其专利权本身是其行使专利权的一种形式，即依法处分自己的权利。

其二，专利权被宣告无效而形成的公共领域。专利权被宣告无效意味着该专利权自始无效，不具有专有性。专利权无效是因为授予的专利权不符合法律规定而应当被宣告无效。专利权被宣告无效后，原来的专有权自然失效，从而使得相关的专利技术或者设计进入公共领域，可以为任何人所利用。

其三，被排除于专利权客体或者专利法明确规定不受专利法保护而形成的公共领域。专利法作为知识产权法范畴，其授予的专利权具有法定性。其中，明确规定受保护的专利权的客体，是专利权法定性的重要体现。例如，我国1984年《专利法》明确规定药品、食品、调味品等属于专利权排除客体，因此，根据当时的专利法就不能在我国获得相关的专利权。这些发明一旦公开，在我国即进入公有领域。当然，当时一些药品发明者仍然向国家专利行政部门申请专利，则是一个十分睿智的做法，因为他们可以凭借在中国取得的专利申请号，根据《保护工业产权巴黎公约》（以下简称《巴黎公约》）取得外国优先权待遇，从而可以在国外获得强有力的专利权保护。至于法律规定的不受专利权保护的情况，如科学发现、疾病诊断和治疗方法，则是基于不符合专利保护精神和出于公共政策等的考量而做出的规定，对其利用自然也属于不受专利权控制的自由利用行为。

其四，专利法实施前就存在的公共领域。人类技术发展是一个漫长的延续过程。专利法实施前积淀的技术是人类知识和技术宝库，可以为全人类共享，是公共领域的重要内核。随着技术发展及专利权保护期限届满或者提前放弃，这些技术宝库的存储容量会越来越大。人类社会发展总体上就是在充分利用这些自由公知技术不断向前发展的。

其五，专利法中基于对专利权的限制而允许他人对专利的正当使用而形成的公共领域。这主要体现为专利法规定的侵权例外制度，它为在一定情况下自由使用受到专利保护的发明创造提供了法律保障，如先用权制度即为典型。该制度尽管是专门针对在先使用人的，但也体现了法律为先用权人提供了专利权保护范围上一个特殊的公共领域，体现了法律的公平和效率价值考虑。又如实验性侵权例外，主要在于保障科学研究，促进技术进步和创新。至于外国运输工作临时过境时的使用及 Bolar 例外也都是针对特定情况下可以自由使用他人专利的情形。这些利用形式，便利了他人对专利技术的接近，同时对专利权人而言损害甚微，因而也是包括我国在内的很多国家专利法所规定的内容。

其六，外国专利权人的专利权依法在本国不受专利保护而形成的公共领域。这一公共领域是基于专利权的地域性而产生的。外国专利权人如果未在本国申请专利，就不能在本国获得专利权。因此，对这些在本国实施的专利技术，实际上是进入了公共领域。

至于专利法中的强制许可是国家专利主管机关通过行政程序，可以不经专利权人许可而直接允许他人实施专利权人本享有专有权的发明或实用新型的法律行为。强制许可的实质就是通过国家公权力将本属于专利专有权范围内的专利权客体强制放入公共领域，使他人得以直接使用。强制许可为公共领域对抗专有权提供了有力手段，在专有权滥用的情况下，可以运用强制许可确保社会公众的使用和公共利益的实现，进而为公平竞争机制的形成、科技文化的进步和经济社会发展提供最大的助力。有学者就认为，从经济学的角度来看，"强制许可的目的就在于加快增加专利可能带来的社会收益，从而使其边际社会成本降低。此边际成本降低的途径就在于取得实施强制许可的单位或个人与专利权人共同协商专利的使用费。如果协商不成，则由专利局裁定。这样就避免了当不存在强制许可制度时专利权人要价太高或交易成本太大，节约了社会总成本"。[①] 当然，严格地说，强制许可够不上典型意义的公共领域，因为毕竟需要付费，且获得的强制许可是有严格条件限制的。不过，采用一定的行政程序排除专利权人专有权的控制，也是对专利权的重要限制。

### 3. 商标法中的专有权与公共领域

商标法同样为商标权人规定了专属排他的权利，商标权实际上是商标权人对作为其权利客体的商标所享有的专有权。比如，我国《商标法》第3条第1款明确规定，"经商标局核准注册的商标为注册商标，包括商品商标、服务商标和集体商标、证明商标；商标注册人享有商标专用权，受法律保护"。由此可见，商标法对商标权人的专有权进行了明确规定，确认并保护了商标权人基于此专有权所享有的对作为其权利客体的商标的专有使用权、禁用权、许可权和转让权等。在商标法中，专有使用权的确定具有更为重要的意义，因为商标的主要功能是区别相同或类似的商品或服务，只有确定专有才能实现区别的功能。可以说，专有使用权是商标不同于有形财产权的最主要法律特征，是商标权中的核心权能。也正因如此，我国《商标法》直接以"商标专用权"表示注册商标所有人享有的对注册商标的所有权。当然，尽管商标专用权是商标权中的核心内容，但商标权毕竟不能仅限于商标专用权，只是基于立法惯性，我国历次《商标法》的修订均未修改"商标专用权"的表述。

在商标法中的专有权中，还必须指出其与前述著作权、专利权所具有的不同特点，即注册商标所有人享有的禁止权范围明显大于专有使用权。具体而言，商标专用权的范围限于核准注册的商标和核定使用的商品；而商标禁止权范围则包括只要有混淆之虞，禁止在相同或者类似商品上使用

---

① 刘茂林.知识产权法的经济分析[M].北京：法律出版社，1996：110.

相同或者近似的商标。这表明，商标禁止权的范围明显突破了"相同商标"和"相同商品"的范围，而延伸到"近似商标"和"类似商品"。之所以如此，是因为禁止混淆是商标权保护的要义，也正是基于此，商标权保护与制止不正当竞争具有很深的渊源关系：它们都是在侵权行为法基础上发展起来的，禁止混淆同时也就达到了制止不正当竞争目的。相反，如果仅将商标权限于核准注册的商标和指定的商品，就会反而助长"搭便车""傍名牌"的不正当竞争行为。

与著作权、专利权的专有一样，商标专用权也不是毫无限制的。基于平衡公正保护各方利益和社会公众利益的考虑，商标法对限制商标专有权的情形做出了规定，明确了公共领域的范围。商标法与市场竞争秩序密切相关，直接关系到消费者的利益和公平正义的实现。因此，商标法把商标专有权限定在商标的商标法意义使用行为上，而将非商标法意义上的使用行为纳入公共领域的范畴。即在他人对商标权人享有专有权的商标进行非商标法意义上的使用时，这种自由、无偿的使用是被商标法允许的，商标权人不得干预。同时，商标法规定了合理使用制度，为公共领域又一次划定了范围。商标法上的合理使用制度是指商标权人以外的他人以叙述性使用、指示性使用、说明性使用或平行使用的方式，在生产经营活动中善意使用商标权人的商标的行为，不构成侵犯商标专有权的行为。[①]这一合理使用制度实际上将对商标的叙述性、指示性、说明性和平行使用行为放入公共领域的范畴，社会公众可以对属于此范畴的商标进行自由、无偿的使用。对于这一制度，国内外很多商标立法都予以了肯定。比如，《欧共体商标条例》第6条规定："商标所有人无权制止第三方在商业中使用自己的名称或者地址，有关品种、质量、数量、价格、原产地等特点的标志，只要上述使用符合工商业实务中的诚实惯例"。美国《兰哈姆法》第33条b第（2）项允许"将并非作为商标，而是有关当事人自己的个人名称的使用，或对与该当事人的产品或者服务，或地理产地有叙述性的名词或图形

---

① 冯晓青 . 商标权的限制研究 [J]. 学海，2006，（4）：137–146.

使用，作为合理使用"。由此可见，商标法在对专有权保护的同时亦留出了公共领域存在的充分空间。<sup>①</sup>

从广义上说，商标法上公共领域除了上述形式外，还包括至少以下三方面。

其一，商品通用名称等缺乏显著性的标识。根据我国现行《商标法》第11条第1款第（1）项规定，通用名称因为缺乏商标的显著性而不能获得注册。通用名称不能区别商品或者服务来源，如果允许作为商标注册，则不但不能实现注册商标的保护宗旨，而且会损害公共利益，因为通用名称是任何人都可以在商品上自由使用的，将本是公有领域资源不适当地划归到私有领域，会侵害消费者利益和公共利益。当然，关于通用名称与注册商标及其保护的关系，还需要明确以下两点。第一，据我国现行《商标法》第11条第2款规定，通用名称经过使用如果取得了第二含义，则允许作为商标申请注册。第二，注册商标不能演化为商品的通用名称，否则存在被撤销的风险。根据我国《商标法》第49条第2款规定，注册商标成为其核定使用的商品的通用名称或者没有正当理由连续三年不使用的，任何单位或者个人可以向商标局申请撤销该注册商标。这是因为，注册商标受法律保护的合理性基础是其具有区别商品或者服务来源的功能，一旦该功能丧失，该注册商标就失去了受法律保护的基础，因此应当予以撤销。

其二，地名等公共资源。地名无疑具有公共属性，属于公共资源。因此，如果他人在非商标意义上使用地名，不能因为地名被注册为商标而认定该使用行为构成侵害商标权。司法实践中，很多案例即能够对此做出认定。例如，江苏省高级人民法院再审判决的涉及使用"百家湖"侵害商标专用权纠纷案中，法院最终认为被告行为系对地名的正当使用，不构成侵害原告的商标专用权。

其三，注册商标专用权保护期限届满未申请续展或者申请续展未能成功。注册商标的保护期限与著作权和专利权均不同，其可以不断申请续

---

① 冯晓青.商标权的限制研究[J].学海，2006，（4）：137-146.

展，以维持既有的商誉。但一旦注册商标期限届满未申请续展或者申请续展未能成功，则原注册商标所有人将丧失对其原先的注册商标的专用权。当然，如果原注册商标具有较高的声誉，其仍然可以作为有一定影响的未注册商标使用。他人若以该商标在相同或者类似商品上申请注册，则在先使用人可以根据现行《商标法》第32条规定阻止其申请注册。

至于外国未在本国申请注册或者使用的商标能否在本国自由使用，则不能一概而论。如果该商标未在中国注册但在中国使用，则可能符合未注册商标条件。他人如果"就相同或者类似商品申请注册的商标是复制、模仿或者翻译他人未在中国注册的商标，容易导致混淆的"，则根据《商标法》第13条第2款规定，不予注册并禁止使用。

此外，还有一种特殊情况也值得关注，就是一种知识产权根据其所属的法律保护期限届满，是否可再以另一种知识产权保护或者寻求反不正当竞争法的保护？例如，某作品的著作权保护期限届满后，以该作品名称申请注册商标，是否可以据此禁止他人继续使用该作品？又如，某一外观设计专利权保护期限届满后，是否准予作品的著作权保护或者以有一定影响的商品名称、包装、装潢寻求反不正当竞争法保护？笔者认为，原则上，基于同一知识产权客体可以延伸多种知识产权保护形式，权利人在一种知识产权保护期限届满后，可以寻求另一种知识产权保护。但是，为了防止权利人变相延长某一种知识产权的保护期限，权利人不得禁止他人在已届满的知识产权的公共领域意义上使用，否则将损害知识产权保护的公共领域，造成对原知识产权人的过度保护。

## 三、知识产权法中专有权与公共领域的平衡机制

如前所述，知识产权法中专有权与公共领域均为其重要内容，两者是一种对立统一关系。但是，毕竟两者具有此消彼长的关系，且随着社会发展两者处于动态的变化状态，为了实现知识产权法之制度宗旨，就有必要实现两者的平衡。下文即从知识产权法中专有权与公共领域平衡的必然性

出发，探讨实现两者的平衡机制。

### （一）专有权与公共领域平衡的必然性

专有权与公共领域是知识产权法律制度的两大支撑体系，两者互相联系、互相限制，并在限制和反限制中实现统一。这个统一的过程，其实就是专有权与公共领域实现动态平衡的过程。专有权与公共领域的平衡具有其必然性，主要可以从以下三个方面来理解。

**1. 专有权与公共领域的平衡是知识产权制度发展的必然**

知识产权制度的发展史，就是一部专有权与公共领域此消彼长的发展史。在一定时期，公共领域占据优势；而在另一个时期，专有权占据优势。知识产权制度根据不同发展阶段的不同制度需求，对专有权与公共领域的范围进行划分，虽然这种划分从历史的角度看并不尽如人意，但实质上立法者一直在试图找寻专有权与公共领域的最佳平衡点。随着社会环境的发展变化，新的需求不断涌现，对专有权与公共领域平衡的需要越发明显，亟待知识产权制度随之做出相应调整。因此，在知识产权制度随社会发展需求不断完善的过程中，要对专有权与公共领域进行平衡，以为此二者划定合理的范围，从而更好地支撑知识产权制度的发展。

进言之，知识产权制度的发展史也是知识产权这一专有权的扩张史。专有权不断扩张的原因在于：技术的发展使得能够成为知识产权的客体形式增加、利用知识产权的形式也增加，知识产权得以实现其经济社会价值的市场也日益丰富。除此之外，社会发展也提出了加强知识产权保护的需要，以更好地激励创造和创新。仅以著作权制度为例，当初的著作权的概念基本上限于复制权，现在则涵盖到非常多的内容，即使是复制权其内涵也大为扩展，包括数字化形式在内。另一方面，随着知识产权这一专有权的扩张，社会公众对知识产品的需求也在扩张，这种扩张只能以权利限制形式加以保障。权利限制则需要以保留公共领域为基本内涵。仍以著作权制度为例，随着信息网络技术的发展，著作权法在增加信息网络传播权的同时，必须对这种权利给予相应限制，以保障社会公众能够在网络环境下便利地获取知识和信息，以及信息网络产业的健康发展。这种权利扩张与权利限制之间形成了一个始终互动的对应关系，其本质上是为了实现专有权保护和公共领域的动态平衡。

**2. 专有权与公共领域的平衡是科技文化进步的必然**

实践证明，科技文化的进步单靠一个条件是难以实现的。如果单纯依靠专有权的保护，就可能使得潜在的科技文化创新失去土壤和养料，最终难以结出果实，也会极大地影响科技文化的传播利用速度和效率，最终减缓科技文化进步的步伐。如果单纯依靠公共领域，则会扼杀潜在的科技文化创造者的热情和动力，也可能会使已有知识成果的所有者选择将自己的成果作为秘密保留而不使之进入知识产权制度视野之中，最终也会使科技文化的进步受损。因此，无论是从经济学角度还是法理学层面来看，要实现科技文化进步的最优化，必须同时依靠专有权与公共领域，且必须对二者进行平衡，以防二者的失衡对科技文化进步造成损害。具体而言，科技文化进步需要为创造者、创新者提供足够的以保护为手段的激励机制，对专有权的充分、有效保护始终是知识产权制度的主旋律。我国知识产权制度的基本政策和基本立法目的也是充分保护知识产权人的合法权益。另一方面，知识产权保护的最终目的并非仅限于保护知识产权人的利益，基于知识产品的社会属性和知识产权立法的社会目的，知识产权制度也必须充分保障社会公众接近和利用知识产品的便利和自由，以确保公众学习、文化教育、思想与信息交流，同时为公众进行创造性工作提供基本的养料。为此，在知识产权制度层面上，维持一个充分的公共领域也同样重要。公共领域确保了公众从事相关的学习研究不用承担太大的成本，也能够使得创造者本身低成本地进行创新活动。由此可见，科技文化发展与进步，既要求通过知识产权制度有效保护专有权，也要求保留丰富的公共领域，两者并行不悖。

**3. 专有权与公共领域的平衡是经济社会发展的必然**

经济社会的发展始终伴随着各种关系之间的平衡，这其中当然也包括知识产权法中专有权与公共领域之间的平衡。经济社会发展是一个动态的过程，知识产权制度对经济社会发展起到的主要是驱动创新发展的作用，因此从这个意义上讲，知识产权制度的目的在于如何实现创新驱动力最大化。如前所述，专有权与公共领域的单轮驱动非但不会促进科技文化的进步与创新，反而可能会使科技文化进步滞后。同样地，对于经济社会发展来说，专有权与公共领域的单轮驱动并不能适应经济社会发展和技术创新的需求，反而可能阻碍经济社会的发展。因此，经济社会的发展必然要求在专有权与公共领域之间寻求平衡，以实现双轮驱动。

### （二）专有权与公共领域平衡的必要性

专有权与公共领域的平衡既是必然，也是必要。

首先，从专有权人的需要来讲，二者的平衡实属必要。专有权人的最大需要当然是实现自身利益的最大化。但这种自身利益的最大化不限于专有权利益的最大化。任何一个专有权人都不是一个孤立的个体，其专有权的产生和价值实现都离不开与他人之间的关系，也离不开对他人知识成果的利用。单一保护专有权从短期来看似乎对专有权人有利，但从长远来看则可能存在极大的损害。专有权人不但需要专有权的保护，还需要公共领域的存在以为自己再创造享有专有权的知识成果创造条件。因此，要满足专有权人的上述需要，就必须对专有权与公共领域进行平衡。

其次，从社会公众的需要来讲，二者的平衡实属必要。社会公众的最大需要当然是对知识成果的接近，但这种接近一方面对自由、无偿有要求，另一方面也对知识成果的丰富性有要求。面对无水的知识成果"池塘"，即使可以再自由、再无偿地接近，社会公众应该都是无法得到满足的。因此，社会公众一方面希望保留足够的公共领域以使自己可以自由、无偿接近；另一方面也希望公共领域能够有源源不断的知识成果补充，以使自己的接近具有可持续性。社会公众上述需要的满足，就必须对知识产权法中公共领域与专有权进行平衡，以使公共领域既足够多又不至于阻碍源水的产生。

最后，从国家需要来讲，二者的平衡实属必要。国家在知识产权领域的最大需要表现为希望通过知识产权制度激励创新，并进而通过创新驱动经济社会发展。从激励创新的目的来看，专有权与公共领域对创新的激励都有一定作用，问题的关键只在于在何种情况下可以实现这种激励的最大化。专有权对激励创新的作用毋庸置疑，公共领域也为激励创新提供了土壤和养料；但需要注意的是，对上述二者任何一方的缺失都会对激励创新产生负面影响。因此，为满足国家激励创新进而驱动发展的需要，必须对专有权与公共领域进行平衡，以实现最大限度激励创新的目标。

### （三）知识产权法中的专有权与公共领域平衡机制

专有权与公共领域之间的平衡实际上是专有权人与社会公众之间利益的平衡，其利益平衡机制是知识产权法中最重要的制度安排。具体而言，主要体现在以下几个方面。

### 1. 专有权的权利客体最终将进入公共领域

知识产权法对专有权的权利保护期限都做出了明确规定，目的就在于避免专有权永远为专有权人所享有。如果专有权永久性地被保护，这就会造成知识成果的永久性垄断，最终会使得公共领域枯竭，影响社会公众利益，进而影响科技文化进步与创新以及经济社会发展。因此，在专有权的保护期限届满后，原作为其权利客体的知识成果就会进入公共领域，从而丰富人类共同的知识宝库，为后续创新提供支持。随着社会发展与技术进步，专有权的保护期限有可能延长，但应当基于在新环境下的专有权与公共领域的利益平衡，以防止不适当延长专有权保护期限而有损公共领域。例如，当下部分国家为了保护其占优势的知识产权而不断延长特定知识产权保护期限。对此我国应保持警惕，不盲目照搬他国做法。同时，对于保护期限届满的知识产权，若权利人寻求其他形式的知识产权或者制止不正当竞争保护，也应当慎重对待，以防止原权利人利用不同形式知识产权挤占公共领域。

## 2. 专有权的行使方式必须考虑公共领域的需求

除了专有权客体的最终归属是公共领域外，在专有权的存续过程中，其行使也不是任意妄为的，必须受到公共领域的限制。知识产权法对专有权的行使方式有许多限制规定，如不得损害公共利益，应当为他人基于正当目的的使用提供便利。此外，即使不是在知识产权法关于公共领域的例外规定情况下，专有权的行使仍然要考虑公共领域的需要，不得损害社会公众的利益。比如，著作权法就规定，著作权人行使其专有权，不得阻碍他人以学术研究、教育等为目的的使用其享有专有权的权利客体。依照专利法规定，专利权人行使其专利权不得妨害正当的技术信息传播和交流。依照商标法规定，商标权人行使其商标专用权，不得破坏自由竞争和损害消费者利益。知识产权这一专有权的行使之所以需要考虑公共领域的需求，是因为公共领域保留是保障知识产权创造的基础和前提，没有丰富的公共领域，知识创造工作将变得寸步难行。不但如此，公共领域如果得不到保障，知识产权人的利益最终也不能实现，因为知识产权人在其他场合也是知识产品的使用人，也需要充分利用他人的知识产品从事知识创造和再创造。

## 3. 专有权的行使应当在其权利边界范围之内，不得跨越权利边界而侵蚀公共领域

知识产权人享有的专有权有其合法的权利边界范围。这个权利边界也是专有权的合法行使与不正当行使的界限。在权利边界范围内，知识产权人可以充分与有效地行使自己的权利，并对侵害其专有权的行为提出侵权诉讼。我国相关知识产权法律都明确了相应知识产权的权利保护范围。当然，如前所述，知识产权是一种无形财产权，其权利边界远不如有形财产权那样容易确定。但是，不易确定并非没有客观的权利边界。从知识产权与公共领域平衡以及权利正当行使的角度来看，知识产权人在专有权范围内行使其权利，不得跨越权利边界而侵害公共领域，这是对知识产权保护的原则性要求。进言之，专有权行使跨越权利边界，不但不能获得法律保护，反而会因损害他人利益、公共利益而应承担相应的法律责任。典型的

如知识产权滥用行为即应受到竞争法规制。

### 4. 公共领域要为专有权保留空间

知识产权法中的公共领域的范围并不是无限宽广、毫无限制的。广义而言，历史上，知识产权法从公共领域外划定了一部分作为专有权的权利范围并给予专有权利保护。对于这部分专有权的权利范围，公共领域必须给予尊重，不得加以侵害。在现代条件下，公共领域与专有权是知识产权制度的两大支撑体系，知识产权制度要对专有权的享有和行使加以明确规定，公共领域也必须对知识产权制度关于专有权享有和行使的规定加以尊重，为专有权的享有和行使保留足够空间。此外，公共领域还要为专有权的持续产生提供土壤和养料，以使创新源源不断地继续。在知识产权法中，对于专有权的保护毕竟是第一位的，公共领域也只是在专有权保护范围之外得以确认和承认。公共领域保留也有原则性的界限，即不得不适当扩张以致损害专有权的行使。

### 5. 专有权与公共领域平衡必须保持动态性和连续性

前述知识产权法中的专有权和公共领域的平衡，实际上是一种动态平衡，而不是静态平衡。这主要是因为知识产权法是一部随着技术革新和经济社会发展而急剧变化的法律。技术和社会环境的变化导致利用知识产品的机会和空间增大，从而使得知识产权人的权利行使方式增多。不仅如此，技术发展还导致出现新的知识产权保护客体，需要充实到知识产权法律中。这也就是前面述及过的知识产权扩张现象。另一方面，技术变革和社会发展也对社会公众利用知识产品带来了新的需求。社会公众在新环境和条件下也需要更加方便地使用知识产品。知识产权法中原有的专有权与公共领域平衡被打破，需要在新的环境和条件下重构利益平衡机制。否则，知识产权法就会在新的环境和条件下不再适应经济社会发展要求，其结果可能是对知识产权保护不够充分，从而挫伤权利人的积极性，同时也会使得相关利益主体之间的利益失衡。这就不难理解，为何相较于其他民商事法律，各国知识产权法律修订更为频繁。可以认为，知识产权法的每一次修订，都是在新的环境和条件下重构知识产权法中专有权与公共领域的平衡机制的举措。

## 四、结论

私人权利保护和维护公共利益以及保留公共领域是知识产权法的重要使命,[①]二者之间相互联系、相互制约,知识产权法制度设计的重要标准就是实现二者之间的平衡。可以说,知识产权法律制度发展到现在,利益平衡已成为其一个重要的基本原则。这不仅体现于知识产权立法,也体现于知识产权司法和政策中。利益平衡本身也是知识产权保护的一个十分重要的理念,以及知识产权理论的重要方法论。从知识产权法的价值构造来看,在知识产权法中私人权利保护主要对应的是专有权,而公共利益维护主要对应的是公共领域,二者在著作权法、专利法、商标法等知识产权法中都有体现。[②]专有权对公共领域有所限制,公共领域又反过来对专有权存在反限制,二者在限制与反限制中实现有机统一和动态平衡。知识产权法中专有权与公共领域的平衡既具有必然性,又具有必要性,知识产权制度对其平衡机制做了安排规定。总的来说,知识产权法通常以下列方式实现了专有权与公共领域之间的平衡:专有权的行使方式必须考虑公共领域的需求;专有权的行使应当在其权利边界范围之内,不得跨越权利边界而侵蚀公共领域;公共领域要为专有权保留空间;专有权与公共领域的平衡必须保持动态性和连续性。知识产权中专有权与公共领域的平衡,深刻地体现和反映了知识产权法律制度作为鼓励创新、保护创新成果和促进创新成果广泛传播与利用的法律制度的内在价值构造。知识产权法中专有权与公共领域的动态平衡,使得这一法律制度在新技术发展和经济社会变革环境下始终焕发新的生命力,成为当代各国经济社会发展和科技创新十分重要的法律制度。

---

① 冯晓青,韩萍.私权保护中的知识产权法中公共领域问题研究——基于实证案例的考察 [J].邵阳学院学报(社会科学版),2018,17(4):41-55.

② 付继存.著作权法公共利益的结构 [J].武陵学刊,2018,43(6):62-69.

# 公共领域保留视域下作品著作权保护研究 ①

## ——以作品中不受保护的事实、题材为考察对象

作品是受著作权保护的客体。无论是根据著作权法基本原理和制度，还是著作权司法实践，作品受著作权保护需要满足独创性要件。② 然而，具有独创性的作品受著作权保护并不意味着作品中的任何部分也受到著作权保护。由于人类的创作行为是一个吸收、借鉴、整合和利用同代以及先前智力成果的过程，其也是创作者个人劳动和社会劳动的产物，作为创作行为结果的作品也必然会包含一定程度的公共领域资源和元素。其中，事实、题材就是典型的具有公共领域属性的公共领域资源和元素。从此意义上说，著作权保护和公共领域保留并不矛盾，两者相辅相成，使得著作权保护一方面能够激励作品创作和传播③；另一方面也能为后续创作提供"基本的建筑材料"，从而能够确保在充分保护著作权的基础之上促进表达自由和思想、信息的自由传播，最终实现著作权法促进经济社会发展和科学文化事业繁荣的制度目标。实际上，公共领域保留原则已成为著作权法上的重要原则之一。贯彻这一原则能够很好地平衡对著作权人利益的保护与维护社会公众利益之间的关系。

在过去，我国包括著作权在内的知识产权学界和实务界对于知识产权法上的公共领域原则不大关注，研究成果也很少见。随着当前我国各类

---

① 原载《湖南大学学报》（社会科学版）2021年第1期。

② 我国《著作权法》第3条规定。

③ Squires, Copyright and Compilations in the Computer Era: Old Wine in New Bottles, 24 Bull. Copyright Soc'y U.S.A. 18, 44–45（1977）.

创作活动日益活跃，不同类型作者在创作活动中都需要利用进入公共领域的不受著作权保护的事实、题材等公共领域资源和元素，在著作权人主张在后作品和其作品雷同的情况下，往往容易引起著作权纠纷。近年来，围绕是否为作品中不受保护的事实、题材引发的著作权纠纷有不断增长的态势。因此，从公共领域保留的视域研究著作权保护问题不仅具有很强的理论价值，而且具有很强的现实意义。本文即拟以公共领域保留为视角，立足于作品中不受保护的事实和题材，以典型案例为素材，探讨公共领域保留视域下著作权保护问题。

# 一、公共领域保留原理及其在著作权法中的适用

公共领域，英文对应为"public domain"，最初并非首先在知识产权法领域出现，而是出现于政治哲学等学科中。特别是哈贝马斯撰著的《公共领域的结构转型》即侧重论述处于私人领域和公共空间的自由发表言论领域。公共领域这一术语在知识产权法中的适用，较早见于法国的知识产权法中。在国际知识产权公约中，公共领域首见于《伯尔尼公约》关于进入公共领域作品的规定。在美国，公共领域概念引入知识产权法总体上是随着判例法的发展而出现的。在美国著作权法中，作为"3P政策"之一的"保留公共领域"已成为著作权法基本精神之一。[①]

著作权法中的公共领域的定义可以从多方面加以认识。其中一种较有代表性的观点认为，公共领域就是著作权法中不受著作权保护的方面。这一观点在国外尤其是美国从20世纪80年代以来进行了热烈的讨论。从公共领域的本源意义来看，其具有"公共财产"的属性。这里的公共财产意味着任何人都可不受限制地自由利用。正如国外有学者指出：公共领域其实并不是真正的"公共"，而属于公共财产。其是在不受其他法律限制时

---

① 不过，值得指出的是，在美国1909年《著作权法》中就涉及对"公共领域作品"的表述。参见 Copyright Act, 17 U.S.C. § 7（1909）；17 U.S.C. § 103（2000）.

任何人都可以不受管制的空间。<sup>①</sup>从公共财产的角度理解公共领域，对于著作权法中公共领域保留原理的适用具有十分重要的意义。在这一层面上，著作权法中的公共领域意味着与著作权法中确立的著作权人对作品享有的专有权相对应：在著作权法保护的专有领域，他人未经著作权人许可，也没有法律特别授权时，不得利用受著作权保护的作品；在著作权法中的公共领域，著作权人则无权禁止他人利用其作品中的公共元素，他人则可以自由使用而不受著作权人的控制。如果说著作权法中的专有领域划定了著作权人行使其专有权的边界，著作权法中的公共领域则划定了社会公众可以自由使用的范围。

从不受著作权保护的方面来看，著作权法中的公共领域大致可以包含以下作品类型。①著作权法诞生前一直不受著作权保护的客体，如古典文献作品。②没有纳入受著作权保护客体的作品，如我国在2001年修订《著作权法》前不保护的杂技艺术作品。③著作权保护期限届满的作品。著作权有一定的保护期限，保护期限届满自然不能再受到著作权保护。当然，在实践中存在一种特殊情况，即著作权保护期限届满后，是否可以再次延长保护期限。美国《著作权期限延长法案》通过后引起的巨大争议可见一斑。<sup>②</sup>④著作权人放弃著作权的作品。著作权作为一种专有权利，其权利人可以以放弃的方式处置其著作权。著作权被放弃后，即进入公共领域。⑤不满足著作权法独创性要件的作品。如前所述，受著作权保护的作品需要具备独创性要件。如果不能满足这一要件，就不能获得著作权保护。

此外，在著作权法中公共领域的内涵上，还有一个值得特别注意的是，除了前述狭义的不受著作权保护的情况属于公共领域范畴外，受著作权保护的作品是否存在公共领域的问题。从广义上讲，在受著作权保护的作品中，同样存在适用公共领域的空间并且在当代的著作权保护实践中更具现实意义。这是因为，在作品创作中，往往需要利用他人作品中不受著

---

① Carol M. Rose, Romans, Roads, and Romantic Creators: Traditions of Public Property in the Information Age, 66 Law & Contemp. Probs. 131（2003）.

② Eldred v. Reno, 239 F.3d 372, 377, 799–800（D.C. Cir. 2001）.

作权保护的思想、材料或其他元素，而这些不受著作权保护的思想、材料或其他元素是和作者具有独创性的部分混合在一起而得以给予著作权保护的。在著作权保护实践中，著作权人往往以在后作品包含了其作品的部分表达、构成"实质性相似"而主张对方侵害其著作权。如果不对受著作权保护作品中涉及的公共领域进行甄别，就不能妥善解决这类著作权侵权纠纷，特别是不能很好地维护在后作者自由使用在先作品中存在的不受著作权保护的公共领域部分，从而不利于维护公众自由表达和不受限制地利用公共领域资源的权利，最终不利于维护著作权人利益与社会公众之间利益的平衡。

进言之，受著作权保护的作品同样存在公共领域，并且这种公共领域的维护对于实现著作权法的立法宗旨具有更加重要的意义。具体地说，主要体现于以下两方面。

（1）受著作权保护的作品中，存在思想与表达之分，其中著作权法不保护思想、只保护思想的表达，这就是著名的思想与表达二分法原则。二分法原则在很大程度上保障了受著作权保护的作品中的思想、信息、知识和原理不受限制地传播，为实现著作权法的目的奠定了重要基础。二分法表明，作品中所表达的思想属于著作权法中不受著作权保护、而应保留在公共领域中的范畴。从相关立法和国外判例法的发展来看，美国在1976年《著作权法》规定"版权保护不应延及任何想法、程序、过程、系统、操作方法、概念、原则或发现"，从而确立思想表达二分法原则。以前，相关判例中就存在类似的观点和思想，为后来纳入制定法的规定奠定了重要基础。[①]

（2）在受著作权保护的作品中，除了思想不受保护之外，包含在作品中的事实、题材、主题、通用表达或者有限表达等也属于不受著作权保护、可以被他人自由使用的公共领域范畴。从近年来国内外发生的一系列著作权纠纷案来看，这些公共领域范畴的内容如：各类作品中涉及的客观

---

[①]　Baker v. Selden, 101 U.S. 99（1879）；Fendler v. Morosco, 171 N.E. 56（N.Y. 1930）；Nichols v. Universal Pictures Corp, 45 F.2d 119（2d Cir. 1930）.

事实、作品中"众所周知"的内容、历史和其他作品中惯常用的题材，文学作品中的主题、情节、场景，文学、艺术和科学作品中的常识、惯用的技巧、手法，专业领域公知常识等。以上列举的因素是常见的著作权保护中不受保护的公共领域资源、元素，也是人们进行各类作品创作经常甚至必须使用的"创作原料"，类似于建筑房屋所必须使用的钢筋、水泥和砖头一般，没有这些公共资源的保障，作者的创作将寸步难行。鉴于其在著作权保护和价值构造中的重要地位和作用，本文将以最具有代表性的作品中不受保护的事实和题材为例，结合典型案例进行专题研究。从著作权司法案例的情况来看，在涉历史题材作品、事实汇编作品、模型作品、摄影作品、新闻作品、游戏作品中角色形象、民间文学艺术作品创作中利用民间素材等情形下，经常涉及如何区分著作权的边界与公共领域的维护问题。这类纠纷解决的关键在于在存在原被告作品部分表达相似且被告具有接触原告作品的条件下，如何认定被告作品中的相似是否构成侵害原告著作权，为此需要查明这些"相似"是否为不受保护的公共领域或者公共领域元素。

在著作权法中的上述公共领域中，通常认为较早、也是最典型的公共领域是著作权保护期限届满后进入公共领域的状况。例如，美国学者帕特森（Patterson）和林德伯格（Lindberg）就指出，《安娜法令》与其说是对作品著作权保护的扩张，不如说是通过确立著作权的有限的保护期限和办理手续，从而确立了公共领域。[①] 应当说，著作权期限届满确实是典型的著作权法中公共领域的典型形态，从确立公共领域原则的角度来说，《安娜法令》尽管没有提及"公共领域"的术语，却通过建立有期限的著作权制度而确立了有限的公共领域的理念，因此其对于后来构建与形成现代意义上的著作权制度具有重要影响。

关于著作权法中不受著作权保护的公共领域的内涵，最后还需要指出一种特殊情况：在一定情况下对于受著作权保护的作品的自由使用，也

---

① L. Ray Patterson & Stanley W. Lindberg, The Nature of Copyright: A Law of Users' Rights[M] at 29–31, 1991.

可以视为公共领域的范畴，如著作权法中的合理使用、著作权实践中出现的默示许可等。本来这些行为是对著作权作品的直接利用，但由于不受著作权人专有权的控制，从公共领域的本质为可以自由使用的角度来看，也可以视为公共领域范畴。不过，基于本文的研究范围和目的，在此不再赘述。

进言之，从著作权法的理论和实践的角度来说，确立著作权法中公共领域保留理念和原则，在著作权保护中充分适用公共领域保留原则，具有以下合理性和重要意义。

首先，公共领域是和著作权这一专有权利确立的专有领域相对而言的，其是赋予著作权的"对价"。正如美国研究著作权法中公共领域的学者利特曼（Litman）教授所指出的，"确立公共领域的传统理由为公共领域是赋予著作权的公共代价"。① 笔者认为，之所以如此，是因为作者创作产生受著作权保护的作品，而作品创作本身需要利用公共领域资源和元素，这些公共领域资源和元素不能因为包含在受著作权保护的作品中而不能再被他人自由利用。

其次，公共领域保留是鼓励作者创作、节省创作成本的重要保障。从人类的知识获取与创新的角度来看，知识的学习和创新是一个学习和传承的过程，离不开对以前知识和信息的掌握。特别是创作作为直接产生智力创造性成果的活动和过程，更离不开对已有成果和知识的学习和利用。公共领域则为作品创作提供了充分的"养料"。不仅如此，由于公共领域具有自由使用的秉性，公共领域保留原则的适用有利于作者节省创作成本，从而能够激发作者投入时间和精力进行创作活动，而激励创作无疑是著作权制度赖以建立和发展的根基，因为没有作品就不可能存在著作权问题。也正是基于此，公共领域保留原则在著作权司法实践中也被充分体现，强调实行这一原则能够丰富公共领域的独创性作品。②

最后，公共领域保留原则是实现著作权法立法宗旨、在充分有效保护

① Jessica Litman, The Public Domain[J]. 39 Emory L. J. 965（1990）.

② Sony Corp v. Universal City Studios, 464 U.S. 417, 429（1984）.

著作权的基础之上维护社会公众自由表达的权利的保障，体现了著作权保护的最终价值取向。著作权立法宗旨首先是充分有效保护作者和其他著作权人享有的著作权，以此激励创作和促进优秀作品的传播与利用。同时，著作权法中还存在维护更加广泛的公众利益以及在此基础上的社会公共利益，尤其体现于公众自由表达和利用公共资源的权利和自由的目的。确立公共领域保留原则，既能够保障作者自由创作并获得著作权，也能够使社会公众自由使用受著作权保护作品中不受保护的公共资源进行后续创作，从而能够繁荣和发展科学文化事业，实现著作权法的立法宗旨。由于受著作权保护的作品最终都具有进入公共领域性质，著作权保护的最终结果是在激励创作和传播的前提下，公共领域不断丰富，人类知识宝藏也越来越丰富。没有公共领域的保障，著作权法的实施其实是不可想象的。国外学者利特曼即指出："充满活力的公共领域是著作权制度的重要支柱。在不存在公共领域时，根本不可能容忍著作权的存在。"[1] 国内学者则认为："公共领域的理论在很大程度上是人们为了反思版权之不足而提出来的。公共领域既是版权创造的前提和基础，也是版权发展的终极目的和价值依归。从有关版权法上公共领域诞生的历史路径来看，公共领域实际上是和版权同呼吸、共命运的。二者在版权法上的契合，既是一种历史的必然，也是一种逻辑的必然。"[2]

## 二、作品著作权保护中排除事实、题材的合理性

如前所述，事实、题材一类属于受著作权保护作品中不受著作权保护的公共领域资源范畴和元素。从著作权司法实践的角度来看，这类元素也是涉及公共领域保留原则适用时较为典型的情况。以下将结合著作权法理论与实践，探讨作品著作权保护中排除事实、题材的合理性。

---

[1] Jessica Litman, The Public Domain[J]. 39 Emory L. J. 965（1990）.

[2] 张玉敏，黄汇. 版权法上公共领域的合理性 [J]. 西南民族大学学报（人文社科版），2009，30（8）:145–152.

事实、题材本身具有客观性。在很多类型的作品的创作中，都离不开对事实、题材的运用。所谓事实，是指事情的真实、客观状况。题材则是指构成作品的内容的要素。在文学作品中，题材来自现实的社会生活，但又需要作者基于社会生活的体验和理解，以生动形象的形式再现。广义的题材包括丰富的社会生活的内容，如农村题材、反腐题材、爱情题材。狭义的题材则是作者基于社会现实生活展现的具体的场景、环境。对于作品创作而言，题材是形成作品主题的重要基础。在近些年著作权司法实践中，如下面所讨论的，经常涉及与事实、题材相关的著作权侵权纠纷案件。因此，需要深刻认识受著作权保护作品中事实、题材不受著作权保护的合理性。

受著作权保护作品中的事实、题材不受著作权保护，而是进入公共领域的可供任何人自由使用的公共资源，可以在前述公共领域保留合理性的基础上，进一步做如下理解。

第一，事实是任何人从事作品创作的公共领域素材，构成创作的重要基础元素。作品基于对社会现实生活的反映和揭示，离不开特定社会生活条件下利用相关客观事实。特别是针对以直观反映、揭示客观事实的事实性作品而言更是如此。在作品创作中，事实构成了公共领域的素材，为作者提供了可供参考的题材和要素。[①] 基于此，在作品创作中，对这一公共领域素材的再使用不应予以限制。

第二，事实具有公共财产的属性。这里说的公共财产，并不是一般意义上的所有权属于国家所有的财产，而是指在不受著作权这一专有权保护意义上、可以被任何人不受限制地自由使用的公共资源。在有关涉及事实不受著作权保护的案件中，也明确了事实的公共财产属性以及属于公共领域范畴的特性。例如，在 Int'l News Serv. v. Associated Press 案[②] 中，法院明确指出：事实属于公共财产，是任何人能够获取的公共领域的一部分。

---

① Int'l News Serv. v. Associated Press, 248 U.S. 350（1918）.

② 248 U.S. 348, 354（1918）.

其他案件中，也明确了事实的公共财产属性。[①]

第三，事实具有客观存在性，即使纳入受著作权保护的作品中也应当永久性地停留在可以被他人自由使用的公共领域范畴。美国著名著作权学者尼莫（Nimmer）教授曾合理解释了作品中的事实不受著作权保护的理由，令人深受启发：任何"事实"的发现者都不能视为作者。即使利用事实存在对事实的独创性表达方式，也仍然不能称对事实本身具有独创性。原因在于，创作作品才能成为作者。[②]

第四，事实缺乏原创性，保护受著作权保护中的事实、题材，会造成对事实、题材的垄断，不利于社会公众以事实、题材作为创作的素材和原料从事创作活动，也会阻碍正常的自由表达和信息交流。国外有关判例认为，著作权法之所以不保护事实，是因为"事实是不可能原创的"。[③] 在其他相关案件中，明确指出并不保护案件中原告主张所保护的事实材料。例如，在 International News Service v. Associated Press 一案[④] 中，法院指出：美联社的通稿只能保护其报道所使用的表达，而不能延及原告作品中的事实材料。此外，在 Eldred v. Ashcroft 案[⑤] 和 Harper & Row, Publishers, Inc. v. Nation Enters. 案[⑥] 中，都强调了对事实本身的不受保护性。

第五，保护受著作权保护中的事实、题材，从经济学分析，会造成低效率的交易成本，产生市场失灵的后果。在这方面，国外一种观点认为在一些事实性作品中，事实本身甚至更重要，为了促进对事实性作品的投资，应当对于事实本身进行保护。[⑦] 这种观点存在的问题在于，忽视了事实性作品投资的保护与著作权保护的区别。因为这类作品的保护并非建立

---

[①] See Eldred v. Reno, 239 F.3d 372, 377（D.C. Cir. 2001）.

[②] Nimmer, The Subject Matter of Copyright Under the Act of 1976, 24 Uucla L. Rev. 978, 1015–16（1977）.

[③] Miller v. Universal City Studios, Inc. 650 F.2d 1365（5th Cir. 1981）.

[④] 248 U.S. 215（1918）.

[⑤] 537 U.S. 186, 219（2003）.

[⑥] 471 U.S. 539, 556–57（1985）.

[⑦] Jones, Copyright: Factual Compilations and the Second Circuit, 52 Brooklyn L. Rev. 679（1986）.

自对事实本身的著作权保护上。

# 三、事实、题材不受著作权保护的典型案例研究

如前所述，在著作权司法实践中，存在很多涉及被告作品使用原告作品中的事实、题材的案件。在诉讼中，法院一方面需要根据著作权侵权常用的判断标准，对原被告作品进行对比，看被告作品和原告作品是否存在实质性相似；另一方面，也需要甄别相同或者相似部分究竟是具有独创性部分的相同还是属于不受保护的公共领域性质的部分相同，特别是原告指控的属于"实质性相似"部分是否仅为事实、思想、创意等不受著作权保护的部分。以下选取的著作权侵权纠纷案件即有一定的典型性，值得深入研究和思考。

## （一）"西湖十景"形象造型著作权权属、侵权纠纷案①

在该案中，原告何某主张涉案"西湖十景"形象造型为具有独创性的立体美术作品，且其享有该作品的著作权。被告未经许可擅自制作相类似作品侵害其著作权。被告则认为"西湖十景"形象造型涉及的发型、头饰系客观事实，属于公共领域范畴，不能受著作权保护。

一审法院首先评判了原告主张的"西湖十景"形象造型是否属于著作权法意义的作品。法院认为，"西湖十景"形象造型并不是抽象意义上的创意，而是通过有形方式对具体客观事实的个性化表达。尤其是在如何将客观世界中的"西湖十景"具体化为形象造型，如何通过发型、头饰的具体搭配和巧妙的布局对其进行拟人化的选择与判断等方面具有独创性，因而属于立体美术作品，应受著作权保护。在认定原告享有涉案作品著作权后，法院进一步判定被告的"西湖十景"形象是否与原告作品相似。法院特别强调，这里的相似并非针对创意上的相似，而是外在表达上是否

---

① 该案案情介绍和法院主张与理由，来自浙江省杭州市西湖区人民法院（2010）杭西知初字第466号民事判决、浙江省杭州市中级人民法院（2011）浙杭知终字第54号民事判决。

相似。

如果被告同样以模特的形象造型表现"西湖十景"，只要是以迥异的风格、布局和搭配诠释对客观事物的外在表达，也可以成为具有独创性的作品。法院特别指出："在判断相似性时，要排除已进入公有领域的素材和表达，因为这些并非原告创作而来。例如，普遍使用的发式、头饰等，以及表达某个主题自然要使用到的相对固定的元素。"一审法院认识到原告作品中涉及客观存在事实属于公共领域元素，被告作品与原告作品在这些方面的相同或者相似不是认定著作权侵权所需要考虑的，所需要考虑的是被告作品是否存在与原告作品中利用相同或者相似的公共领域素材与表达产生出相类似的表达。经过对证据的对比发现，被告作品中对模特的形体要求、发饰头型、搭配装饰等区别明显，被告创作的形象造型中所使用的红梅、荷花等在形状、大小、颜色、布局等各方面与何某的均明显不同，何况使用的花都是客观存在的事物，任何人可以自由使用。最终，一审法院认定被告不构成侵害著作权。

原告不服一审判决，向杭州市中级人民法院提起上诉。二审法院认可了原告作品作为立体美术作品享有的独创性。同时，对两部作品之间的区别进行了更为细致的比对，发现被告和原告作品之间缺乏实质性相似特征。如"断桥残雪""曲院风荷""雷峰夕照""柳浪闻莺"，在素材选取、搭配、装饰和位置等方面均存在区别，从整体上看属于不同的表达方式。法院还特别强调了双方作品表达中某些特定元素相似的问题。法院认为，"西湖十景"所对应的特定景物古已有之。创造"西湖十景"艺术造型必然受特定景物的限制，"作品在表达时呈现出局限性的表达形式。"故不能以表达形式上存在某些特定的元素而认定侵权。法院还特别强调本案中"西湖十景"的公有性问题，认为当利用公共领域元素进行创作时，需要从整体布局和具体表现两方面全面考察形象造型的异同。另外，对于利用公共领域元素创作而形成的作品在保护范围上应当避免宽泛，以免损害社会公共利益。基于本案中被告作品在诸如风格、布局、搭配等艺术造型具体表现形式上与原告作品存在实质性差异，二审法院维持了一审判决。

本案一、二审均注意到了"西湖十景"属于不受著作权保护的公共领域资源，无论谁以其作为主题创作艺术造型作品，都不可避免地利用相类似公共领域元素进行创作。被告使用的与原告相同的题材，均被法院认定为属于公共领域的元素。当然，法院并非认为只要被告作品是基于与原告相同或者相似的公共领域元素创作就不构成著作权侵权，而是认为这些具有客观事实性质的公共领域元素本身应当排除在著作权保护范围之外。法院的观点暗示，即使是基于客观事物创作的作品，只要其具有个性化表达成分，基于具有独创性就可以获得著作权保护。作品受著作权保护限于作者个性化表达部分，个性化表达奠定了作品独创性的基础。同时，基于主要以客观现实中公共领域元素为素材的作品，作品的创造性空间相对来说小一些。因此，在一定意义上，其表达方式具有有限性。法院正是基于此，认为本案"西湖十景"形象造型作品的保护范围应受到一定限制。本案还涉及思想、创意不受著作权保护问题。因为原告提出被告创作其作品事先知悉原告的作品，是受到原告作品的启发而创作其作品的。法院同样否定了这一事实不能证明被告作品侵害原告作品著作权，因为同样的主题、思想、创意，被告也有权用于创作。

## （二）《血祭·四百五十碗酒》及剧本《白雪·红血》和《红雪地》与《关东大先生》著作权侵权案 [1]

孙某等诉沈阳某文化发展有限公司等侵犯著作权纠纷案，是一起涉及被告作品在题材、抽象的故事情节、场景与原告作品相同或者相似引发的著作权侵权纠纷。在该案中，原告主张《四百五十碗酒.血祭》及剧本《白雪·红血》（以下简称《白》剧）、《红雪地》（以下简称《红》剧）均是其享有著作权的在先作品，被告作品《关东大先生》（以下简称《关》剧）在社会背景、故事主线、情节、人物、主要场景等方面均与原告作品中的描述及刻画基本一致，只在个别地方进行了简单改编，因而构成了对其作

---

品的抄袭和著作权的侵害。被告则辩称：其作品尽管是基于同一题材创作的，但表达完全不同，故不构成侵害原告作品著作权。

一审法院将该案的焦点问题定性为作品抄袭著作权纠纷。法院认为，需要对两部作品之间的相同点和不同点进行分析，"结合作品反映的史实、题材和类似作品的创作特点和规律，判断被控作品的表达有无独创性"。鉴于原告提供的对比点数量大，经协商法院以原告提供的典型对比点进行比对。就《白》剧和《关》剧框架对比表之1、3、6而言，法院经对比认为，剧情涉及的"藏宝、夺宝、护宝、藏宝图、秘诀、日本人利用女性、被利用人发现真相转变立场"等均系文学作品中的惯常表达形式。基于类似的题材进行创作，完全有可能导致基本情节的相似。这种相似体现了针对类似题材表达有限问题。在上述情况下要证明被告抄袭，则需要对此进行细化和深化，尤其是看在具体的个性化表达方面被告作品和原告作品之间是否具有相似性。经仔细对比，被告作品上述方面亦存在明显区别。就《白》剧和《关》剧故事主线对比之"1"而言，由于原被告作品均涉及日本侵略我国东北的题材，因而故事发生的时间和地点的相同相似当属正常，至于被告作品中出现的夺宝、护宝、假图等类似情节，也是同类型作品创作中出现的惯常手法，原告以此认为被告抄袭原告作品故事主线不能成立。即使在藏宝图的组件设计上被告作品和原告作品在具体设计和细节上存在相似之处，也是基于藏宝图设计的规律和有限的表现形式，不能据此认为被告构成抄袭。关于《白》剧和《关》剧剧情分集对比之"25"，原告认为其作品中涉及的"剧中主要人物被抓、被刑讯、被定死罪，女性角色组织力量武装救人，关键时刻被军阀所救"等情节在被告作品中再现，法院认为基于本案作品中故事发生的时间、地点、历史事实和类似作品的创作规律，出现类似情节在所难免，也不能以这种类似情节认定被告抄袭原告作品。关于《红》剧和《关》剧人物对话对比之"9"和《白》剧和《关》剧人物对话对比之"17"，法院认为仅凭人物对话主题相同不足以认定构成抄袭。本组证据显示，虽然被告作品主题也是杀人灭口和要求引渡，但由于两者的具体表达形式迥异，故不能据此认定被告抄袭。法院强调："考虑到文学作品创作的特点和规律，基于同一史实出现的相同场景，基于类似题材出现的有限表达，基于公有领域形成的常见情节，不能被作为认定抄袭的标准。"在对比基础上，法院注意到被告作品抄袭必须存在实质性相似，但因认识到本案被告作品的部分相似在深化、细化或个性化程度上存在区别甚至区别很大，这不能视为不合理的相似，否则将影响作品的正常创作。综上考虑，一审法院判决被告不构成抄袭。

原告不服一审判决，向北京市第一中级人民法院提起上诉。二审法院在查明事实的基础之上，认定原告作品享有著作权，进而进一步通过比对确认被告是否构成抄袭原告作品。法院认定，涉案原被告作品主题相同，描写的都是我国东北地区发生的寻找宝藏的故事，各方势力围绕着争夺宝藏和寻找密件而展开。但是，原被告作品在故事情节的展开和诸多剧情独创性部分，尤其是在"剧情结构安排、人物角色、身份状况、相互关系的选择与设置、人物对白、情景状态、悬念设计与布局"等方面相差很大，不构成实质性相似。此外，两剧在剧情的衔接与布置安排等表现手法上也存在巨大差别。二审法院最终维持了一审判决。

本案是关于相同题材以不同表达方式进行创作分别获得独立的著作权方面较为典型的案例。由于故事的题材属于进入公共领域的任何人都可以自由利用的元素，在涉及作品题材相同时，不能仅以此认定被告作品构成抄袭等性质的著作权侵权行为。对此，最高人民法院发布的相关司法解释有明确的规定。例如，《最高人民法院关于审理著作权民事纠纷案件适用法律若干问题的解释》（2020年修正）第15条规定：由不同作者就同一题材创作的作品，作品的表达系独立完成并且有创作性的，应当认定作者各自享有独立著作权。就本案而言，原被告作品的题材均是相同的时代背景下以及特定的地区寻找宝藏的故事。基于特定的历史背景、特定的文学作品创作具有一定的规律性，以及相同题材所限定的一些相同或者相似的故事情节、场景、人物及人物关系，被告作品和原告作品难免存在一定的相似性。但是，只要这种相似并不是原告作品中具有独创性的个性化表达的相似，属于相同题材中惯常运用的表现手段，结合被告作品的整体风格和个性化特色，就不应当认定为被告作品侵害原告作品的著作权。换言之，著作权法所禁止的是原告独创性的表达在被告作品中再现，特别是以非独创性的方式再现，却不能禁止他人就同一题材进行再次创作，否则将不能为作者创作留下合理的空间和机会，也难以实现著作权法通过促进表达自由和表达的多样性实现繁荣科学文化事业的目的。

### （三）孔虫模型作品著作权侵权纠纷案 ①

刘某与中国科学院某研究所等侵犯著作权纠纷案涉及模型作品著作权侵权问题。在该案中，原告中国科学院某研究所和郑某主张，其创作的有孔虫模型属于我国著作权法保护的作品。刘某与某公司合作制作的雕塑中有10个"有孔虫"雕塑和原告享有著作权的模型作品高度相似，并歪曲了孔虫美学的天然性。被告则抗辩，有孔虫并非原告发现，而是前人发现的，原告不能禁止被告独立制作。并且，被告是参考很多来源于公共领域的包括有孔虫的资料的基础之上制作完成的，故不侵犯原告的著作权。

一审法院首先对原告主张的孔虫模型是否受著作权法保护进行了认定。法院认为，有孔虫模型是依据自然界中的单细胞动物有孔虫的外形、构造并按照一定比例放大制成的模型。该模型制作由于体现了作者对"有孔虫特定生长阶段、色彩及表达方法的个性化选择及其观察能力、绘图能力和雕刻能力，"因而具有独创性而应受著作权保护。关于被告是否侵害原告模型作品的著作权，法院首先明确了有孔虫模型作品受著作权的保护范围。法院认为，模型作品的创造题材来源于现实生活中客观存在的物体，在著作权保护意义上其属于抽象的思想的范畴，以此为基础并通过个性化的选择、判断并运用一定的技巧所产生的模型作品则才是受著作权保护的客体。基于此，就本案而言，原告创作的有孔虫模型作品受著作权保护的范围限于独创性的表达，而不是对大自然中客观存在的有孔虫的保护。原告对于有孔虫本身不能享有任何专有权利。针对本案中被告抗辩保

① 以下案情介绍和法院观点与理由，选自青岛市中级人民法院（2010）青民三初字第145号民事判决、山东省高级人民法院（2012）鲁民三终字第33号民事判决。

护原告有孔虫模型会导致原告对有孔虫的垄断，法院认为，由于有孔虫模型作品的保护并不排除他人同样以有孔虫为基础创作其他作品，因此被告的抗辩理由不成立。

在明确原告作品受著作权保护的范围后，法院认定的焦点问题就是刘某被控雕塑对原告有孔虫模型是否构成著作权侵权。法院提出了"实质性相似＋接触—排除合理怀疑"等判定思路和方法。鉴于被告承认接触过原告涉案作品，法院主要审查原被告作品之间是否存在实质性相似。法院首先论证了作品中思想的表达与作品载体之间的关系，指出作品需要一定载体，但载体并不是著作权保护的对象，同一作品可以拥有多种载体。在此基础上，法院否定了被告提出的雕塑作品和模型作品不存在可比性的观点，认为不同类型作品之间亦可以进行比对。最后，法院对被控雕塑与有孔虫模型是否构成实质性相似问题进行了重点分析。法院认为，在被告提出其制作的有孔虫雕塑来源于参考书中的有孔虫图片的情况下，应当甄别其主要来自原告作品还是这种参考。法院采取了整体对比和具体细节对比相结合的方式。在整体对比上，法院认为由于被控雕塑与原告模型在主体结构和造型选择上基本相同，故可以认定两者在整体上并无实质性差异，可以认定被控雕塑脱胎于原告模型。再从细节上看，虽然被控雕塑与模型相比存在局部修改和变形处理之处，但被告在后设计的9个雕塑与原告的模型正好形成对应关系。考虑到有孔虫是自然界中微小的单细胞动物，被告不是生物学领域的专业人员，不可能凭借参考书籍中有孔虫图片制作出立体的雕塑，法院确信被告与原告作品之间的相似难言巧合。基于上述分析，法院判决被告构成对原告模型作品的著作权侵权。

本案一审判决后，被告不服该判决而提起上诉。二审法院基于类似的理由，做出了维持原判的判决。

本案的判决结果和前述两个案件相反，即法院认定被告行为构成了对原告著作权的侵害。之所以如此，是因为法院考虑到被控雕塑作为抽象的有孔虫的具体形式与原告有孔虫模型存在高度相似，加之被告在创作雕塑作品过程中接触了原告的模型作品，且其并非生物技术相关专业领域人员，难以凭借其主张的参考书中的有孔虫图片形成立体的有孔虫雕塑。本案中，法院的认定、判决思路和观点是值得肯定的。例如，法院明确了有孔虫作为客观之物并非本案著作权保护的对象，著作权法也不能禁止他人以此为基础创作有孔虫题材的作品，无论是模型作品还是雕塑作品。正如前面所指出的一样，著作权保护不能禁止他人使用不受著作权保护的事实、题材等公共领域资源或者元素的范畴。就本案而言，被告以有孔虫作为创作雕塑作品的题材本身自然也具有合法性，这是公民行使创作自由权的体现。但问题是，被告在创作中不能占有原告关于有孔虫模型中的富有个性化的独创性表达，否则就存在侵害著作权之虞。本案的判决表明，在著作权侵权纠纷案件的处理中，对于以特定事实、题材为基础创作的作品，应当明确界分事实、题材本身以及利用特定事实、题材创作出的独创性作品的区别。其中，前者属于公共资源和公共领域范畴，任何人都可以自由利用；后者则属于受著作权保护的范畴，两者的区分是十分明显的。

## 四、基于公共领域保留原则的我国著作权保护制度的完善

前面对于公共领域保留及其在著作权保护中的适用进行了探讨。需要进一步研究的是如何通过引入该原则完善我国著作权保护制度。对此，笔者提出以下建议和对策。

### （一）在著作权法中明确引入公共领域保留原则

如前所探讨的，公共领域保留事实上已成为我国著作权保护机制中的重要理念和原则。这是因为，著作权保护制度并不是"为保护而保护"的法律保障机制，而是一种典型的利益平衡机制。其在充分、有效保护著作权的同时，也需要为社会公众表达自由和思想、信息、知识的正常交流提供充分的空间，以维护社会公众利益。从国内外著作权立法的基本精神来看，无不注重著作权人的利益与社会公众利益之间的有效平衡。实现这一

平衡的重要方面就是引入公共领域保留原则，基于实现著作权立法宗旨的需要，明确社会公众可以自由使用的范围，并以此为著作权司法实践提供规范指引。

就在著作权法中引入公共领域保留原则而言，笔者主张，一方面可以考虑在总则部分引入这一原则，以体现著作权法对社会公众利益保障的立法意旨。例如，在现行法第4条中增加规定：著作权因保护期限届满等进入公共领域后，任何人可以自由使用。这就为构建著作权法中专有领域与公共领域平衡机制提供了基础。另一方面，如果总则不做上述规定，则可以考虑在涉及著作财产权保护期限的规定中，补充规定：著作权因保护期限届满进入公共领域后，任何人可以自由使用。此外，根据现行《著作权法》第21条第2款规定，"著作权属于法人或者非法人组织的，法人或者非法人组织变更、终止后，其本法第十条第一款第（五）项至第（十七）项规定的权利在本法规定的保护期内，由承受其权利义务的法人或者非法人组织享有；没有承受其权利义务的法人或者非法人组织的，由国家享有。"对此笔者认为，上述规定中"由国家享有"应修改为"进入公共领域"。理由在于，在出现没有承受其权利义务的法人或者其他组织的情况下，规定进入公共领域，更能实现对该作品的广泛使用和传播。相反，规定属于抽象的"国家"所有，不利于社会公众自由地利用这类作品。

## （二）在著作权法中增加思想与表达二分法规定

如前所述，思想表达二分法原则不仅是相关知识产权国际公约明确规定的著作权保护的重要原则，也是为著作权法理论和司法实践中所广为接受的观点与理论。思想表达二分法原则的适用对于界分不受著作权保护的属于公共领域范畴的思想、原理、事实、题材等提供了十分重要的基准和原则，是著作权保护中维护公共领域的关键性原则。因此，但凡探讨和研究著作权法中公共领域保留，都不能不涉及这一原则。鉴于这一原则的重要性，我国《著作权法》在第三次修订中，也注意引进这一原则。例如，2014年国务院原法制办公布的送审稿第9条规定："著作权保护延及表达，不延及思想、过程、原理、数学概念、操作方法等。"在此前的国家版权局公布的修改草案征求意见稿中也有类似规定。但遗憾的是，2020年最终通过的修改后的现行《著作权法》删除了上述规定。基于这一原则在著作权法中的重要地位，笔者建议《著作权法》进一步修订时，应当保留上述规定。增加上述规定具有多方面的重要意义。例如，在立法制度本身上，进一步完善著作权法的价值构造，为著作权法实现对著作权这一专有权利的保护和维护公共领域奠定立法基础；在指导司法实践上，为人民法院处理相关著作权纠纷案件尤其是著作权侵权案件提供重要的法律依据。

### （三）完善不适用于著作权保护的对象的规定

在著作权法上，不适用于著作权保护的对象显然也属于著作权法上公共领域的范畴。对此，我国现行《著作权法》第5条规定了包含法律法规等官方文件、单纯事实消息以及历法、通用数表、通用表格和公式在内的对象。笔者认为，现行法上述规定列举的范围仍然不够，需要适当拓宽。具体而言，关于"具有立法、行政、司法性质的文件"的范围和内涵，现行法规定范围较窄，与现实生活中社会公众需要自由使用和传播的不应适用于著作权保护的对象的需求之间尚存在一定的差距。例如，上述规定没有考虑公共管理机构的文件和官方正式译文。又如，该法及其实施条例并未对什么是"具有立法、行政、司法性质的文件"加以界定，会导致实践中人们理解和法院适用法律标准的不统一。例如，国家相关主管部门组织的各类官方考试试卷及其答案公布后是否属于上述文件就存在疑义。当然，这可以留待《著作权法实施条例》修改后解决。

### （四）总结司法实践经验并逐步制定和完善关于公共领域保留的司法政策或司法解释规定

前面对我国著作权司法实践中发生的典型案例的探讨表明，尽管我国《著作权法》没有明确规定公共领域保留原则，但在我国著作权司法实践中仍然适用了相关概念和原理，为我国著作权司法保护如何妥善处理专有权保护与维护公众利益提供了宝贵的经验。我国司法实践中还有很多值得关注的案例。例如，在张某与雷某等著作权侵权再审案中，最高人民法院即认为，"创意、素材、公有领域的信息、创作形式、必要场景、有限或唯一的表达方式，均不受著作权法的保护"①。此外，国外尤其是西方发达国家著作权制度具有悠久的历史，在著作权司法保护方面也积累了丰富的经验，值得我国著作权司法保护参考和借鉴。例如，在涉及事实的著作权案件中，法院认为"事实，无论是单独的抑或作为汇编的一部分，都不是原创的，故可能不受版权保护"。②"版权不能从公共领域移除已有的事实。"③"历史性作品记录的事实是致力于公众的，可供后来作者自由使用"④。

国内外关于合理处理不受保护的公共领域问题案件的著作权司法实践经验，无疑为我国著作权保护司法政策和司法解释制定中适用公共领域保留原则提供了重要的参考依据。笔者认为，在我国目前包括著作权在内的知识产权相关司法政策和司法解释中几乎没有出现"公共领域"或"公有领域"的情况下，在相关司法政策和司法解释中重视引入公共领域保留的理念和原则，对于构建知识产权保护的利益平衡机制，实现知识产权立法宗旨具有十分重要的意义。

## 五、结论

著作权作为知识产权的范畴，具有专有性、独占性的特点。著作权法以维护作者权益为核心，以充分、有效地保护著作权为己任。特别是在当前我国实施知识产权"严保护"⑤和知识产权强国战略背景下，全面加强

---

① 最高人民法院〔2013〕民申字第1049号。

② 499 U.S. 340, 350, 354（1991）.

③ 499 U.S. at 350–51（1991）.

④ 36 C.O. Bull. at 478–79.

⑤ 2019年中共中央办公厅、国务院办公厅联合发布的《关于强化知识产权保护的意见》和2020年最高人民法院发布的《关于全面加强知识产权司法保护的意见》。

对知识产权的保护是大势所趋。① 然而，知识产权制度不仅是一种保护机制和激励机制，而且是一种典型的利益平衡机制。全面加强知识产权保护不等于忽视知识产权制度所追求的维护社会公众利益，更不等于放任包括著作权在内的知识产权的边界被不适当地扩张，以致侵害社会公众自由表达的权利和自由。因此，仅就著作权保护而言，不能忽视受著作权保护作品中的不受保护的公共领域元素，以确保著作权的保护边界的合理性，防止著作权保护的不适当扩张而损害社会公众的利益。如前所述，公共领域保留原则在美国已成为其著作权法中的重要原则之一。在我国，尽管著作权立法中并未出现"公共领域"或"公有领域"术语，但在包括著作权在内的知识产权司法实践中，人民法院已充分认识到在著作权保护中应当注重维护社会公众不受限制地利用不受保护的公共资源的权利和自由。本文重点探讨的"西湖十景"形象秀著作权侵权案、文学作品题材雷同著作权侵权案以及有孔虫雕塑著作权侵权案就是体现。在著作权法中的公共领域中，事实和题材具有相当的典型性，这是因为其作为公共领域的重要元素，是人们进行创作的"基本建筑材料"。在著作权侵权纠纷案件中，法院自然应当将仅事实、题材等方面的"雷同"排除在抄袭等著作权侵权行为之外。当然，涉及著作权法中的公共领域保留问题还有很多方面，并且公共领域与受著作权保护的专有领域之间存在互动关系。限于篇幅，笔者将另文予以探讨。

---

① 　Jones, Copyright: Factual Compilations and the Second Circuit, 52 Brooklyn L. Rev. 679 （1986）.

# 网络游戏直播画面作品属性及其相关著作权问题研究 ①

我国网络游戏产业方兴未艾。网络游戏基于其极强的竞技性和娱乐性而赢得了大量社会公众的青睐，尤其是青年一代。网络游戏蕴含了巨大的利益空间，随着其急剧发展，网络游戏市场也吸引了投资商的眼光，时下网络游戏产业呈现欣欣向荣景象。然而，由于网络游戏领域存在的巨大商机，围绕网络游戏直播、转播等也产生了法律上的争议。2015年，广州斗鱼网络科技有限公司与上海耀宇文化传媒有限公司著作权侵权及不正当竞争纠纷上诉案就较为典型。在该案中，原告明确主张其网络游戏直播界面具有作品属性、应当受到著作权保护，但法院否认了网络游戏直播画面的作品属性和被告著作权侵权主张，转而认可原告关于不正当竞争行为的主张、适用反不正当竞争法追究被告从事不正当竞争行为的法律责任。该案判决后，在我国知识产权学术界和实务界引起了较大争议。笔者则主张网络游戏直播画面具有作品属性、是受到著作权法保护的具有独创性的作品。本文拟从网络游戏及其作品属性入手，对网络游戏直播画面成为受到著作权保护的作品的合理性进行论述，并对涉及网络游戏直播画面著作权相关问题进行探讨，以就教于同仁。

## 一、网络游戏及其作品属性

网络游戏属于游戏的范畴，而游戏开发、设计的目的在于追求娱乐性。在当代信息网络社会，游戏的传播和使用更多地以网络游戏形式存

---

① 原载《知识产权》2017年第1期。

在。作为游戏的范畴，网络游戏的开发、制作、设计也离不开基本的策划、美术设计、计算机程序设计和音效。其中，策划是针对游戏的定位、适用对象、风格和市场差异化竞争优势等方面的综合考量和决策；美术设计又称美工，是设计游戏的各种道具、场景以及特定环境，并通过一定的画面形式将其呈现出来；计算机程序设计是通过撰写前端代码和后端代码形式将呈现出来的画面转化成计算机语言；音效是配置音乐、音响效果等事宜。网络游戏形式和类型多样，有的较为简单，有的较为复杂，有些存在直播，有些甚至具有比一般电影还复杂的情景和剧情。无论如何，网络游戏开发的目的是提供娱乐性质的使用，并通过这一使用和传播赢得商机，最终形成一个庞大的网络游戏产业。

网络游戏从作品著作权方面的属性讲，可主要定位于计算机软件。在该软件中，游戏软件和游戏资源库是基本的构成。其中，游戏资源库涵盖了游戏人物背景、游戏角色、音效、道具、运行游戏的算法等。网络游戏本身具有著作权法意义上的作品属性，这一点通常没有争议。网络游戏是在借用一定的数据库程序将设计者事先安排和配置的要素调出来进行不同形式的组合，最后以画面形式呈现出来的。根据上面对网络游戏设计、开发和制作的过程分析可知，网络游戏中单独的设计元素、成分，单独可以作为一类作品给予著作权保护。这些单独设计的元素、成分如美术作品、音乐作品，以及游戏人物、游戏名称、游戏道具和装备。就网络游戏著作权而言，涉及网络游戏各个单独的要素、成分以及通过运行网络游戏数据库程序，从而使单独要素和成分组合在一起形成画面。构成网络游戏的单个要素成为受著作权保护的作品，这一点比较容易理解。但是，对于网络游戏从"游戏作品"的角度去认识和理解，则不能局限于这些单个要素的作品属性，而是需要认识到单个要素的作品属性不能体现由这些要素构成的网络游戏整体所展现的综合性视听效果。正如视听作品包含了诸多构成作品的要素，但视听作品是作为一个独立类型的作品受到著作权保护的。当然，我国现行《著作权法》并没有专门的游戏作品类别，在视听作品的规定中也没有明确其是否可以纳入其范畴。笔者主张，网络游戏如果达到了视听作品所具备的独创性，可以构成视听作品。这类游戏尤其是大型电子竞技类游戏，其需要投入大量的人财物资源，如确定主播、现场表演、玩家、针对画面优先选择的后台编辑人员等，这些不同主体分工协作，最终结果是产生网络游戏直播画面。还如有些网络游戏需要游戏脚本，设计复杂的剧情，网络游戏直播画面的过程与视听作品没有差别，将其纳入视听作品具有合理性。

　　进言之，很多网络游戏之所以能够成为视听作品，是因为其总体上符合视听作品的条件。在2010年《著作权法》修改前，其被称为"电影作品和以类似摄制电影的方法创作的作品"，是指摄制在一定介质上，由一系列有伴音或者无伴音的画面组成，并且借助适当装置放映或者以其他方式传播的作品。该定义强调创作的手段是"摄制在一定介质上"，实际上是机械适用《伯尔尼公约》第2条第1款的结果，因为根据李明德教授的观点，这类作品的制作并不考虑其工艺方法，只要在屏幕上显示都应当受到保护。[①] 实际上，将这类作品限于"摄制"的方法会大大限制其适用范围。《著作权法》第三次修改草案征求意见稿就明确废除了"摄制"这一制作要件，并将作品名称修改为"视听作品"，规定"视听作品，是指由一系列有伴音或者无伴音的连续画面组成，并且能够借助技术设备被感知的作品，包括电影、电视剧以及类似制作电影的方法创作的作品"。该规定借鉴了国际上其他国家和地区的经验，不再限制以"摄制"作为手段创作视听作品，实为可取。[②]

　　实际上，国外司法判例已有将电子游戏作为视听作品保护的先例。例如，在美国第二巡回上诉法院在1981年1月的一份判决中，法院针对游戏玩家每次操作不同而不能满足美国版权法上作品固定性要求的抗辩指出，虽然不同玩家在每次玩游戏时基于不同的选择会呈现不同的界面和音效，但都是由图像和音效构成，这一点是相同的。法院最后确认了电子游戏作

---

① 李明德.美国知识产权法（第二版）[M].北京：法律出版社，2014：917.

② 现行《著作权法》第3条第（6）项采用了"视听作品"的概念。其具体定义，则有待于《著作权法实施条例》加以修改。

为视听作品的著作权保护地位。①

不过，在我国司法实践中，法院判决将游戏认定为类电作品的并不多，代表性的如广西桂林市中级人民法院审理的捕鱼达人游戏著作权侵权纠纷案、上海市浦东区人民法院审理的《奇迹 MU》纠纷案，以及上海市第一中级人民法院审理的"卧龙传说"著作权纠纷案等。以后者为例，上海市第一中级人民法院认为，原告请求保护的游戏视频和动画特效是由一系列画面构成的，因而符合以类似摄制电影的方法创作的作品的条件，可以作为类电作品获得著作权保护。② 之所以如此，可能是认为游戏满足类电作品独创性要求不够，即如果独创性程度不高，则不构成类电作品。能够作为类电作品受到保护的，一般多见于剧情类游戏。

## 二、网络游戏直播画面的法律性质

### （一）网络游戏画面的内涵

在探讨网络游戏直播画面著作权问题时，有必要先了解一下网络游戏画面的概念和内涵。网络游戏画面不同于网络游戏直播画面，前者是由网络游戏设计者设计的网络游戏各种素材、元素、布景、特定场景等组成的，根据我国《著作权法》规定，这些设计只要具备独创性要件，就可以成为受著作权保护的作品。通常，网络游戏画面涵盖的作品有美术作品、文字作品、音乐作品等。

### （二）网络游戏直播画面的作品属性

网络游戏直播画面能否构成作品，这是涉及网络游戏直播法律方面争议最大的问题。在认定是否构成著作权法意义上的作品时，势必存在独创性判断问题和作品作者判断问题。不仅如此，在认定构成作品的情况下，

---

① 夏佳明 . 电子游戏直播中知识产权保护研究 [J]. 电子知识产权，2016，（2）：19–25.

② 上海市第一中级人民法院〔2014〕沪一中民五（知）初字第 23 号民事判决.

还涉及属于什么类型作品的问题。从目前发表成果和有关学术研讨①的观点来看，大致存在作品属性说和非作品属性说。在主张作品属性说的观点中，则又有类电作品、计算机程序、美术作品、汇编作品等不同观点。另外，在承认网络游戏直播画面属于作品的前提下，还涉及网络游戏直播画面是独立创作的作品还是演绎作品的不同看法。至于主张网络游戏直播界面不属于作品的观点，多强调其是玩家按照网络游戏开发者事先设计好的程序和既定的游戏规则自然呈现的画面，不具有独创性。此外，网络游戏直播画面也可以从单幅画面的角度加以理解，②不过本文探讨的主要还是网络游戏被动态直播形成的动态画面，而不限于从网络游戏直播视频中截取一个静态的画面。

从网络游戏直播画面实际情况来看，为了提高"人气"，网络游戏直播中通常会有现场主持人对游戏比赛过程进行现场解说，同时在播放的直播画面中还配上字幕和相关信息，以及音乐。对于精彩环节，经常还会有慢镜头回放。根据网络游戏直播画面广州研讨会上广东省高级人民法院原知识产权庭庭长陈国进先生介绍，网络游戏直播分为游戏主播录制的游戏节目和大型的电子竞技直播。其中，前者"直播的连续画面，玩家特别是主播在里面应该是一种融合，所以作品著作权应归于游戏开发商，主播在里面应该没有什么独创性的贡献。他加上音频、音像的这些因素能不能成为邻接权就要从音像制品角度去保护"。该观点实际上是承认了网络游戏直播画面的作品属性。

由于文字解说可以归结到口述作品范畴、字幕可以归结到文字作品范畴、播放的音乐本身是一种艺术作品，故本文对网络游戏直播画面是否构成著作权法意义上作品的探讨并不针对这些明显可以属于著作权保护的作

---

① 近年来，国内相关机构组织了网络游戏画面直播性质的学术研讨，观点不大统一。例如，2016年11月12日在广州举行的网络游戏直播画面法律问题研讨会（以下简称广州研讨会），同年12月18日在清华大学法学院举行的学术研讨会中，也有专节涉及网络游戏画面直播问题的讨论。讨论的结果是，理论界、实务界及其相互之间，存在较大的分歧。

② 即使从单幅画面的角度理解，实践中也有判例主张其属于智力劳动成果而构成摄影作品。参见上海市高级人民法院〔2006〕沪高民三（知）终字第35号民事判决。

品的部分，而是针对这些口述作品、文字作品和音乐作品以外的单纯的由游戏玩家按照网络游戏设计程序和游戏规则操作游戏软件展示的直播画面是否构成著作权法意义上的作品进行探讨。

有一个相关的问题需要再次强调，就是网络游戏画面本身与网络游戏直播画面不是完全相同的概念。从实际情况来看，游戏画面本身可分为单机游戏和网络游戏两类，在单机游戏情况下，不同的玩家遵守同一游戏规则、调用游戏程序中的资源，所展示的游戏画面结果差别不大。但在网络游戏中，涉及不同玩家的对阵，这些不同的玩家玩游戏展现的画面不同。网络游戏直播画面则需要利用摄像机等设备对玩游戏的过程进行现场直播，网络游戏直播画面就是这种现场直播的产物。[①] 不过，网络游戏直播还有一些流行的做法，如玩家允许他人在其网络游戏平台中开设一个窗口，他人可以通过这一窗口欣赏玩家玩游戏的全程，他人的这一行为也可以视为网络游戏直播。进言之，网络游戏有些本身自带直播功能，有些则不带直播功能，即使是后者，玩家一般希望能够将其玩游戏的过程通过直播形式积攒更多人气，展示其高超的游戏技巧。在自带直播功能的网络游戏中，玩家在注册直播软件后，就可以通过点击直播菜单将其游戏过程直播给其他玩家观看。在不具备直播功能的网络游戏中，玩家则可以通过下载专门的直播软件，通过该直播软件实现将玩游戏过程同步直播，使得其他玩家得以同步观看玩家玩游戏过程。本文主要探讨的就是在玩家或者用户参与下，直播网络游戏过程的画面是不是作品的问题。广州研讨会上广东省高级人民法院原知识产权庭张学军副庭长指出，"网络游戏直播画面就是玩家在线或者单机去进行游戏闯关活动的表演或者竞技的直播画面"。实际上，它就是网络游戏直播形成的画面。在很多情况下，它是对网络游戏竞技活动直播形成的动态画面，是玩家基于运行网络游戏程序而展现出来的连续画面。笔者认为：网络游戏直播画面可以构成作品，但不同网络游戏直播画面独创性程度有所差异。有些网络游戏设计侧重于竞技性或对

---

① 广州研讨会上深圳市中级人民法院知识产权庭祝建军副庭长的观点。

抗性，追求玩家在对抗中的娱乐性，而有些网络游戏则具有较强的剧情色彩，玩家注重在游戏情节走向中获得满足与愉悦。对于后者，动态的网络游戏直播画面可以定性为视听作品。

关于网络游戏直播画面是否构成作品问题，一种观点将其简单地类比于体育赛事节目直播画面，认为当前网络游戏直播很多属于竞技类，而国家体育总局已经明确将电子竞技列为我国第九十九项体育比赛，而由于体育赛事节目直播画面不能认定为作品，网络游戏画面也不构成作品。笔者认为，网络游戏直播画面和体育赛事直播画面颇不相同，而这一不同也是基于网络游戏与体育赛事的根本不同之处：前者始终是在网络游戏设计者预设的程序和范围内进行的操作和运行，后者则完全是选手身体与个人技巧的高度组合，并不存在受制于预设程序的问题，当然遵守共同规则这一点上是相同的。这一区分使得不能因为主张体育赛事节目不能作为作品[1]而认为网络游戏直播画面也不能成为作品。同时，"网络游戏直播画面和网络游戏玩的本质不是一个东西，直播画面是要经过主办方通过各种技术、视频截取或者是通过各种垄断性的方法形成一种新的作品，这种作品可以看为类电作品或者美术作品等来保护，这个网络游戏直播画面中由于有了选取或者截取的独创性劳动，可以受著作权保护。具体用哪一种作品，因为目前还很难把它归入《著作权法》某一规定，在草案的修改中，可以把它当成视听作品，毕竟是一个有动态的平面。"[2]

从国内外相关司法实践的情况来看，明确肯定网络游戏画面作为受著作权保护的作品的案件并非罕见。例如，在美国 Stern Electronics 诉

---

[1] 从司法实践的情况来看，体育赛事直播画面一般并不被视为作品。不过，近年也有法院判决体育赛事直播画面构成了作品，受著作权保护。例如，北京市朝阳区人民法院在一起涉及中超足球赛事直播纠纷案中，认定体育赛事直播画面构成作品。北京新浪互联信息服务有限公司诉北京天盈九州网络技术有限公司擅自转播体育赛事侵犯著作权及不正当竞争纠纷案中，法院也认定体育赛事直播画面构成作品，其理由是"从涉案赛事转播呈现的画面看，满足上述分析的创造性，即通过摄制、制作的方式，形成画面，以视听的形式给人以视觉感应、效果，构成作品"。

[2] 广州研讨会上张晓阳先生的观点。

Kaufman宇宙飞船游戏著作权侵权纠纷案①中，原告指控被告游戏画面和操作体验与其高度雷同，尽管其为实现同样的效果而使用了不同的代码。被告则认为，游戏软件系记载在电路板上的计算机程序，玩家通过操作该程序，形成能够被视听的画面和音效，因此玩游戏不是纯粹地播放视频影像，而是游戏中的影像随着玩家的操作而变化。基于此，原告主张的涉案游戏画面并非艺术创作。法院则认为，虽然原被告游戏软件程序代码不同，但当游戏表现形式雷同时，游戏中不断出现的画面以及声音的聚合可以成为受著作权保护的视听作品。②

明确否认网络游戏画面作品属性的案件则也有先例。例如，在斗鱼案中，一审法院否认了网络游戏直播画面的作品性，理由是"直播过程具有随意性、不可复制性，结果有不确定性"。该案案情大致如下：2015年1月5日至2月9日，DOTA2网络游戏竞赛亚洲邀请赛举行。上海耀宇文化传媒有限公司（以下简称耀宇公司）在取得权利人许可后，对涉案赛事在其游戏直播网站上进行了网络直播。在此期间，广州斗鱼网络科技有限公司（以下简称斗鱼公司）在其直播网站实时直播了DOTA2亚洲邀请赛。耀宇公司诉斗鱼公司未经许可直播DOTA2亚洲邀请赛的行为即侵犯了游戏比赛直播画面的著作权，构成不正当竞争。一审法院认定涉案游戏比赛直播画面不构成受著作权保护的作品，但被告的行为构成了不正当竞争行为，遂以不正当竞争判决被告承担法律责任。在该案中，一审法院否认游戏竞技比赛画面的作品性质，其理由是："由于涉案赛事本身并无剧本之类的事先设计，比赛画面是由参加比赛的双方多为选手按照游戏规则、通过各自操作所形成的动态画面，系进行中的比赛情况的一种客观、直观的表现形式，比赛的过程具有随机性和不可复制性，比赛结果具有不确定

① Stern Electronics, Inc. v. Kaufman, 669 F.2d 852（2d Cir. 1982）.

② Stern Electronics, Inc. v. Kaufman, 669 F.2d 852, 865（2d Cir. 1982）. 引自王丽娜. 网络游戏直播画面是否构成作品之辨析——兼评耀宇改斗鱼一审判决 [J]. 中国版权，2016，（2）：46-49. 国内也有判决认为，游戏画面是具有审美意义的平面造型艺术作品。参见《北京市高级人民法院知识产权参阅案例》，www.guo-jin.org/news/gjdt/736.html，访问时间：2022年1月20日。

性，故比赛画面并不属于著作权法规定的作品，被告使用涉案赛事比赛画面的行为不构成侵害著作权"。①

笔者认为，该案否认网络游戏比赛画面作品的性质值得商榷。法院上述理由存在的问题的原因在于，将游戏竞技比赛画面简单地类比于体育赛事节目画面，进而认定其不构成受著作权保护的作品。尽管就体育赛事节目直播画面而言，由于参赛者是在遵守体育比赛规则的前提下通过形体、动作所完成的特定竞技类活动，其赛事画面是体育比赛的直观记载和反映，也仍然可以具有作品的独创性。就网络游戏直播画面而言，它需要借助于网络游戏软件事先设计好的场景，调用游戏中的人物、道具、服装等，通过游戏中高超的技巧，使得游戏中的人物、场景、情节活生生地展现出来。网络游戏直播画面确实不同于体育赛事直播画面，玩家也不等同于体育比赛的选手，因为整个直播画面的过程包含了网络人物、事件、情节，尤其是剧情类网络游戏，公众欣赏网络游戏直播动态画面，如同在观看一部动漫电影，其作品属性应当得到肯定。"网络游戏赛事基于游戏展开，游戏比赛画面来源于游戏本身，为直接呈现在计算机屏幕上的具有可感知性和可复制性的连续画面"，因而网络游戏画面应当构成作品。②

进言之，上述判决否认网络游戏直播画面作品属性的一个理由"比赛的过程具有随机性和不可复制性，比赛结果具有不确定性，故比赛画面并不属于著作权法规定的作品"，也存在问题。实际上，网络游戏比赛的随机性、不可复制性以及结果不确定性，并不能从著作权法意义上的作品的角度否认网络游戏直播画面作为作品的固定性和可复制性。这是因为，在现有技术条件下，完全能够通过技术手段将网络游戏动态过程以直播形式固定下来，形成网络游戏比赛视频，并可以在此基础上进行无限制的复制。实际上，相关问题国外司法判例早就有定论。例如，在美国1982年

---

① 该案二审维持了一审判决。二审强调被告对涉案赛事组织运营未进行任何投入，也未取得视频传播权的许可，而是免费坐享原告投入了大量的人财物取得的商业成果，因此是一种不正当竞争行为。

② 欧修平，孙明飞，吴东亮．庖解中国网络游戏直播第一案：权利属性及责任归属，www.zhichanli.com/article/16303/．访问时间：2022年1月20日。

Artic 国际公司与 Midway 制造公司涉及游戏软件的著作权纠纷中，法院认为游戏的视听画面可以在很长时间内被反复复制。①

　　在解决了网络游戏直播画面作品属性问题后，值得进一步探讨的是其属于我国《著作权法》中的哪一类作品？笔者认为，将其归入视听作品具有合理性。这主要是因为，网络游戏直播画面与网络游戏作品本身一样，是通过以声音或者图像为聚合体、由一系列有伴音或者无伴音的画面组成，符合视听作品的本质属性。不过，应当指出，如同前述关于网络游戏作品性质的阐述一样，将其归入视听作品在我国现行《著作权法》关于视听作品的规定中难以完全"对号入座"，因为它没有被事先"摄制"在一定的介质上，而是事先由网络游戏开发者设计计算机程序并通过网络游戏的玩家调用而得以显现出来。不过，需要进一步看到，对于观众来说，最后呈现的画面效果是大致相同的。而且，著作权法律制度也处于不断发展之中。在已经采用"视听作品"的概念取代"电影作品和以类似摄制电影的方法创作的作品"的提法后，需要取消"摄制"手段的限制。有学者也指出：视听作品与传统电影之间的不同在于制作技术，从法律属性来说并没有必要将其与主要使用摄像机摄制的电影作品加以区别。② 从国外立法来看，即使保留电影作品的概念，也不再强调电影作品以"摄制"为前提。如日本《著作权法》即规定，电影作品包括由产生类似电影中视觉或听觉效果的方法表现的，并且固定于物质载体的作品。③

## 三、玩家在网络游戏直播画面中的法律地位

　　关于玩家在网络游戏直播画面中的法律地位，一般而言，由于玩家在注册时受到网络游戏开发者格式合同的制约，其不能主张相关的著作权、邻接权或者其他民事权益。然而，从现实中发生的纠纷案件来看，也有缺

---

① Midway Manufacture Co. Artic International，Inc. 547，F. Supp.999（N.D. III 1982）.

② 王迁 . 著作权法 [M]. 北京：中国人民大学出版社，2015：107.

③ 王丽娜 . 网络游戏画面是否构成作品之辨析 [J]. 中国版权，2016，（2）46-49.

乏有效的合同安排的情况。在缺乏合同约束的情况下，玩家就可能对其玩游戏产生的直播画面主张权利。因此，有必要专门针对玩家在网络游戏直播画面中的法律地位进行探讨。

## （一）玩家是否为网络游戏直播画面的作者

网络游戏由玩家完成，在竞技类网络游戏中，可以将玩家称为"选手"。网络游戏直播画面显然是由玩家根据游戏规则，调用事先预置的道具、场景等完成的。因此，这很容易使人认为网络游戏直播画面这一作品是由玩家创作完成的，玩家就是网络游戏直播画面的作者。如果认可玩家是网络游戏直播画面这一作品的作者，则实际上是认定玩家玩游戏的过程就是创作网络游戏直播画面作品的过程。根据这一观点，玩家进入游戏界面开始游戏时，是将网络游戏当成是自身创作的工具。但是，从现有研究成果和学术研讨的观点来看，一种颇有影响的观点认为：无论网络游戏的玩家有多高的玩游戏技巧，也无论其怎么调用网络游戏中的资源完成游戏，其都是在网络游戏程序设计者事先已经设计好的成千上万种预设范围内的一种结果，就像孙悟空再有本领，也无法跳出如来佛的手掌一样。

如前所述，游戏包括网络游戏本身构成作品是毫无疑问的。问题是玩家玩游戏的过程是不是著作权法意义上的创作作品的过程、玩家玩游戏是不是创作作品的行为。对此，从目前的讨论来看，主流的观点是主张玩家玩游戏的行为是在遵循游戏设计者预设的规则和可能的结果的前提下调用游戏设计元素和场景，并以动态画面呈现出来的，因此不能成为著作权法意义上的作者。例如，在广州研讨会上，实务界有专家即指出："我们要看玩家在整个画面生成的过程中具体起到一个什么作用。这个玩家仅仅是将游戏的静态数据通过开发商预先设定的游戏规则调取出来，呈现为动态的游戏画面，这是游戏玩家的作用。他仅仅是遵守开发商预先设定的游戏规则，把静态的游戏数据发出指令调取出来，最终呈现为动态的游戏画面，这就是他起的全部作用。而且所有的游戏数据和游戏画面都是开发商预先设定的，虽然说不同的游戏玩家玩游戏呈现的画面可能不同，但是不同的玩家遵循相应的游戏规则呈现的画面本身是一致的。"①有学界专家也认为：玩家玩游戏时，网游公司并没有提供给其个性化表达空间，玩家玩游戏只是在网络游戏设计者程序设计预设范围内，因为玩家玩网络游戏的所有的可能性都是在网络游戏设计者程序设计前已经策划好的，玩家展现的只是技巧的高低，难言有个性表达的空间。该学者还谈到玩家只是将各种可能性表演出来，是不是需要从表演的角度加以思考。②在关于玩家是否为网络游戏直播画面的作者时，还有一种观点类比体育竞赛中的运动员，认为玩家不过是展现自己的游戏技巧和操作经验，与体育运动员没有多少区别，给予著作权保护缺乏理由。③

根据前面阐述的观点，网络游戏直播画面成为作品是没有问题的，即使否认玩家是网络游戏直播画面的作者也仍然成立。而且，笔者也主张玩家对网络游戏直播画面可以成为演绎作者，而不仅仅是简单地调用网络游戏中已经存在的资源，不存在个性化表达空间的问题。主流观点确实看到了网络游戏直播画面是在玩家运用网游公司设计好的网络游戏元素并遵循游戏规则所实现的结果，正如有专家在学术研讨会中发表的类似观点"玩家在玩游戏的时候，他所呈现的画面基本上就是在游戏公司的已有制作范围内。比如说各种武器装备的性能、打斗时候的呈现效果，不管是低级玩家、高级玩家，虽然画面不一样，都是在游戏的设计范围内"。④这些观点至少说明网络游戏直播画面如果说是作品，它是网游公司创作出来的。虽然网络游戏直播画面形成的基础仍然是玩家完成的被直播画面，这些动态画面是玩家遵循网络游戏开发者设定的既有的游戏规则、按照既定的模式实现的。并且玩家无论怎样调用网络游戏中的数据库，利用其中的场

---

① 广州研讨会上周高见先生的观点。

② 广州研讨会上李扬教授的观点。

③ 否认玩家成为作者还有一些理由，如一种观点主张玩家在玩游戏前或者玩游戏过程中，根本不存在所谓创作的动机和目的。不过，这不能成为否定玩家取得作者身份的理由，因为根据著作权法原理，创作作品是一种事实行为，只要在客观上有符合著作权保护条件的作品产生，就可以成为作者，并不以意思表示为前提。

④ 广州研讨会上张剑平先生的观点。

景、人物角色、道具、背景音乐等，其展现的都是具有图像和音效的活动画面，因此可以认为玩家玩游戏最后呈现的活动画面具有作品属性。玩家首先还是在已有作品基础上进行的，不是其独立的行为。但是，根据各国著作权法规定，并不排除他人在已有作品基础之上进行再创作而形成演绎作品。就网络游戏直播画面而言，玩家在玩游戏过程中最终呈现的画面是在网游公司既有的制作范围之内，一方面体现了玩家的行为不是完全独立的自由创作过程；另一方面则体现了玩家是在已有作品基础之上进行的再创作，包括汇编和改编等形式。可能有观点会认为，玩家的行为主要还是一种操作行为和过程，这种操作行为和过程，不是一个创作行为。固然，并非在任何情况下玩家玩游戏的行为都能够视为演绎性质的创作行为，玩家玩游戏过程是不是参与了网络游戏直播界面的创作，与网络游戏开发者设定的权限和能够调用的网络游戏资源直接相关。一般而言，网络游戏设计的重要理念是尽量体现玩家的智慧和操作技巧，以吸引更多的玩家参与网络游戏，形成人气并发展游戏产业。因此，在网络游戏开发中就有必要重视根据特定游戏的目的设置尽量大的自由活动空间。例如，如果网络游戏开发者没有开放创作剧情的权限，则玩家就不能基于网络游戏剧情取得著作权法意义上的独创性创作身份。至于有的游戏软件设置了 UGC 功能，能够使玩家在玩游戏过程中享有个人的操作空间，如允许玩家利用画图软件绘制作品并置于游戏画面中，更是具备作品的属性。不过，本文对网络游戏直播画面作者的分析，主要还不是针对这种情况。

当然，笔者主张网络游戏直播画面的玩家可以享有演绎作者身份，也并不是针对任何情况下网络游戏玩家都可以取得这一作者资格，关键还是看其在玩游戏过程中的行为根据我国《著作权法》的规定是否具有独创性。一般而言，玩家玩游戏是为了赢，这在竞技类网络游戏中尤其如此。通过玩家调用网络游戏程序中的元素，玩家将网络游戏以直播画面形式动态地展现出来，玩家的行为和原始的创作行为有所不同，正如前面引用专业人士的观点，无论怎么玩，都避不开既定的框架，因此网络游戏直播画面包含了网络游戏开发者的智力创作成果在内。但是，毕竟该网络游戏直播画面是在玩家操作之下实现的，而不是对网络游戏软件自动运行产生的结果进行直播形成的画面。因此，在探讨玩家能否成为作者时，即使持肯定观点，充其量也只能是在已有作品基础上进行再创作而形成的演绎作者。这就需要进一步明确网络游戏开发商或者说设计者对玩家玩游戏的行为能够提供何种内容与工具。从著作权保护的原理来看，又取决于游戏本身给玩家操作能够提供多大的个性化表达空间。早期的游戏可能比较简单，可创作空间比较少，无论谁玩，展现的结果都表达得很有限。由于表达形式雷同，难以构成著作权保护的作品。但现在的问题是，游戏越来越人性化，给玩家很多的个性化表达的空间，这样就不能轻易地否定玩家参与网络游戏直播画面的创作的可能了。游戏开发商给玩家提供了引擎、操作平台和各种要素，虽然这些是事先都设计好了的，但当玩家打开去运行的时候，会有很多想象、游戏的选择和编排，不同玩家通过不同个性化的选择、编排，会显现出很多不同的结果，这使得最后呈现的动态画面不一样。换言之，网络游戏设计者可能为玩家提供富有个性化表达的元素和工具，玩家在玩游戏过程中，可以不仅是纯粹竞技性行为，而且可以适当利用网络游戏中的工具和操作平台，创造一些新的游戏故事情节，因此可以认为是在现有游戏作品基础之上所做出的演绎性创作。此时玩家玩游戏的行为也是一种创作行为。正如有观点主张：如果一种电子游戏体现的某种思想具有千万种自由发挥自己的独创性表达的空间，玩家就能在既定的圈子内发挥自己的独创性表达，融入自己的智力投入，只要这一智力投入符合著作权法中对作品的独创性要件，就可以成为作者。① 通过将玩家玩游戏行为界定为演绎性创作，并不排除网络游戏设计者本身提供的工具、元素等各种创作素材的作用，这些创作素材与玩家行为合为一体，使网络游戏直播画面得以最终呈现。

此外，尽管笔者主张玩家可以成为网络游戏直播画面的演绎作者，也并不认为网络游戏直播画面作品的著作权由玩家享有，并可以由其主张对

① 夏佳明. 电子游戏直播中知识产权保护研究 [J]. 电子知识产权，2016，（2）：19-25.

网络游戏直播画面的控制，而是认为基于网络游戏设置的目的和网游公司为网络游戏付出了巨大成本代价的事实，以及玩家在网游公司注册时接受的不享有著作权的合约规定，玩家不应取得网络游戏直播画面的著作权。这里不妨先分析一下网络游戏直播画面涉及的相关利益主体，再具体探讨玩家为何不能主张对网络游戏直播画面的控制权。网络游戏直播画面涉及的相关利益主体有网络游戏开发者、玩家和网络游戏直播平台商等。网络游戏开发商为开发游戏无疑需要付出巨大的成本，网络游戏直播平台为提高直播画面效果也需要投入较大的成本，至于玩家或者主播也当然包括技术投入。但是，相对于网络游戏开发商和网络游戏直播平台商，玩家的投入较小，难以支持其控制网络游戏直播画面传播的主张。具体理由如下：首先，从玩家参与网络游戏的行为来看，其本身并没有取得著作权的目的，玩家不是将其自身定位于创作者，而是定位于一个玩家，试图通过参与游戏获得愉悦、人气。当然，没有取得著作权的目的并不是否定著作权的法定理由。不过，这也可以做一个侧面考虑。其次，相比网络游戏开发商，玩家为网络游戏支付的成本极低，如果由玩家享有网络游戏直播画面作品的著作权并可以此禁止网络游戏开发者使用该直播画面，则会造成网络游戏开发者和玩家之间权利义务关系严重不对等，有失公平和合理，不符合知识产权法上的利益平衡原则。再次，由玩家享有著作权会对网络游戏开发者和第三方使用网络游戏带来严重障碍，不利于网络游戏产业发展。最后，从现实情况来看，玩家已经通过注册用户协议处分了针对网络游戏产生的实体权利，则可以视为玩家放弃作为网络游戏直播画面作者（无论是否为演绎作者）享有的著作权等权利。即使没有事先的合同约定，玩家主张控制对网络游戏直播画面的传播也难以获得支持。在特定情况下，即使法院支持玩家享有对网络游戏直播画面的控制权，一般也不宜判决网络游戏直播平台商停止直播行为，而是可以基于利益平衡考虑判决做出一定的经济补偿或赔偿，以更合理地协调玩家与网络游戏开发商和网络游戏直播平台之间的利益关系。

### （二）玩家是否为网络游戏画面的表演者

在关于网络游戏直播画面著作权问题的讨论中，有一种观点主张玩家是网络游戏直播画面的"表演者"。这种观点认为类似体育赛事。也有主张认为"在游戏包括体育赛事里用不上表演权和表演者权，这是《著作权法》的基本原理。不是说所有的作品著作权都可以行使表演权，所以表演权一般针对的就是词曲来行使的权利。像玩游戏，我把游戏画面打出来、展示出来，绝不是《著作权法》上的表演"。① 该观点认为，游戏中不应有表演者和表演权的概念，否则会破坏著作权法的统一性。

笔者则主张，当网络游戏玩家的行为不构成前述演绎性创作、达不到著作权法对创作作品要求的独创性时，在一定条件下可以构成表演行为。在网络游戏中，玩家的行为虽然主要意图不是展示艺术之美，而是通过操作网络游戏中的元素和资源库，展示其高超的游戏技巧，但其在客观上具有展示技艺之美，以及获得竞技等方面愉悦的目的。有观点主张网络游戏之竞技行为难言为竞技表演，参与竞技者也不是表演，玩家欣赏的还是竞技，尽管可能增加美的要素，但竞技的秉性还是保留的。也应看到，受网络游戏开发者开发权限的限制，有时网络游戏玩家在既有的程序限制范围内难以形成带有创造性劳动的成果，难以成为作品作者，但其仍然具有相当的智力投入，对这一智力投入也应当给予重视，因为网络游戏玩家的行为对于被直播出去的网络游戏直播画面的形成具有基础性价值和意义。

当然，将不具备演绎性创作条件的玩家玩游戏行为视为著作权法中表演者表演意义上的表演行为，需要扩张对表演者概念的规定，因为在我国现行《著作权法》关于表演者权的规定中，表演者的内涵较为狭窄，难以涵盖网络游戏直播画面的玩家操作游戏的行为：根据2013年修订的《著作权法实施条例》第5条第（6）项规定，表演者"是指演员、演出单位或者其他表演文学、艺术作品的人"。从各国立法来看，表演者的内涵也是处于逐渐扩张之中的。甚至著作权法意义上的表演者也可以针对非作品表

---

① 广州研讨会上祝建军法官的观点。

演，如法国将杂耍和马戏纳入表演范畴，巴西将足球运动视为表演等。我国2020年修订的《著作权法》则将表演者限于演员，演出单位虽然可以根据职务表演制度取得表演者权，但不能取得表演者身份。此外，针对已有作品之外的作品进行表演还有一种情况，即即兴表演，这种表演的特点是作品创作和表演同时发生，如即兴朗诵一首诗、即兴表演相声、即兴舞蹈等。网络游戏尤其是其中的竞技类游戏，已被视为体育节目之一。否认网络游戏玩家表演者身份，例如玩家在直播间玩游戏比赛，一种理由是这个表演权应当由著作权人控制，如果没有经过同意则构成侵权。实际上，这种情况在实际中难以发生，因为网络游戏开发者开发和推销游戏的目的，就是用于玩家玩游戏，故玩家玩游戏的行为应视为事先获得了一种默示许可。

### （三）玩家是否仅为一个普通的网络游戏的消费者

关于网络游戏玩家的法律地位，还有一种观点主张他只是网络游戏中的一个普通消费者而已，既不能构成作者，也不能成为表演者。[①] 也就是说，玩家不享有我国著作权法上著作权人或者邻接权人的地位。笔者认为，如前所述，网络游戏玩家在一定情况下可以成为演绎作者或表演者。在一个特定的网络游戏中，如果玩家不能满足演绎作者或者表演者的条件，则确实只能是一个网络游戏的普通消费者。

## 四、网络游戏直播画面著作权侵权问题

网络游戏直播画面相关主体包括网络游戏开发者、主播、玩家、现场表演者等。通常，网络游戏运行相关权利义务的确定是通过各类合同实现的。在发生著作权侵权纠纷时，也有一些则不是基于合同关系而形成的。故以下可以根据玩家与第三方直播平台是否签订了协议而大致分两种情况

---

[①] 2016年12月16日，北京君策知识产权发展中心成立五周年庆典上国家版权局版权司原司长许超先生的观点。

加以探讨。在玩家与第三方网络游戏直播平台签订了协议的情况下，玩家与第三方网络游戏直播平台的权利义务是通过协议形式加以明确的。通常根据协议，玩家授权网络游戏直播平台同步直播网络游戏画面，玩家则取得一定的报酬。网络游戏直播平台为了积攒人气，往往需要对玩家玩游戏呈现的画面进行一定的包装和补充，包括解说、配音乃至互动画面、回放等，以此吸引更多用户，赚取流量和广告收益。根据前面的阐述，玩家在网络游戏直播画面中可以成为演绎作者，在不能成为演绎作者时，在一定情况下还可以成为表演者，如果连表演者标准也不符合，则只能成为网络游戏的普通消费者。以下不妨以这三种情况分别对玩家玩某款网络游戏的行为与第三方网络游戏直播平台合约直播是否构成对网络游戏开发者著作权的侵害进行讨论。

玩家在网络游戏直播画面中成为演绎作者时，其与第三方网络游戏直播平台签订了协议直播网络游戏画面，并按照协议的安排获得各自的利益，此时玩家与第三方网络游戏直播平台属于共同提供作品的行为，因为"构成共同提供行为，除了要求以合作协议等方式有意识联络外，还在内容提供、针对内容提供的利益分享等方面有深度合作"。[①] 由于网络游戏画面直播行为未经网络游戏开发者许可，根据我国《著作权法》关于行使演绎作品著作权的规定，第三方直播平台未经原作品著作权人许可实施的行为构成著作权侵权。玩家尽管作为演绎作品著作权人，仍无权单独授权第三方直播平台播放该直播画面。在上述情况下，玩家与第三方直播平台可以构成共同侵害网络游戏开发者的对网络游戏直播画面的著作权。在玩家不具备演绎作者身份而可以认定为表演者身份时，由于网络游戏开发者享有表演权等著作权，玩家的表演者权不能对抗网络游戏开发者的表演权，第三方直播平台在未取得网络游戏开发者许可的情况下，其直播行为也会与玩家一起构成共同侵权。至于很多情况下连表演者也够不上时，共同侵权也成立。

---

① 孔祥俊. 网络著作权保护法律理念与裁判方法 [M]. 北京：中国法制出版社，2015：164.

当然，如前所述，玩家也可能开设直播间、直播动态的网络游戏画面供用户观赏，此种情况是否属于侵犯网络游戏开发者的对网络游戏画面著作权，这取决于直播间播放行为是否会损害著作权人的游戏市场。如果直播间直播行为损害了著作权人的游戏市场，则需要考虑是否构成对网络游戏开发者著作权的侵害。在关于直播间行为方面，出现了是否属于合理使用问题的主张。①

在玩家没有与第三方直播平台签订网络游戏画面直播协议时，通常情况下是玩家将事先录制好的网络游戏视频上传到第三方网络平台，供用户下载和观看。这种情况下的网络游戏视频实际上是玩家玩游戏时的原始录制品在第三方平台的播放和传播。由于玩家上传的行为未经网络游戏开发者同意，其构成侵害网络游戏开发者对网络游戏画面享有的著作权应当成立。至于第三方平台提供网络游戏视频上传和用户下载行为是否构成侵害网络游戏开发者对网络游戏画面著作权，则应当考察其是否对上传的网络游戏视频未获得合法许可具有主观过错。最高人民法院2021年1月1日实施的《关于审理侵害信息网络传播权民事纠纷案件适用法律若干问题的规定》第12条的规定，"有下列情形之一的，人民法院可以根据案件具体情况，认定提供信息存储空间服务的网络服务提供者应知网络用户侵害信息网络传播权：（1）将热播影视作品等置于首页或者其他主要页面等能够为网络服务提供者明显感知的位置的；（2）对热播影视作品等的主题、内容主动进行选择、编辑、整理、推荐，或者为其设立专门的排行榜的；（3）其他可以明显感知相关作品、表演、录音录像制品为未经许可提供，仍未采取合理措施的情形"。尽管第三方平台不可能对被上传的所有文档是否侵犯他人合法民事权利进行审查，但如果其可以明显感知玩家上传的网络游戏视频是未经许可的而仍未采取合理措施，则根据上述规定应当承担侵害著作权的法律责任，具体而言是侵害了网络游戏开发者的信息网络传播权。

---

① 王迁.电子游戏直播的著作权问题研究[J].电子知识产权，2016，（2）：10–18.

## 五、结 语

随着网络游戏及其相关衍生产业的发展，网络游戏直播也逐渐成了一个颇具市场前景的行业。由于我国现行《著作权法》并未对网络游戏、网络游戏直播画面在著作权法中的地位做出界定，无论是在理论上还是司法实践中，对此均有不同认识。本着保护相关主体利益、平衡利益关系和促进我国网络游戏产业发展的宗旨，本文主张网络游戏直播画面构成著作权法上意义的作品，并且针对玩家在不同类型网络游戏直播以及其在网络游戏中发挥的作用，将其分别定位于演绎作者、表演者和普通消费者等类型。为保护相关主体的合法权益，促进我国网络游戏产业发展，需要对网络游戏直播平台商侵害网络游戏开发者等主体合法权益的行为予以规制。至于不同情况下玩家和网络游戏直播平台是否存在侵权责任豁免，笔者将另行探讨。

# 网络环境下私人复制著作权问题研究 ①

　　复制权是自世界上第一部著作权法诞生以来受各国著作权法保护最重要的一种著作财产权。② 随着复制和传播技术的进步，特别是当代信息网络技术的发展，复制权的范围也得到了前所未有的扩张。著作权法律制度的发展以著作权的扩张为鲜明特色，实际上是以复制权内容的不断延伸为核心的。甚至如国外判例所指出的，"值得复制的就是值得保护的"。与此同时，著作权法作为平衡著作权人和社会公众利益的知识产权法，其始终追求在充分保障著作权人利益的前提下促进思想、知识和信息的共享、传播和利用，因而对著作权的限制也成为著作权法律制度发展的另外一道风景线。复制权保护与复制权限制的对立统一在很大程度上凸显了著作权法的平衡精神。私人复制则作为著作权法中使用作品的一种极为普遍的形式，由于其牵涉到错综复杂的利益关系，特别是私人利益与公共利益之间的平衡等重大问题，而成为当代著作权立法、理论和实践中一个颇富争议和备受关注的重要话题。正如张今教授在《版权法中私人复制问题研究——从印刷机到互联网》一书中指出："基于私人复制行为的普遍性和复制权的基础地位，私人复制涉及版权理论的核心并且几乎触及版权法所有的制度，是一个隐蔽而又复杂的问题"。③ 本文不揣浅陋，以网络环境下的私人复制问题为考察视角，对私人复制著作权问题进行初步研究。

---

① 原载《法律科学》（西北政法大学学报）2012 第 3 期。

② 考察著作权的英文 "copyright" 可知，其最初主要涉及对复制行为的保护。

③ 张今. 版权法中私人复制问题研究——从印刷机到互联网 [M]. 北京：中国政法大学出版社，2009：2.

# 一、网络环境下私人复制在著作权法中的定位及规制私人复制的理论基础

## （一）私人复制的概念、特点及其与技术发展的关系

私人复制是基于私人或者说个人使用的目的，复制他人作品的行为。在著作权法语境下讨论私人复制问题，显然是针对复制他人享有著作权作品的行为。私人复制的"私人"性质，决定了其具有以下显著特点：一是复制的目的具有非商业性、非营利性。当然，在著作权法中具有非商业性的复制行为并非限于私人复制。不过，非商业性确实是判断是否为私人复制的重要条件。二是复制在数量上通常是少量的，因为私人复制以满足个人或者其家庭范围内对作品的需要为限。这两个特点也决定了在一般情况下，私人复制不会对著作权人利益产生实质性损害，构成不受著作权人专有权控制、限制的合理使用行为。

然而，技术的发展会引起法律制度的变革，著作权法律制度本身作为技术特别是印刷传播技术发展的产物，其每一次变革都深受技术特别是传播作品技术发展的影响。与技术发展的轨迹和复制权的变革相适应，私人复制作为复制形式之一，在技术发展不同阶段对著作权人的影响大为不同，其相应的法律地位也不同。具体言之，在模拟时代，或者说传统著作权法时代，一般认为私人复制属于机械复制时代。后来，利用录音录像设备方便而廉价地复制作品的行为变得日益普遍，以致在20世纪60年代以来德国一些国家开始针对私人录制行为征收私人复制补偿金，以补偿因为私人录制行为给著作权人利益造成的损失。也就是说，在电子时代，私人复制合法性问题已经被提出。20世纪90年代以来的数字和网络技术的迅猛发展则使得复制的技术特点、表现形式和方式出现了前所未有的巨大变革，私人复制更加普遍，对著作权人利益的影响也变得前所未有。如果不加以规范，将严重损害著作权人等的利益。欧盟《信息社会的著作权和相关权利绿皮书》即指出："基于目前的技术可以对私人复制的技术加以监

控、制止或者限制，故而应对私人复制的合法性进行审查"。①

## （二）网络环境下私人复制及其在著作权法中的基本定位

在网络环境下，著作权保护和限制的基本原理和规则仍然适用。从本质上讲，它不过是改变了作品存在、传播和使用的方式。仅以复制权为例，网络环境下在继续强调充分保护著作权人复制权的同时，同样应重视对复制权的限制，这尤其体现于在特定情况下使用受著作权保护的数字化作品，可以不经著作权人同意，也无需向其支付报酬的合理使用。其中，私人复制仍然是复制权限制中最为重要的内容之一。网络环境下之所以仍然需要对私人复制"网开一面"，是因为在很多情况下用户也需要享受网络技术进步带来的分享知识和信息的利益，而以法律限制私人复制自由的成本很高。

网络环境下的私人复制在著作权法中的基本定位，除了上述仍然作为合理使用行为看待以外，就是将其视为受复制权严格限制的行为，针对私人复制的不同情况进行不同的规范。从用户的角度看，一般都会主张这类私人复制属于合理使用。2006年英国公共政策研究所发表的《公共创新：数字时代的知识产权》报告甚至主张增设"私人复制权"，以保护苹果公司的 iPad 和其他 MP3 使用者的权利。② 不过，将私人复制视为使用者的一种权利，而不是对著作权中复制权的限制，是值得慎重考虑的。像德国《著作权法》就明确排除了赋予私人复制权的做法。在其2007年修订中，还特别强调了被复制的原件应系未采取防止复制保护装置的作品，以与著作权人采取的技术措施或者禁止私人复制的措施相适应。从著作权人的角度看，则一般会主张对网络环境下私人复制应严格限制，甚至取消作为合理使用对待。实际上，早在20世纪90年代初信息网络刚刚兴起之际，私人复制作为传统的合理使用形式就受到挑战，这也使得传统著作权法中建

---

① 戴豪君.欧盟通过信息社会著作权及相关权利绿皮书补篇 [J].资讯法务透析，1997，（2）：9–10.

② 吕炳斌.数字时代版权保护理念的重构——从以复制权为中心到以传播权为中心 .北方法学 [J].2007，1（6）127–131.

立的为个人目的使用作品属于著作权限制内容的制度开始动摇。这一点，在有关国际研讨中也引起了重视。例如，在世界知识产权组织1993年召开的哈佛会议上，有专家即认为《伯尔尼公约》并没有明确承认个人使用或者内部使用本身可以作为例外。未获得著作权人许可而进行的个人使用或者内部使用，只有在满足该公约第9条第2款规定的所有要求时才被允许。"个人使用豁免"这一概念是在学者使用纸张做记录的时代发展起来的，现在继续使用这一概念将使第9条规定的保障变得毫无意义。①该观点很清楚地表明了对网络环境下私人复制仍然作为传统著作权法中权利限制和例外而难以保障著作权人利益的担忧。

笔者认为，上述担忧不是没有道理的。主要原因在于：第一，在网络环境中复制的商业性与非商业性的分野显得更加模糊。在传统著作权法中，私人复制的非商业性目的相对容易区分，在很多情况下商业性利用与非商业性利用成为是否构成合理使用的重要分水岭，当然也可以用于评判某种复制行为是否可能为私人复制。在网络环境下，复制的低成本和大规模化，使得作品有可能被视为众多使用者使用的替代品的危险，商业性使用与非商业性使用的界限也不再那么明晰。第二，网络环境下不受限制的私人复制很可能对著作权人利益造成实质性损害，如果不对私人复制行为予以规制，将造成著作权法在网络环境下的利益失衡，不利于著作权人的利益在网络环境下受到充分而有效的保护。

基于此，对于网络环境下私人复制行为，在赋予其合理使用基本定位的同时，应给予相应的限制，此即学术界所言"反限制"。无疑，"三步检验法"是基本的原则和规范。除此之外，还应当特别明确网络环境中的私人复制的合法性应以被复制、传播的作品的合法性为基本前提，明确这一点对于公平、合理地规范作品著作权法律关系，充分保障著作权人利益，在网络空间重构著作权法的利益平衡机制具有非常重要的意义。鉴于这一问题的重要性，笔者在后面还将予以探讨。

---

① 菲彻尔.版权法与因特网（上）[M].郭寿康，万勇，相靖，译.中国大百科全书出版社，2009：486.

### （三）网络环境下的私人复制规制的理论基础

从法理上探讨规制私人复制问题的视角很多，笔者在此拟以利益平衡为指针，分析著作权法调整私人复制问题的基本思路。

从法学原理看，利益平衡是任何法律追求的价值目标，它既是一种立法原则，也是一种司法原则。以民法而论，一切法律关系都归结为利益关系，当事人为自己设定、受让权利，不过是将其作为实现利益的工具。[①]在法律层面上，利益平衡是指通过法律的权威来协调各方面冲突因素，使相关各方的利益在共存和相容的基础上达到合理的优化状态。[②]在本质上，利益平衡是利益主体根据一定的原则和方式对利益进行选择、衡量的过程，而与这一过程相伴随的，是不同利益主体间的利益冲突。这种冲突的解决难以通过利益主体自身来调和，而需要借助于法律的制度安排加以解决。[③]

著作权法当然也不例外，甚至可以说更具有代表性。这是由于著作权法的立法宗旨即既要充分保护著作权人的利益，以激励优秀作品的创作，也要保障社会公众对受保护作品的必要的接近，以确保基于作品的思想、知识和信息的广泛传播和利用，这是促进国家科学文化事业的发展与繁荣所决定的。换言之，著作权法律制度的基点和核心是建构著作权人利益与公众利益平衡的机制。事实上，这一点无论是在国际立法还是司法实践中都得到了充分肯定。例如，专门规范网络环境下著作权保护的《世界知识产权组织版权条约》（WCT）和《世界知识产权组织表演与录音制品条约》（WPPT）在序言部分就有规定。在司法实践中，很多著作权判例也反映了上述利益平衡思想。例如，在 Computer Assocs. Int'l Inc. v. Altai Inc. 案件中，法院指出：著作权法力图建立一种精妙的平衡，即既要保护作者的创作热情以激励其创作，也要适当限制著作权保护之内容，以免过于垄断作

---

① 吴汉东. 关于合理使用制度的民法学思考 [J]. 法学家，1996，（6）：54–62.

② 陶鑫良，袁真富. 知识产权法总论 [M]. 北京：知识产权出版社，2005：17–18.

③ 冯晓青. 知识产权法利益平衡理论 [M]. 北京：中国政法大学出版社，2006，12.

品而妨碍作品的利用。<sup>①</sup> 在 Feist Publ's, Inc. v. Rural Tel. Serv. Co. 案中，法院认为：在著作权保护中，需要确保作者对其原创表达的专有权利，但也应鼓励其他人自由地获取来自作品的思想和信息。<sup>②</sup>

上述著作权法中的利益平衡机制，不仅可以从法理学的角度加以理解，而且可以从经济学的视角加以认识。从著作权法经济学角度看，本质上，著作权法关注的是在鼓励作者创作所需要的报酬和在消除负重损失中社会所失去的利益之间的平衡，<sup>③</sup> 即对创作作品激励的增加因应由于著作权保护而失去对这些作品传播与使用损失方面的成本间的平衡。为了在经济功能上适当发挥作用，著作权法必须在赋予作者的著作权和用户接近作品之间达成平衡。<sup>④</sup> 在经济学上，赋予著作权人对作品的专有权利与保障公众合理接近作品的法律机制是经济而有效地分配著作权客体这一知识产品稀缺资源的模式。经济学上受著作权保护的作品首先是一种公共产品，这种公共产品本身具有非竞争性和非排他性。作者为了实现其作品的经济和社会价值，需要将其推向市场，但在不受法律保护的前提下很容易被擅自复制和剽窃，从而导致智力资源枯竭的危险。因此，即使是从经济学的角度看，赋予作品以著作权也具有充分的合理性。但另一方面，作品作为公共产品，广大公众对其也有合法的需求，为了最大化地提高作品的利用效率，实现著作权法促进知识传播和学习的社会目标，著作权法制度设计必须保障公众合理接近受保护的作品。在著作权法的激励机制与合理接近的对价之间，利益平衡成为一个根本的适用原则。由此可见，无论是在法理学上还是在经济学层面，在著作权法中建构专有权利保护与权利限制对立统一机制和利益平衡机制，始终是著作权法的基本价值构造。

以上述理论透视著作权法中如何对待私人复制这一行为，关键是给予

---

① 982 F.zd 093, 696（zd Cir.1992）.

② 494 U.S.340, 349（1991）.

③ S. J. Liebowitz, The Impact on Reprography on the Copyright System, Consumer and Corporate Affairs, Canada, Ottawa, 1981.

④ S. J. Liebowitz, The Impact on Reprography on the Copyright System, Consumer and Corporate Affairs, Canada, Ottawa, 1981.

私人复制的合理定位，平衡私人复制引起的著作权人与作品的消费者等之间的利益关系。一般而言，无非是将其纳入受复制权控制的领域或者纳入合理使用范畴。如前所述，即使是在网络环境下，也应将其纳入合理使用范畴。笔者认为，这可从以下两方面加以理解：第一，私人复制是个人利用作品学习知识、获得信息、启迪思想的重要形式和手段，将其纳入不受著作权人控制、不付报酬的合理使用范围，体现了著作权法对公共利益的保障。从著作权法的理论看，促进知识和学习、保障公众对作品的适当接近、增进民主文化等是著作权法需要确保的重要的公共利益。为保障这种公共利益，需要合理调整围绕作品而产生的利益关系，赋予公众在一定的情况下合理使用的自由就是一种基本的制度设计。在信息产权意义上，赋予私人复制等使用作品的行为以合理使用体现了法律临时限制信息流动的形式，追求更大程度地广泛传播信息从而促进知识传播和文化繁荣的目的，为著作权人针对信息传播中的公共利益提供了利益平衡的手段，[1]确认了包含在著作权中的思想或者信息对于社会的根本利益的作用。从微观经济学的角度看，合理使用制度则可以看成是制度安排下的特定智力作品创作者和不特定作品使用者之间就信息资源分配所进行的交换。[2]建立私人复制合理使用制度，公众获得的直接的公共利益体现为便利地从原创的作品中获得思想和表达。实际上，有关私人复制的案例也反映了这一观点。例如，在著名的 Sony Corp of American v. Universal City Studios 案中，法院指出：应当鼓励创造性作品和提供报酬，但是私人激励最终必须服务于促进文学、音乐和其他艺术更广泛的公共接近。[3]第二，从私人复制行为的特点和法律规范的可操作性方面看，赋予私人复制以合理使用定位也具有合理性。私人复制具有分散性、广泛性和隐秘性，如果将其纳入受著作权人复制权控制的范畴，事实上难以做到。

　　不过，在网络环境下，私人复制作为合理使用，并不是没有条件限制

---

[1]　New Era Publication Int'l v. Henry Holt and Co. 695 F. Supp. 1493, 1499（S.D.N.Y.1988）.

[2]　冯晓青 . 著作权合理使用制度之正当性研究 . 现代法学，2009，31（4）：29-41.

[3]　464 U.S. 417, 420 U.S.P.Q.（BNA）665（1984）.

的。① 这种限制的根本目的是为了确保不至于因为私人复制行为在网络空间的利用而严重损害著作权人的利益。私人复制合理使用的"反限制"，深刻地体现了上述著作权法的利益平衡精神。对此，下面在分析网络环境下私人复制及相关行为时还将论及。

## 二、网络环境下私人复制及相关行为

网络环境下私人复制仍然是限制著作权的主要形式之一。网络环境下出于非商业性目的的私人复制极为普遍。但这些行为中由于被复制作品性质、复制目的和方式等不同而表现出一定的复杂性。

### （一）网上浏览以及浏览后打印复制件

认识网上浏览行为的性质，可以先从计算机屏幕展示行为的性质讨论入手。对此，国际上曾对此进行过深入讨论。在20世纪80年代后半期，世界知识产权组织和联合国教科文组织曾联合召开过一系列专家委员会议，讨论不同类型作品的著作权问题，其中印刷文字政府专家委员会即提出了电子存储和在屏幕上展示的法律原则，认为复制权应包括在计算机系统中存储文字作品和图形作品。② 不过，后来的示范法条款并没有明确展示之复制性质。在伯尔尼议定书委员会上世界知识产权组织国际局的报告提到了明确规定公开展示权的观点。

在网络空间，浏览如同模拟空间人们阅读购买或者借阅的图书、报刊，一样是用户利用计算机网络分享知识和信息的基本形式之一，是获取知识和信息的基本途径，也是人们上网的重要目的。所谓网上浏览，是将数字化作品调入终端计算机的内存并通过显示器在屏幕上显示出来。通常是通过自己客户端的浏览器或下载软件将作品从开放的服务器上以文件形

---

① 根据《伯尔尼公约》第9条规定，复制行为应不与作品正常利用相冲突，也不得不合理地损害作者的合法利益。

② 菲彻尔.版权法与因特网（上）[M].郭寿康、万勇、相靖，译.中国大百科全书出版社，2009：140–141.

式存储到自己的随机存储器中浏览。浏览本身并未使数字化作品永久地固定于计算机终端的存储设备上，而只是通过用户点击作品的链接，在用户计算机随机存储器中暂时复制一份。在传统著作权法中，人们接触公开的知识与信息是不受著作权限制的，因为增进知识和学问是著作权法需要实现的重要公共利益目标，也是繁荣民族文化、促进文化进步的保障。网络中浏览有点类似于模拟环境下阅读作品，其不同之处则在于浏览会伴随着复制行为，以及进一步的可能的传播行为，因为浏览时屏幕将自动下载到缓冲区中，具有临时复制的性质。

在网络空间，尽管为个人学习、研究目的浏览势必涉及对受著作权保护作品的复制问题，但由于其牵涉网络发展与普及，将其纳入著作权控制的范围也存在一定的困难。正如有学者认为，非商业性或者非营利性的数字浏览可归属于著作权人的许可范围，是一种合理使用。[①] 这一观点的合理性在于，在著作权人对上网的作品没有采取技术措施的情况下，任何人通过正常的上网方式都可以获得其作品，并进行浏览，应推论为著作权人的默示许可。这一推论符合网络的开放性和人们有权分享技术进步带来福利的基本人权理念。同时，原则上浏览者除非知道网上作品包含了著作权信息，否则不应受到侵权的指控。在司法实践中，这一点也是肯定的。例如，1999年，王蒙等六位作家诉北京在线著作权侵权纠纷判决，法院认定被告侵权的理由是擅自上载他人作品，而不是因为浏览网上信息而造成侵犯他人著作权。又如，在法国 Parker v. Yahoo 案中，法院认为：Parker 将其作品置于开放的网络中免费向公众提供，而没有采取限制浏览等措施，这意味着其默示许可用户通过网络浏览其内容，并为实现浏览的目的而进行附带性复制。[②] 当然，浏览的合理性并不意味着其不受任何限制。不受任何限制的浏览可能损及著作权人的利益，因为它会使著作权人完全丧失控制用户在网络环境下浏览自己作品的权利。换言之，自由浏览网上作品应符合合理使用宗旨，以合理使用为目的，这应是其基本的法律要求。

---

① 肖燕.网络环境下的著作权与数字图书馆 [M].北京：北京图书馆出版社，2002：329.

② 王迁.网络环境中的著作权保护研究 [M].北京：法律出版社，2011：24.

不过，著作权人为某种目的而对放置在网络中的作品设置了浏览限制则另当别论。例如，有的作品只能浏览梗概，详细内容需要在付费后才能获取。实际上，在商业性数据库中，权利人控制用户浏览是其基本的赢利模式。在这种情况下，用户不得以获取信息自由作为免费浏览的合法理由。另外，如前所述，浏览应符合合理使用原则。如果浏览会对作品发行市场造成不当影响，则权利人有权采取措施予以限制或者实行有偿浏览制度。

浏览本身不是复制，也不产生作品的复制件，与浏览以及浏览后的打印行为相关的是从计算机系统输出受保护的作品是否属于复制。在很多情况下，用户在浏览作品后为保存备份供下次进一步学习、研究之用会执行打印程序，以获得被浏览作品的复制件。浏览后的打印行为确实符合复制的特征。其是否符合合理使用的标准，需要从被浏览作品的法律性质（如是否非法传播的作品）、打印的数量和用途（如是个人学习等目的的使用还是向他人提供）等方面加以考虑。

### （二）网上下载

网上下载是网络环境下使用作品的普遍形式。它是指用户从网站上下载数字化作品的行为。下载和作品在网络上传输不同，它是将网络上的作品单向地传输到特定计算机用户的行为，其直接结果是用户获得数字化作品的复制件。下载作品可以分为出于商业性目的和非商业性目的两类，其中前者如未经著作权人许可，无论是在我国还是其他国家都会被认为是著作权侵权行为。但对于后者而言，则不能简单地作出结论。如果出于非商业性目的的个人行为符合法定的合理使用的范围，则应纳入合理使用之列。如果复制的数量很大，以致对著作权人利益产生了实质性损害，就不能说是当然合理的。

从网络上下载作品属于著作权法中的复制行为，这一点应当是没有疑问的，因为下载无非是将数字化作品从网络载体转换到硬盘等其他形式的存储媒介上，其直接目的是获得与被下载数字化作品完全一样的作品，以便存储和进一步传输，该行为符合著作权立法中关于复制的界定。《伯尔尼公约》第9条规定，复制权包含了以任何方式和采取任何形式复制作品的专有权利。WCT第1条第4款议定声明也明确指出，《伯尔尼公约》第9条所规定的复制权及其所允许的例外，完全适用于数字环境，尤其是以数字形式使用作品的情况。不言而喻，在电子媒体中以数字形式存储受保护的作品，构成《伯尔尼公约》第9条意义下的复制。可见网络下载行为属于复制可以从国际公约的相关规定获得理解。德国法院的有关判例也指出，虽然用户浏览网络资料时将作品临时存储在其电脑存储器中的行为不构成复制，但将作品存储到用户的计算机硬盘上的下载行为属于复制行为。另外，从有的国家著作权立法对网络环境下复制权概念和范围的规定也可以看出网络下载行为属于复制行为范畴。例如，越南2005年《知识产权法典》认为以电子方式进行永久或者临时备份属于复制行为。

国家版权局有关领导曾指出，下载未经许可传播的作品，属于侵害著作权的行为。从我国学者的有关研究看，对从网络上下载作品行为，即使是出于个人学习和研究的私人复制目的的行为，其合法性亦值得怀疑。尤其是对于未经许可而传播到网上的作品的下载，更难以确认其合法性。[①]从我国《信息网络传播权保护条例》的规定看，其具有"只管上载、不管下载"的特点，即虽然规定了未经著作权人许可擅自在网络上提供他人作品的行为构成侵权，但并没有规定未经许可下载、未经许可而传播的作品的行为性质。从一般的法理来说，下载行为的合法性应以被下载的作品属于合法复制品为前提。不过，在实践中，用户下载作品前并不一定知道或应当知道其准备下载的作品是否为被非法传播的作品。当然，在很多情况下，用户对拟下载的作品属于被非法传播的作品也是明知或者应当知道的，例如下载网络上的热门电影。在这种情况下，下载者因为具有主观过错，其行为的合法性则值得怀疑。事实上，有的国家著作权立法已对个人下载非法传播的作品的行为有明确的规定。例如，德国《著作权法》在

---

① 张今，宁静.技术变迁中的个人使用[J].电子知识产权,2008,（1）:27-29;彭学龙.网络时代的私人复制[J].电子知识产权,2004,（8）:31-34.

2007年改革后，不仅对非法制作的复制品进行复制规定为违法，而且规定对非法进行网络传播的作品复制件进行复制的行为也属于违法。消费者在明知或者应知原件为非法制作或者网络传播的情况下对其进行复制也构成违法。对于那些明知是在网络上非法传播的作品进行下载且达到一定数量的，有的国家甚至规定可以构成刑事犯罪。①

当然，不能完全以下载行为本身确定是否属于著作权侵权行为，除了考虑下载的目的和被下载作品的性质外，关键是下载后的进一步的行为。例如，将下载仅作为使用和传播作品的中间过程，下载后即将作品进行传播或出版，或者再上载到开放的网络中，则由于具有商业性目的或者其他损害著作权人利益的性质，仍然应受到著作权人的控制。

从上面的论述可知，在网络上下载作品的行为属于复制。对于下载行为的研究，主要是要看哪些下载行为或者下载行为在什么条件下属于不受著作权人复制权控制的私人性质的行为，哪些行为受到复制权控制，在未获得著作权人授权的前提下构成著作权侵权。商业性与非商业性是一个基本的分水岭。除此之外，还应在下载的直接目的、方式和手段上予以限制。原则上，正常的网络传输中涉及的下载著作权作品不应包含在受复制权控制的范围内，以免影响网络空间作品的正常传播和利用。这是因为，著作权人将作品置于开放的网络中，在不采取任何技术措施或者有效的技术措施的前提下，应能预料到被他人下载的可能，他人下载则应视为一种默示许可，该原理与前述浏览相似。但是，根据用户需要进行的网络传输、进行下载的行为，如订购网络作品的行为，则受到复制权的限制。

关于网上下载合理使用问题，还值得关注的是非常热门的MP3下载和利用P2P技术的下载及其传输的问题。鉴于这两个问题对网络著作权保护的重要影响，以下将分别进行讨论。

### 1. MP3 下载

MP3是数字音乐格式的一种，它是以数字格式存储在特定载体上的音

---

① 罗莉. 数字私人复制所引起的利益平衡问题 [J]. 法学，2008，（5）：88-95.

乐。从著作权法的角度看，因MP3形式存在的音乐作品不过是改变了音乐作品的存在形式，音乐作品的本质并未变化。如果网络上存在的MP3音乐作品是由用户未经著作权人和表演者、录音制品制作者许可而上载的，该用户是否属于著作权侵权行为，可以分两种情况予以讨论，一是被上载的MP3音乐作品没有获得权利人的任何许可，即通常所说的盗版作品，二是用户将在网站中合法上载的MP3音乐作品经下载到本地硬盘后再传送到其他网站或其他用户。第一种情况的侵权属性非常明显，无须多讨论。第二种情况虽然是基于合法的MP3音乐作品，但由于用户并不享有信息网络传播权，因而仍然不能获得侵权豁免。

当前涉及MP3音乐下载和传播的著作权侵权纠纷不时出现，主要是因为MP3的使用使很多音乐作品用户不再以购买唱片的形式获得音乐作品，而是直接在网站上下载，这样就很可能损害音乐作品作者和唱片公司的利益。在涉及MP3的著作权纠纷中，一般认为技术本身具有中立性，不宜简单地使MP3制造商承担著作权侵权责任。在美国，基于1984年Sony案确立的"实质性非侵权用途"的原则，MP3制造商可以免责。对于擅自制作MP3格式的人来说，其将MP3格式上载到开放的服务器上供用户下载，这种行为一般被判为侵犯了著作权人和录音制作者的复制权。

现在的问题是用户的下载行为是否属于著作权侵权。回答这一问题需要明确著作权法对个人性的最终消费行为是否需要规制，以及用户未经著作权人许可的下载行为是否构成著作权侵权。另外，MP3下载还涉及用户通过计算机网络浏览作品产生的缓存和临时复制行为。这里需要明确的是用户下载MP3音乐显然属于复制行为，而且在很多情况下属于为个人欣赏目的下载的。根据我国现行《著作权法》的规定，难以追究MP3用户下载行为著作权侵权法律责任。不过，仔细研究可以发现，下载者明知所下载的是没有获得授权的MP3音乐作品而仍然予以下载，该行为缺乏著作权法上侵权豁免的正当理由。

### 2. P2P下载和传输

P2P技术特点是直接在接入互联网的计算机之间进行信息的交流、分享和传播，而不必依赖于以前的必须通过服务器获得与传输信息。从用户的角度看，其利用 P2P 技术获取、使用与传输作品存在以下两种行为：

一是从其他 P2P 用户计算机中的共享目录中下载目标作品，这种行为自然是一种复制作品的行为，因为下载将导致其硬盘中永久性存在与被下载的数字化作品一样的复制件。例如，在我国台湾"飞行网"案中，法院指出："Kuro 软件终端用户利用被告飞行网公司提供之 Kuro 软体下载 MP3 档案，其行为属《著作权法》第 3 条第 5 款规定之重制行为，并无疑义。"① 关于个人用户下载行为的法律性质，学界存在不同观点。一种观点认为，在传统的合理使用制度中个人下载行为属于合理使用，在 P2P 系统中个人下载行为仍然属于合理使用。另一种观点则认为，P2P 系统中个人下载行为不属于合理使用，因为它严重地损害了权利人的经济利益。② 在实践中，这种下载行为一般没有取得著作权授权，具有数量大、范围广的特点，特别是对一些热门的歌曲等作品的大量下载，将直接或间接影响正版歌曲等作品的市场销售。

二是和其他 P2P 用户一样，将上述下载作品或者其计算机硬盘中存储的作品放置于共享目录中，以便其他 P2P 下载和传播。这种传播方式和一般网络传播不同之处在于不需要将目标文件上传到文件服务器目录下即可完成上传。P2P 系统的文件共享目录相当于一个相对独立的服务器，用户将文件放到已经联网的 P2P 系统共享目录即可构成上传，其他在线用户可以下载这些文件。因此，可以认定 P2P 用户将著作权作品置于共享目录的行为构成了上传作品的行为。这种行为一般也没有经过著作权人授权，其与上述第一种行为相比后果更加严重，因为它还将导致作品被进一步传播，而不仅仅是复制。在这种情况下，行为人还往往具有主观过错，特别是利用 P2P 技术下载和传播电影，用户至少应当知道电影一般不会被主动上载到互联网供网民任意下载。在国内外已有一些著作权侵权纠纷案例涉及这类情况。例如，2007 年美国唱片工业协会针对个人终端用户提起了 2

---

① 台湾飞行网案"判决理由"部分第一（五）段。

② 王立民，黄武双. 知识产权法研究（第 3 卷）[M]. 北京：北京大学出版社，2006：125.

万多起非法下载侵权诉讼，并首次获得了胜利。[①] 另外，根据最高人民法院、最高人民检察院《关于办理侵犯知识产权刑事案件具体应用法律若干问题的解释》的规定，通过信息网络传播作品的行为应当视为《刑法》第217条规定的"复制发行"。可见，利用 P2P 技术上载他人享有著作权的作品，也涉及复制发行行为。

在实践中，有些 P2P 软件要求用户在下载的过程中对外传输其下载作品的部分或者全部，如 BT、E-Donkey、E-mule 等。这些 P2P 软件的终端用户在下载相关著作权作品后，并不一定愿意对外传输，但客观上不得不从事上述传输行为，成为共享网络中的一个贡献者。此时用户获得复制件的结果本身，可能以合理使用进行抗辩，但获得复制件的同时也进行了网络传输行为，故而构成著作权侵权。此时，P2P 用户的法律责任就更加模糊。[②] 值得注意的是，BT 下载作为一种较新概念的 P2P 下载工具，其引发的著作权问题更加严重。这是因为，这类下载具有下载数量越多、下载速度越快的特点，而且下载者本身也是上传者，因为当用户作为种子提供者将其下载的作品置于共享目录中，或者在知道 BT 系统会将其下载的作品置于共享目录供他人下载而仍然予以下载，无疑使众多的 BT 用户相互之间可以方便地复制和传播他人享有著作权的作品。这一技术的运用使得大规模地下载他人的 MP3 歌曲、电影和电子图书等作品成为可能，便利了盗版作品在网络中的泛滥。严格地说，BT 用户在未经授权的情况下对他人享有著作权的作品进行下载，都不能纳入合理使用之列，而应按著作权侵权对待，因为 BT 用户系统中建立了共享目录，可以被其他用户相互访问和下载，可能会极大地扩大下载和传播作品的范围，其下载的作品不仅十分完整，而且数量大、传播广，不符合合理使用的原则。

从近些年来欧美发生的包括 Napster 案等在内的涉及 P2P 技术的著作

---

① Marc Fisher, Download Uproar: Record Industry Goes After Personal Use. http://www.Washingtonpost.com/wp-dyn/content/article/2007/12/28/AR2007122800693.html，最后访问时间：2022年2月20日。

② 冯晓青.著作权侵权专题判解与学理研究（第2分册.网络空间著作权）[M].北京：中国大百科全书出版社，2010：108.

权纠纷看,用户利用 P2P 技术下载、上传著作权作品被判为侵犯著作权的不在少数。例如,2002年,美国 In Re: Aimster 案[①] 和2003年的 Metro-Goldwyn-Mayer Studios v. Grokster 案[②] 中,法院均认定即使是出于个人使用目的,用户下载音乐仍然是侵犯复制权的行为。

由此可见,P2P 软件为私人复制提供了技术支持,使用者用极小的经济代价以合理使用的理由获得了极大的利益,著作权人因此丧失了潜在的市场和本应得到的经济利益。因此,P2P 环境下的下载行为很难纳入合理使用之列。

### 3. 视频网站下载

视频网站也是近些年来发展起来的用于在网上上载、观看、下载数字化电影、电视剧等作品的娱乐性网站。从视频网站的内容看,主要有用户自己拍摄并上传到视频网站上和专业机构制作的,还有享有信息网络传播权的人发布的。视频网站的著作权侵权问题通常有:一是网站擅自上传和传播受著作权保护的视听作品,并提供下载复制手段;二是视频网站只提供信息存储空间,具体的内容则由网民主动上传。这两种情况构成侵害信息网络传播权是没有疑问的,除非后者得到了著作权人的同意。就第一种情况中用户下载作品而言,由于用户一般是基于个人欣赏目的而上网观看或下载的,这就势必涉及用户出于个人非商业性目的私人复制行为。因此,视频网站下载的著作权侵权问题也值得研究。

就视频网站而言,其为避免著作权侵权,需要与著作权人展开合作,找到一种双赢的模式。目前视频网站与著作权人合作的方式主要有广告分成、直接购买著作权和资源互换等形式。为规范视频网站等网络传播者的著作权问题,国家有关部门已开始颁布有关规定进行规范。例如,2008年1月,《互联网视听节目服务管理规定》规定对视频网站颁发准入牌照。同年4月国家新闻出版广电总局又开始向某网站等颁发《信息网络传播视听

---

① 252 F. Supp. 2d 634 at 648.

② 259 F.2d Supp. 2d 1029, at 1034.

许可证》。这种牌照经营模式有利于遏制大规模的侵害著作权人信息网络传播权的行为。当然，对那些以视频上传为主的网站而言，牌照经营模式尚需要一个过程。但作为网络空间著作权保护的基本理念，授权传播仍然是必要的。

就视频网站著作权侵权问题来说，如果其直接上载未经著作权人授权的数字化作品，显然将构成侵害著作权。现实中存在较多的问题是对用户上载未经授权的数字化作品是否需要承担著作权侵权责任。有一种情况是，视频网站承担直接侵权责任，即如果其对所有使用者上传的视频实行事前审查，由其工作人员判断视频内容是否合法，再决定是否将用户上传的内容在其网站上发布和传播，此时用户侵犯著作权人的信息网络传播权时视频网站与上传者承担共同侵权责任。①

在实践中，视频网站中上传和传播的侵权作品很多是由用户非法上载和传播的。对于用户的行为，视频网站在满足"红旗标准"的前提下仍然需要承担著作权侵权责任。就视频网站而言，用户擅自上载和传播侵犯他人著作权的作品属于侵害他人复制权和信息网络传播权是没有多大疑问的，因为用户的行为使任何人可以在个人选定的时间和地点获取被上载的作品。问题是其出于个人欣赏目的下载视频网站上的作品是否构成著作权侵权。对此可以分两种情况予以讨论：一是下载合法作品，用户下载只是为便于在脱机的情况下欣赏；二是下载侵犯信息网络传播权的作品，用户下载也只是为便于在脱机的情况下欣赏。对于第一种情况，在我国现行立法规定的框架下，将其定性为具有合理使用性质的私人复制性质应当是没有疑问的。问题是第二种情形的下载。笔者认为，仍然应当考虑用户的主观过错。如果其明知或者应知其下载的作品系侵犯他人著作权的作品而仍然予以下载，应以侵害著作权对待。当然，有人可能会指出用户难以判断其下载的作品是否系侵权作品。对这一问题可以根据特定视频网站的情况加以判断。例如，那些主要靠用户上传内容而运营的网站通常存在较严重

---

① 王迁. 视频分享网站著作权侵权问题研究 [J]. 法商研究，2008，25（4）：42–53.

的盗版现象。在这类网站下载视频内容，很可能涉及侵害著作权。

## 三、私人复制的著作权法规制

前面的讨论表明，网络环境下私人复制的基本定位仍然是纳入合理使用制度。但是，鉴于网络环境下私人复制的新特点以及在网络空间重构著作法利益平衡机制的需要，私人复制合理使用制度应做必要的限制。另外，临时复制尽管不属于私人复制行为，基于其在网络空间利用作品的普遍性，也有必要明确通过立法规制给予定性。以下将以完善我国《著作权法》规定为宗旨，进一步探讨私人复制及相关问题的立法规制。

### （一）在《著作权法》中明确引入"三步检验法"

三步检验法不仅在《伯尔尼公约》第9条做了规定，而且在 TRIPs 协议中扩大到除复制权以外的其他著作权。由于我国已经加入这两个国际公约，在国内立法中确认该原则是我国的国际义务。我国在《著作权法实施条例》中规定了这一原则："依照著作权法有关规定，使用可以不经著作权人许可的已经发表的作品的，不得影响该作品的正常使用，也不得不合理地损害著作权人的合法利益"。但由于该条例的立法层次不及《著作权法》，在《著作权法》第三次修改中，已将上述规定的内容融入。同时，可以在《著作权法实施条例》中作出进一步解释，确保私人复制行为不会构成对著作权人作品市场的严重损害。在传统著作权法中，复制纳入合理使用的范畴应以个人使用为限，即不应超过个人使用的范围。《著作权法实施条例》可以规定，合理使用制度下的复制行为，包括网络环境下的私人复制行为，不应对著作权人作品市场产生替代效应。例如，在模拟环境下当前普遍存在的复印一整本书的情况就具有市场替代效果，因而是不允许的；在网络环境下，利用技术手段累积下载数量足以构成市场替代效果的，也应受到限制。

### （二）取消"为个人欣赏目的使用他人已发表作品"合理使用情形

网络环境下私人复制的目的通常有生产性使用和消费性使用两种情形。前者是将复制作品作为后续创作的材料和基础，后者则是将复制作品作为个人消费、特别是娱乐的一种材料和工具。将出于生产性目的的私人复制纳入合理使用是毫无疑问的，因为这涉及个人学习、研究的需要，事关民族文化水平提高和公民个人素质提高，也是实现著作权法立法宗旨之所需。但是，基于消费性，特别是娱乐性复制，是否仍然有必要纳入合理使用，值得研究。数量巨大的私人复制行为势必会对权利人的利益产生影响。这种为个人欣赏的目的而在网络空间进行的私人复制行为，已经不具有传统著作权法中私人复制的纯粹的非商业性使用的性质。原因在于，大量的基于欣赏目的从网站下载、传输中获得作品，而这些作品本来需要通过商业性购买行为才能获得，结果可能是瓜分了权利人的作品市场，从而损害其利益。

因此，应区分私人复制在不同情况下作为著作权限制的地位。由于上述以娱乐为目的的消费性使用对著作权人利益存在明显损害，应考虑取消现行《著作权法》第24条第1款第（1）项中涉及为欣赏目的的个人性使用。值得注意的是，我国《信息网络传播权保护条例》没有像《著作权法》第24条第1款第（1）项那样明确规定为个人学习、研究或者欣赏，可以使用他人已经发表的作品，属于合理使用。针对这种情况，有学者认为网络环境与模拟环境不同，个人使用不能成为信息网络传播权的例外，理由是网络用户上传文件，共享交换的规模越来越大，已不合理地影响到了著作权人的利益。[①] 还有学者认为，虽然上述条例并没有明确规定为个人使用目的使用网络作品的行为属于合理使用，但也没有明确加以禁止，因此可以理解为应适用著作权法关于合理使用的一般规定，即按照合理使用

---

① 张今，宁静．技术变迁中的个人使用 [J]．电子知识产权，2008，（1）：27–29；彭学龙．网络时代的私人复制 [J]．电子知识产权，2004，（8）：31–34．

对待。①

笔者则认为，如前所述，《信息网络传播权保护条例》"只管上载，不管下载"，其第6条规定的合理使用行为就不包含私人复制行为等下载行为。因此，一概否定为个人目的（特别是为个人学习、研究的目的）以私人复制形式获取网络空间的作品不妥，完全按照现行《著作权法》机械地理解也有问题。在网络环境下，公众取得资源的方式虽然大多数是免费的，但实际上可能损害著作权人利益，在这种情况下"私人复制"不能再被归为合理使用。因此，需要通过修改法律或者通过对"合理使用"的解释来重新界定私人复制：在《著作权法》中取消以个人欣赏为目的的私人复制等使用作品的行为系合理使用。

### （三）明确规定"临时复制"不属于复制行为，不受复制权控制

关于临时复制，欧美国家的一般做法是，先是承认临时复制系受复制权控制的行为，接着又意图通过权利限制和例外的形式将其排除出复制权的控制范围。我国现行法律未明确涉及这一问题。笔者认为，对待临时复制的态度，应以前述利益平衡原则为指导，合理平衡著作权人、网络服务提供者和公众之间的利益，同时还必须考虑到我国的实际情况。著作权法上的复制行为，强调的不是行为的方式，而是行为的结果，即生成一件或多件复制件。②临时复制本身确实不符合著作权法意义上复制的特性，例如复制应能够固定作品，以便向公众间接传播，同时还可以在此基础上进行多次复制。临时复制纳入复制权范畴，将不合理地扩大著作权人对网上信息的控制权。基于此，在下一次修订《著作权法》时，有必要明确地规范临时复制问题。在立法模式上，不应采用欧美的上述做法，而应直截了当地规定"临时复制"不属于复制行为，不受复制权控制。这样可以充分

---

① 王洪友. 网络环境下著作权的界限：以信息网络传播权为视角 [J]. 西南科技大学学报（哲学社会科学版），2009，26（6）：22-26.

② 冯晓青，付继存. 著作权法中的复制权研究 [J]. 法学家，2011，（3）：99-112.

保障网络环境下的在线浏览行为，促进网络的健康发展。

**（四）明确规定私人复制的合法性以被复制的作品具有合法性或者复制人以合理的理由知道被复制的作品具有合法性为前提**

现行《著作权法》第24条第1款第（1）项对私人复制一类合理使用规定，除了上述将出于个人欣赏目的使用已发表作品纳入合理使用范围外，仍然存在的问题是：该项没有明确使用者使用作品的性质和手段，没有限定已发表作品的形式和使用者使用方式，特别是没有明确未经著作权人许可而传播的作品，是否可以基于个人目的的使用。《信息网络传播权保护条例》也仅规定了未经著作权人许可在网络空间提供他人作品是非法行为，而没有规定在网络空间下载未经著作权人许可的作品也系非法行为而被禁止。这样，无论是在网络空间还是模拟空间，合法的私人复制是否应禁止来源非法的作品，难以得出肯定结论。这也是网络空间大量下载盗版音乐作品、电影作品和其他作品难以禁止的立法漏洞所在。加之在实践中著作权人一般是向网络服务提供商等间接侵权人提起诉讼，较少见到向私人终端用户提起诉讼的情况，这在一定程度上也助长了下载未经授权传播作品的现象。

从前述德国《著作权法》规定看，不允许对来源不合法的作品进行私人复制。还如，芬兰《著作权法》第11条规定，用于进行私人复制的作品复制件必须是合法的，而不能是以前未经授权而制作或传播的。事实上，司法实践中也有体现。例如，2005年12月28日，法国 Le Havre 高等法院在一个判决中指出：下载未经授权的文件不构成复制；也无法谈及私人复制问题。[①] 在我国台湾省和香港地区，还出现了针对私人下载用户的刑事指控。为此，笔者建议在下一步修改我国《著作权法》时，明确规定私人复制的合法性以被复制的作品具有合法性或者复制者以合理的理由知道被复制的作品具有合法性为前提。作出这一规定，必将在法律制度上有力规

---

① 王迁，Lucie Guibault. 中欧网络版权保护比较研究 [M] . 北京：法律出版社，2008：38–39.

制当前在网络空间无序地肆意下载盗版作品的行为，也有利于规范私人复制行为的法制秩序，加大对著作权侵权的防范和控制力度。同时，考虑到与技术措施保护的协调，还可以进一步规定，私人复制也限于向公众提供的没有采取防止复制保护措施的作品。至于是否应借鉴美国、德国和我国台湾省、香港地区的做法，追究下载数量巨大的在网络上非法传播的作品的行为人的刑事责任，笔者认为目前规范尚早，先可以在《著作权法》中确立一般侵权责任，待条件成熟时再考虑。

### （五）适时考虑引进西方国家实行多年的私人复制著作权补偿金制度

为解决私人复制给著作权人利益带来的损失，从20世纪60年代以来，德国、法国、意大利、西班牙、加拿大等40多个国家逐步引进了著作权补偿金制度。其主要内容是，在出售复制设备和媒介时，应按照一定的标准向著作权人支付补偿金，以弥补消费者利用该设备或复制媒介的复制行为给著作权人造成的损失。我国《著作权法》尚未引进上述国家确立的私人复制著作权补偿金制度。笔者认为，私人复制补偿金制度对于解决随着技术手段的进步私人复制行为对著作权人利益的损害、平衡著作权人利益和用户的利益，具有独到作用。就网络空间而言，私人复制著作权补偿金制度还有其独特优势，就是利用网络技术管理手段根据作品的点击率等方式来确定使用作品的数量和范围。另外，值得指出的是，实施私人复制的著作权补偿金制度的国家，通常依赖于著作权集体管理组织承担该项职能。从这个角度看，我国将来引进著作权补偿金制度，也需要通过完善著作权集体管理制度加以实现。由于我国著作权集体管理制度，特别是网络空间著作权集体管理制度还不够健全，本次《著作权法》修订引进该制度可能还不具备现实性。不过，随着我国著作权集体管理制度的完善，未来我国著作权法引进该制度是可行的。

# 聚合盗链行为侵权性及司法适用标准分析 ①
## ——兼议"腾讯诉某影视"案

2016年1月26日，北京海淀区人民法院对腾讯公司诉某公司侵犯作品信息网络传播权一案做出一审判决，认定被告盗取乐视网（乐视网已获得腾讯公司的版权许可）链接的行为不属于正当的链接行为，其扩大了作品的域名渠道、可接触用户群体等网络传播范围，分流了相关获得合法授权视频网站的流量和收益，却未向权利人腾讯公司支付获得分销授权的成本支出，产生了实质性替代效果，也不构成合理使用，因而判令其直接侵权。②

著作权制度应技术而变，互联网产业创新一日千里，新的产业模式与技术形态不断冲击和改变着原有网络版权利益分配体系。③ 对于聚合盗链行为的定性及评价标准的争议此起彼伏，构成了产业、技术与制度三者协同发展的现实障碍。有鉴于此，有必要重新审视产业与技术驱动下的网络版权制度新形势，审慎把握聚合盗链行为对产业利益的影响，合理调整我国现行网络著作权制度。

## 一、聚合盗链行为侵权性分析的司法适用标准争议

回顾相关链接聚合类案件，理论和实务界对在信息网络传播权侵权案

---

① 原载《中国版权》2016年第4期。

② 北京市海淀区人民法院（2015）海民（知）初字第40920号民事判决。

③ 田小军，柏玉珊．我国网络版权制度演化的现状、挑战与应对 [J]．中国版权，2016，（3）：31-34.

件中适用何种标准争议颇多，极易导致聚合盗链类案件司法适用与法律定性的混乱。在此，笔者对目前四种流行的观点予以评述。

### （一）服务器标准

"服务器标准"以是否将作品上传至公开的服务器作为判断信息网络传播权侵权与否的依据，即只要将作品上传至或放置在网络服务器中供不特定的网络用户进行下载和链接，就构成对作品的"提供"。[①] 该标准作为一种纯技术标准，虽便于认定但无法适应传播技术的飞速发展。2006年颁布的《信息网络传播权保护条例》和2012年颁布的《关于审理侵犯信息网络传播权民事纠纷案件适用法律若干问题的规定》，都对侵犯信息网络传播权的"提供"行为作出了明确解释，为突破传统的"服务器标准"预留了法律空间。因此，信息网络传播权的控制范围应当延伸到聚合盗链行为，从而避免著作权法陷入过度技术化的泥潭，重新恢复作品传播过程中相关主体间的利益平衡。笔者认为，服务器标准的局限性很明显：首先，它不能涵盖提供行为的所有情形；其次，它可能因技术发展而丧失存在基础。

### （二）实质替代标准

该标准认为，任何使作品传播利益从被链接网站转移到设链网站的链接，都构成对原传播行为的实质性替代，因此须受著作权人控制。[②] 该标准很好地衡量了互联网上的各方利益，但存在如下两个问题：第一，若设链行为未与原网页产生直接的流量竞争关系，而是单纯地开拓新的传播市场，则该行为似乎无法再由该原则所控制。第二，该标准存在一个逻辑循环，"实质性替代"是用来认定"传播"的标准，但其自身的定义之中又包含了"传播利益"这一要素——因此该标准仍未直接回答什么是"信息网络传播行为"。

---

① 王迁.网络环境中的著作权保护研究[M].北京：法律出版社，2011：339.

② 石必胜.论链接不替代原则——以下载链接的经济分析为进路[J].科技与法律，2008，（5）：62-67.

### （三）实质呈现标准

此标准将"信息网络传播行为"囊括了"通过自己控制的用户界面实质呈现他人作品的行为"，因为此时设链者从传播中获得实质性的利益。该标准强调对作品提供者的有效控制，而不关心设链者是否实质损害了被链接网站的利益。[①] 笔者认为，该标准大体上是正确的，其吸纳了"实质替代原则"的思想，并对"何为信息网络传播行为"给出了具有可操作性的定义。但是，其仍面临着对"提供"和"呈现"的再解释。

### （四）域名、流量控制标准

该标准的含义是，网页控制的核心就是对域名和流量的控制，因此设链行为不得剥夺网络用户对设链网站域名的注意力。[②] 该标准将视野从作品扩张到网站的做法是值得借鉴的，但笔者认为，其逻辑只能推导出"屏蔽被链网站部分页面的行为损害了被链网站的传播行为"，而无法得出"聚合盗链行为本身构成信息网络传播行为"的结论。

如上所述，实践中存在争议的是如何提出一个概念化的标准，以对信息网络传播行为进行精确描述。

## 二、聚合盗链行为侵权性分析的法律与产业维度

由上，笔者认为，以上标准争议有助于为聚合盗链案件司法适用提供理论参考和技术指引。但是，认定聚合盗链行为的根本性质，必须回归法律原意，从规制此行为的具体法条出发，结合产业需求，作出最合理的解释。具体可从法律及产业两个维度加以论证。

### （一）法律条款分析

《著作权法》第10条第1款规定，"著作权包括下列人身权和财产权：……（十二）信息网络传播权，即以有线或者无线方式向公众提供作

---

① 崔国斌.加框链接的著作权法规制 [J]. 政治与法律，2014，（5）：74–93.

② 杨勇.深度链接的法律规制探究 [J]. 中国版权，2015，（1）：53–59.

品，使公众可以在其选定的时间和地点获得作品的权利。"

首先，"使公众可以获得作品"是"向公众提供（作品）"的表现形式，而"提供"作品的最终目的也是为了"使公众可以获得作品"。所以，对"信息网络传播权"的解释应重在"获得"而非"提供"。

其次，对聚合盗链而言，它不仅实际上使公众获得了作品，而且也实质性地提高了公众获得作品的可能性。然而，能否把"实质性地提高公众获得作品的可能性"解释为"使公众获得作品"？这就是服务器标准对聚合盗链构成信息网络传播行为持疑议之处，涉及如何适用"扩大解释"的问题。按学界通说，当对文义的扩张同时满足立法者可推知的意思和文本的语义射程时，此扩大解释方有效——如前所述，从利益平衡的角度而言，对聚合盗链进行私法规制是合理的，且上述解释并未超出"使公众获得作品"的语义范围。因此，聚合盗链行为足以"使公众获得作品"，进而构成"提供作品"的行为。

聚合盗链行为是对作品的商业性利用，为了保证著作权人的利益，应使得著作权人有权控制聚合盗链行为；因为对聚合盗链行为的可规制性存有共识，且该行为可以被解释为"使公众获得作品"的行为，因此其可以直接为著作权法所规制，而无须依赖反不正当竞争法，故应将聚合盗链行为认定为信息网络传播行为。

### （二）产业利益分析

权利的背后是利益，而利益也是驱动权利形成的原因。我国知识产权制度与国家政策、产业发展息息相关，因此以下分别从著作权人、被链人和设链人等产业主体的角度，对聚合盗链所涉利益进行分析梳理，并指出：为了权利人在作品的传播中获取应得利益，应对聚合盗链行为进行法律规制；与此同时，社会公众的链接自由不会受到威胁。

1. 著作权人：作品传播利益的实现由内容提供和渠道服务共同促成

回顾以往的互联网环境，实现作品网络传播的最主要手段是直接将作品内容上传至公开的网络服务器，以供受众获取（即所谓"内容提供"）。

伴随技术发展，作品信息定位技术的重要性日增，这体现为对"网络服务提供商"（ISP）的间接侵权以及相关责任限制。目前，公众对作品的接触还取决于传播平台是否能一站式地、界面友好地展示作品内容（聚合平台就是一种"渠道服务"）；在目前的网络交易中，用户更依赖作品的传播平台，而非作品的内容提供者——因此为了保障现在的作者能从传播中分得部分利益以进一步激励其创作，需要使得著作权人的法律控制力扩张至作品的"渠道服务"。①

2. 被链网站：广告利益、流量利益等利益的损失

正如最高人民法院在腾讯科技（深圳）有限公司、深圳市腾讯计算机系统有限公司诉北京某科技有限公司、某软件（北京）有限公司不正当竞争纠纷案二审判决中论述的那样，免费平台与广告或增值服务相结合的商业模式是互联网行业惯常的经营方式，也符合我国互联网市场发展的阶段性特征。②聚合盗链饱受诟病的一点，即其通过技术措施突破了被链网站的技术措施，直接到被链网站内容服务器读取数据，间接屏蔽掉原网站的广告或其他功能区，进而使得其广告收入下降。

3. 设链网站：对作品进行商业化利用

设链网站的利用作品方式包括两类：营利类利用和用户体验提升类利用。营利类利用，即设链网站将广告与作品信号进行绑定，以使得用户必须以看广告或等广告为代价获取欣赏作品的利益，进而赚取广告费或会员费等利益。用户体验提升类利用，主要体现为设链网站为吸引流量而对网站进行的安排。"道高一尺，魔高一丈"。由于设链网站通过技术措施突破了被链网站的技术措施，直接到被链网站内容服务器读取涉案作品的内容数据，设链网站能够利用被链的视频作为素材，开发出自己的竞争性网页，以吸引广大潜在用户。

综上，在聚合盗链背景下，权利人不仅未从新市场中分得经济利益，其原有利益还遭受损失。因此，为使权利人能在作品的传播中获取应得之

---

① 崔国斌. 加框链接的著作权法规制 [J]. 政治与法律，2014，（5）：74-93.

② 最高人民法院（2013）民三终字第5号民事判决。

利，应使权利人有权控制聚合盗链行为。

## 三、聚合盗链行为侵权性分析的司法适用逻辑建议

著作权法的核心是保护权利人对其著作权作品的控制，具体到信息网络传播权，就是对著作权作品网络传播行为的控制。在深链聚合和云计算技术时代，仅仅依靠"是否上传至服务器"这种判断依据，难以使权利人控制自己作品的网络传播，也有违著作权法的本义。因此，在认定著作权侵权时，应回归一般侵权法体系之下，按照侵权行为构成要件来进行判定。从聚合盗链行为来看，分为以下四个方面。

第一，客观方面，非法聚合、盗链类软件产品实施了内容提供行为，在其经营的软件产品上在线播放正版视频网站享有独家信息网络传播权的作品。不同于搜索引擎，聚合盗链类软件产品是在对链接内容已知的情况下，将链接聚合到软件中，聚合的链接是特定的，而并非是广义搜索。另外，目前视频网站若要实现视频版权内容的下载需要特定的软件，基本均为其自主研发的软件。显然，聚合盗链类软件产品经营者是通过主动绕开或破坏视频网站的技术措施以实现下载或者缓存的。

第二，主观方面，聚合盗链类软件产品经营者有侵权故意。聚合盗链类软件产品经营者以海量视频内容为主要宣传点，用以吸引用户安装视频聚合软件。其经营者未经允许将来自网络的视频链接定向搜索聚合到软件中，通过人工编辑和机器排序等方式进行选择、编辑等，呈现在其软件中。作为专业的网络视频经营主体，其经营者定向搜索聚合与编辑网络视频版权内容与链接表明聚合盗链软件经营者对于其软件内呈现的内容的权利状态及权利归属是明知的，对于网络视频内容的来源与使用是完全可控的，有提供侵权的主观故意。

第三，损害后果上，设链网站对被链网站形成了"实质性替代"，给被链网站造成损害，包括使用户对于分页视频内容制作者与权属产生误认，减少被链网站的交易机会，以及降低被链网站的主页访问量与广告收

益。在一个完整网络视频传播过程中，服务器和带宽资源难以直接呈现，如果前端的展示平台被替代，拥有网络视频版权、服务器、带宽资源的正版视频网站即被实质替代。因此，聚合盗链软件经营者将本应在权利人展示平台呈现的内容，转而在其自身平台中呈现，切断了用户与视频网站的关联，增加了自身软件的用户黏性，此种行为显然构成对于视频网站的实质替代。

第四，损害行为与损害结果之间具有直接的因果关系。在认定著作权直接侵权的过程中，因果关系一直是被忽视的概念。笔者认为：应明确引入"因果关系"（行为和效果之间的因果关系）这一概念，具体分析如下。

在直接侵权中，我国著作权法规定"专有权利"控制特定行为，然而，直接侵权行为与行为效果之间的"因果关系"因过于明显而并未被注意到。但此概念早已体现在既有的对著作权权利的定义之中：如"复制权"所控制的复制行为，即导致"复制件"（效果）产生（因果关系）的行为；同理，"信息网络传播权"控制网络传播行为，即导致"使"（因果关系）"公众获得作品"（效果）的交互式行为。事实上，行为本身无经济价值，作品信号及作品的复制件才是交易的真正标的。所以，只有从"效果"要件（即作品信号及作品复制件）开始，经由"因果关系"这一构成要件，才能够对某行为是否属于专有权控制范围进行认定。在聚合盗链行为中，聚合盗链类产品的提供者未经允许将来自网络的视频链接定向搜索聚合到软件中，通过人工编辑和机器排序等方式进行选择、编辑，呈现在聚合软件平台中，将本应在权利人展示平台呈现的内容，转而在其自身平台中呈现，切断了用户与视频网站的关联。这一过程中，聚合盗链行为与损害后果之间的因果关系是十分明确的。

综上，客观方面，聚合盗链类产品经营者实施了内容提供行为；主观方面，聚合盗链类产品提供者有侵权的故意；损害后果上，设链网站对被链网站形成了"实质性的替代"；且损害行为与损害结果之间具有直接的因果关系。回归一般侵权法体系，按侵权行为构成要件逐一判定，可以认定，聚合盗链行为是一种直接侵权的信息网络传播行为。

## 四、结语

从法律政策与产业变革的协同角度来看，商业模式、技术变革导致著作权法变迁。伴随着互联网技术发展和商业模式创新，人们更需要不断重新审视技术发展和产业创新所带来的内容著作权保护新形势，并不断调整法律法规、原则、规则、标准等著作权规范的合理性。唯其如此，才能成就网络著作权产业之未来前景。

# 商标通用名称化及相关侵权问题研究 ①
## ——以"金丝肉松饼"商标侵权纠纷案为考察对象

商品通用名称是相对于商品特定名称的术语。它通常是指按照本行业规范（国家标准、行业标准等）形成的规范的名称，或者是依约定俗成而形成的商品名称。商标通用名称化对商标权人来说无疑是一个重大的损失。由于其重要性，在商标侵权纠纷中，被告一方往往尽可能地主张原告的商标被通用名称化，以此摆脱自己的侵权责任。法院一旦确认原告商标形成了通用名称化的客观事实，则诉讼将出现极大的逆转，商标权人的利益很可能无法得到保障。因此，针对典型案件探讨在商标侵权案件中相关通用名称化及相关的商标侵权问题，具有较重要的实践价值和学术意义。福建省高级人民法院作出终审判决的"金丝肉松饼"商标侵权案就具有一定的代表性。本文即拟以此为考察对象，在简要分析商标通用名称化之理论证成后，就商标名称通用化及相关的商标侵权理论和实务问题进行初步探讨。

## 一、商标通用名称化理论之证成

为充分发挥商标的识别功能，防止商标资源浪费，我国《商标法》第49条第2款规定：注册商标成为其核定使用的商品的通用名称或者没有正当理由连续三年不使用的，任何单位或者个人可以向商标局申请撤销该注册商标。该条规定的商标使用是指"将商标用于商品、商品包装或者容器

---

① 原载《政法论丛》2015年第3期。

以及商品交易文书上，或者将商标用于广告宣传、展览以及其他商业活动中，用于识别商品来源的行为"。商标通用名称化是现实中商标使用的一种负面现象。历史上，一些曾经非常知名的商标被通用名称化后，造成了不可逆转的后果，原商标权人永远丧失了商标权的保护，令人遗憾。从消费者的角度看，商标被通用名称化主要有以下原因：随着企业技术创新，新产品层出不穷。在新产品进入市场阶段，消费者一时还难以熟悉，于是很自然地以该商品的商标作为这类新产品的通用名称；一些商品商标市场声誉卓著，加上同行厂家习惯于将该商品商标作为同种商品的通用名称，消费者也自然接受；还有的是一些产品商标市场占有率大，加上广告效应，以致商标和产品名称深深扎根于消费者心目中，难以避免消费者将商标当成这类产品的通用名称。[①]

商标通用名称化，可能引起商标被撤销的法律后果。因此，与商标权人有重大的利害关系。商标通用名称化后，为何会导致商标可能被撤销的后果，笔者认为需要结合商标法的立法宗旨和商标保护的功能和作用两方面加以理解。就我国商标法的宗旨而言，它需要在有效管理和保护商标的基础上，促成厂商改善商品或服务质量，提高商标信誉，进而促进商品经济发展。商标立法宗旨的实现，建立在商标区别商品或服务来源的基本定位上。我国商标法规定，申请注册的商标应具有显著性，便于识别，就是基于商标的这种功能定位。也正是商标的显著性保障了商标区别商品或者服务来源作用的实现。由于商品通用名称代表的是一类商品，而不是特定厂商的特定商品，因此商标法也明确规定商品通用名称不能用于商标注册，否则将会使被核准注册的商标缺乏显著性。在出现商标通用名称化后，商标法对该商标的保护将失去基础和正当性。因此，有必要在商标法中规定注册商标成为其核定使用的商品的通用名称的，该商标可以被依法撤销。

---

① 冯晓青.企业知识产权战略[M].北京：知识产权出版社:2008.301-302.

## 二、"金丝肉松饼"商标侵权纠纷案的思考：基于商标使用与通用名称化关系的视角

商标司法实践中，无论是商标侵权纠纷案件还是商标确权纠纷案件，涉及商标通用名称化问题认定的案件并非罕见。在这些案件中，有的案件确实被法院认定为构成了通用名称，从而在该案中不再受到保护；有的案件则否定了一方（或多方）当事人提出的商标通用名称化主张，认为涉案商标应当获得保护或者应当获得注册。在形形色色的案件中，围绕商标通用名称化问题，根据商标通用名称化的法理和我国相关司法解释和政策规定，无非是要么基于法定的理由，要么基于约定俗成的理由进行评判。然而，福建省高级人民法院二审的"金丝"肉松饼商标侵权纠纷案[1]则在进行判决说理时，提出了一个颇为"新颖"的观点：基于注册商标所有人未及时行使权利，导致全国90多家相关食品企业均使用"金丝"肉松饼，在客观上导致含有注册商标"金丝"文字的"金丝肉松饼"成为一类饼的通用名称并形成了相对稳定的市场，从而判决"金丝"注册商标在该案中不予保护。该案二审的核心观点可以理解为：在相类似商品上他人未经注册商标所有人许可，使用与注册商标"金丝"相同的文字作为肉松饼的名称（"金丝肉松饼"），由于使用者较多而形成了相对稳定的市场，该注册商标即可认定为通用化而不受保护。笔者认为，司法判决尽管是个案，但由于其反映了特定案件背后的相关法理，尤其是二审判决具有法律效力，判决依据的基本法理如果存在重大瑕疵，就会导致未来更多的同类案件受到不公平、不合理的处理，因此很有必要及时进行深入的探讨。以下将在介绍和分析该案基本事实的基础之上，对二审法院的主要观点（尤其是上述核心观点）进行剖析，以试图明晰究竟如何理解和认定商标通用名称化问题。为便于全面考察，也将对本案一审法院观点加以评论。

---

① （2015）闽民终字第192号民事判决。

### （一）本案的基本事实 [①]

原告邓某于2011年7月29日申请"金丝"商标注册，2012年11月28日被核准，其注册号为9780194，核定使用商品为第30类的糕点；包子；面包；花卷；馒头；大饼；面粉制品等，该商标有效期截至2022年11月27日。原告获得该注册商标专用权后，先后在2014年1月20日、2014年5月14日许可厦门和晋江两家公司使用其注册商标"金丝"，生产"金丝肉松饼"。2014年3月12日，原告发现被告某（福建）食品有限公司（以下简称某公司）在市场上销售带有"金丝肉松饼"字样的食品。某公司肉松饼包装正面左上角为"某 YOUCHEN 及图商标"，"金丝肉松饼"在中间竖向一字排开，其中"金丝"两个字为金色，"肉松饼"三个字为红色。原告还借助于公证处访问阿里巴巴网、天猫网和淘宝网，发现在这些网站上有商家在销售"某金丝肉松饼"，销售额较大。显示包装上的图片，左上方为某 YOUCHEN 及图商标，"金丝肉松饼"字样在中间横向一字排开，其中"金丝"和"肉松饼"字体和颜色均有差别。

本案被告某公司是专门经营糕点（烘烤类糕点）的食品企业。该公司申请获得的注册商标"某"核定使用的商品范围为第30类的饼干；咖啡；糖；馅饼；玉米面；含淀粉食物；豆粉；冰淇淋等。2012年8月2日，某公司委托泉州市产品质量检验所检验的样品名称为"金丝肉松饼"，商标为"某某"，其生产日期为2012年8月2日。此外，某公司为打开"金丝肉松饼"产品的销路，通过卫星电视进行了广告宣传，主要内容是："某某，金丝肉松饼的领导品牌"。2013年又在电动座椅、桌板、镜框的纸质广告上显示："某某，金丝肉松饼的领导品牌"。另外，一审法院还查明，国家商标局在2014年4月21日驳回了游某在第30类商品上申请注册"金丝肉松饼"商标的注册申请，理由是"该文字是商品的通用名称，用在指定商品上容易造成消费者对商品的误认，不宜作为商标注册"。原告基于其发现的事实向厦门市中级人民法院提起诉讼，请求判决被告某公司及销

---

① （2015）闽民终字第192号民事判决。

售商某世贸分店立即停止侵权并赔偿损失1000万元。

### （二）一审法院判理及原告的上诉理由 ①

一审厦门市中级人民法院判决认为：①原告在被告涉案商品上缺乏使用意图，违背了商标法规定的诚实信用原则。原因是，注册商标的使用应当符合商标的真实使用意图，由于《类似商品和服务分类表》中没有"肉馅饼"或"馅饼"的类别，原告没有为其第9780194号"金丝"商标指定此类商品，表明其没有在此类商品上使用该商标的意图，也"没有证据证明在2013年7月之前，邓某具有在馅饼或者肉饼商品上使用第9780194号'金丝'商标的意图和行为"，进而认为原告违背了《商标法》规定的诚实信用原则，在该案中不受保护；②被告根据《商标法》第59条规定享有正当使用权。理由是："金丝"属于汉语的惯用词汇，其作为商标使用不能与汉语词汇的正常使用相冲突。金黄色肉松作为主要原料的馅饼被称为"金丝肉松饼"也符合汉语的通常表达，描述肉松饼的主要原料肉松的颜色和形态的特点；③被告在产品上突出标注了"YOUCHEN及图商标"，其广告宣传的主要内容为"某某，金丝肉松饼的领导品牌"，突出使用"某某"商标，使得相关公众和消费者能够识别商品来源，加之"金丝"为汉语的通常表达，不会造成相关公众的混淆和误认。基于上述理由，一审法院判决驳回了原告的全部诉讼请求。

针对一审判决及其上述理由，原告邓某不服，向福建省高级人民法院提起上诉，要求撤销原审判决，改判被告构成侵权并赔偿损失。其主要理由是：

（1）本案中被告某公司生产销售的"金丝肉松饼"与原告属于类似商品。根据最高人民法院《关于审理商标民事纠纷案件适用法律若干问题的解释》第11条、第12条规定，认定商品是否类似，应当以相关公众对商品的一般认识综合判断，应当依法考虑商品的功能、用途、生产部门、销售渠道等是否相同或者具有较大关联性，是否容易使相关公众认为商品是

---

① （2015）闽民终字第192号民事判决。

同一主体提供的或者提供者之间存在特定的联系。本案中注册商标"金丝"核定使用的商品是"糕点"等，其与某公司生产的"肉松饼"都属于大众化食品范畴，在商品的功能、用途、生产部门、销售渠道、消费对象等方面基本相同。基于此，本案原告主张，即令不被当作相同商品，也至少应当认定为类似商品。

（2）商标权人行使禁止权，不需要考虑是否指定了在类似商品上获得保护。商标禁用权的根本目的在于保护消费者权益，便于消费者明确区分商品来源，认购注册商标标识的商品，不会产生混淆误认。商标禁止权是商标权的应有之义，不需要注册商标权人在类似商品上有使用意图和行为。按照一审法院的逻辑，注册商标权人在注册商标时在类似商品上没有使用该商标的意图和行为，因此不能获得该注册商标在类似商品上禁止他人使用与注册商标相同或者近似商标的权利。这种认定是不符合逻辑的，也严重违反常识。一审法院这样做也严重违背了商标标识商品来源避免混淆误认的本质，侵犯了消费者的知情权等合法权益。进言之，根据《商标法》第57条的规定可知，只要其他人未经商标权人授权许可，在类似商品上使用与注册商标相同或者类似的商标且容易导致混淆的，即构成侵权。

（3）"金丝""金丝肉松"和"金丝肉松饼"都不是商品通用名称。肉松饼是我国一种很常见的糕点类食品，在我国许多地方都有生产和销售。一审法院认定："金黄色的絮状肉松被描述为'金丝肉松'符合汉语的通常表达。金黄色肉松作为主要原料的馅饼被称为'金丝肉松饼'也符合汉语的通常表达，描述肉松馅饼的主要原料肉松的颜色和形态的特点。"然而，某公司并没有足够的证据证明"金丝肉松"和"金丝肉松饼"属于国家标准或者行业标准规定的名称，实际上肉松国家标准 GB/T 23968-2009（原告一审证据42）并没有金丝肉松这种肉松的种类。更重要的是，某公司也没有提交证据证明"金丝""金丝肉松"和"金丝肉松饼"在我国已成为肉松或者肉松饼约定俗称的称呼。其提交的一些其他侵权企业使用了"金丝肉松饼"的"证据"，只能说明不只被告侵犯原告商标权。事实上，原告提起诉讼后，一些使用"金丝肉松饼"的企业纷纷停止使用了这种侵权性质的表达，而那些国内较大规模和影响的肉松饼企业则自始没有使用"金丝肉松饼"字样，则从另一个角度说明"金丝"绝不是对"肉松饼"的描述性使用。注册商标"金丝"在肉松饼上使用具有显著性和区别商品来源的作用。因此，一审法院的认定是错误的，没有法律根据的，也与同类案件同类不同判，造成了法律适用上的不统一。

### （三）二审法院观点和判决 [①]

针对原告的上诉，二审福建省高级人民法院确认了一审认定的基本事实，并查明被上诉人某公司在一审时提交了市场上购买的90多种名称为"金丝肉松饼"的实物及照片。二审法院接受了上诉人主张的被告涉案产品与原告产品构成类似商品的观点，同时认为：①某公司至迟在2012年8月2日即生产出"金丝肉松饼"，且同时标注了其注册商标"某某"，该时间早于上诉人涉案注册商标被核准时间。这说明其在生产销售的产品上标注"金丝肉松饼"时并不知道上诉人已将"金丝"商标注册于"糕点"等商品上，表明其是将"金丝肉松饼"作为商品名称使用；②国内市场上生产肉松饼的厂家有90多家，这些厂家均约定俗成地将"金丝肉松饼"作为商品的名称使用，且均标记了各自厂家的商标以示区别不同的厂家，进而认为"金丝肉松饼"实际上已经成为肉馅为金黄色丝状肉松的一类饼的通用名称。虽然原审法院将"金丝肉松饼"理解为直接表示肉松饼的主要原料确有不妥，上诉人对此点主张成立，但由于其未在注册商标证颁发之日及时行使注册商标的禁用权，客观上导致含有注册商标"金丝"文字的"金丝肉松饼"成为一类饼的通用名称并形成了相对稳定的市场。在这种情况下，上诉人虽然享有商标的禁止权，由于其不及时行使，现在"金丝肉松饼"已经成为通用名称情况下，其要求被上诉人停止侵权的请求有悖公理，不应得到支持。本案中，上诉人许可他人使用"金丝肉松饼"由于时间短，且"金丝"在肉松饼上作为商标使用显著性也较弱，缺乏知名度，而被上诉人及相关厂家已将"金丝肉松饼"作为产品名称在全国范围内广

---

① （2015）闽民终字第192号民事判决。

泛使用，尤其是被上诉人已经在上诉人注册商标授权之前即已开始使用，且经过媒体的广泛宣传，已经在市场上享有相当高的知名度，相关公众不会将其与上诉人生产或上诉人相关联，从而不会导致混淆误认；③在上述前提下，被上诉人在其产品上将"金丝"和"肉松"标注为不同颜色，系基于商业广告的考虑，在其标注自身注册商标的情况下，相关公众不会将其误认为"金丝牌"的肉松饼。因而上诉人关于被上诉人的产品将"金丝"与"肉松饼"分别标注不同颜色构成侵权的主张不能成立。同样，被上诉人虽然将"金丝"商标的文字作为其商品名称使用，但因为相关公众不会产生混淆误认，因而构成侵权的主张也不成立。

### （四）对本案一、二审法院判决理由的思考与评析

本案一、二审都判决原告败诉，认定某公司及其他被告行为不构成商标侵权。其中一、二审所持的基本立论和主要观点，笔者认为颇值得深入思考和探讨，因为这涉及对商标侵权、商标使用意图与商标保护之间的关系、商标通用名称化、商标正当使用、混淆与误认的界定等重要问题，尤其是其中的商标通用名称化问题，是本案二审判决的主要考量。故以下将以商标通用名称化认定为重点，就上述问题加以探讨。

#### 1. 商品相同或者相类似的判断

本案由于不涉及注册驰名商标保护，在认定被告是否构成侵犯原告注册商标专用权问题上，显然应当明确双方的商品应当属于相同或者类似商品，否则被告即使是对原告"金丝"商标做相同或者近似的使用，也不存在侵权的基础。因此，需要就原被告商品是否属于相同或者类似商品加以探讨。本案中，原告的注册商标限定使用的商品类别为第30类"糕点；包子；面包；花卷；馒头；大饼；面粉制品；以谷物为主的零食小吃"。被告某公司的生产销售的肉馅饼在包装上明确标示为"烘烤类糕点"，从这个意义上讲应属于糕点的下位概念，从概念的内涵来说落入了原告注册商标核定使用的商品范围。如果不能从相同商品上下结论，则结合我国司法解释相关规定，笔者认为两者构成类似商品也是合理的。具体分析如下。

最高人民法院《关于审理商标民事纠纷案件适用法律若干问题的解释》第11条规定，《商标法》第57条第（2）项规定的类似商品，是指在功能、用途、生产部门、销售渠道、消费对象等方面相同，或者相关公众一般认为其存在特定联系、容易造成混淆的商品；第12条规定，人民法院依据《商标法》第57条第（2）项规定，认定商品或者服务是否类似，应当以相关公众对商品或者服务的一般认识综合判断；《商标注册用商品和服务国际分类表》《类似商品和服务区分表》可以作为判断类似商品或者服务的参考。根据上述规定，判断商品是否类似，主要应基于相关公众对商品及其相关属性的认识加以评判。所谓相关公众，根据《最高人民法院关于审理商标民事纠纷案件适用法律若干问题的解释》第8条的规定，是指与商标所标识的某类商品或者服务有关的消费者和与前述商品或者服务的营销有密切关系的其他经营者。根据其第9条、第10条与第11条的规定，商标混淆可能性的分析需要考虑相关公众、商标的区分度及认识效果。只有相关公众对商标与商品、生产者的关系产生误认或者认为其来源与注册商标的商品有特定的联系，才能认定存在商标混淆可能性。最高人民法院在（2010）民提字第113号判决书中指出："相关公众一般是指全国范围内的相关公众，但如果被指称的行业或者商品由于历史传统、风土人情或者自然条件、法律限制等原因而被局限在特定地域市场或者其他相关市场内，则以该相关市场的公众作为判断标准。"

在本案中，肉松饼与糕点的相关经营者是零食销售者，包括零售店与超市；消费者是不固定的大众群体。从消费者的选择来看，两者作为零食，功能上可以相互替代，消费者很容易进行替代选择，使得一类商品的消费群体向另一类商品流动，从而对上诉人与被上诉人的市场利益产生影响。因此，可以认定相关公众容易产生混淆。在本案中，相关公众是消费肉松饼的普通消费者，其施以普通注意力如果难以对被告生产销售的产品与原告已经许可他人生产销售的"金丝肉松饼"相区分，就可以认定两者为类似商品。《类似商品和服务分类表》3006群组中具有糕点、馅饼商品名称，但由于两者都属于零食，在功能、用途、生产部门、销售渠道、消费对象等方面均具有相同的特点，如在销售渠道方面两者通常是摆放在一个区域供消费者选择，因此认定两者属于类似商品是合理的。事实上，本案二审法院已经明确肯定了这一点，只不过一审法院没有正面论证这一问题。

### 2. 使用意图与注册商标专用权保护的关系

从一般的商标法原理来说，商标申请注册的主要目的在于使用，因为只有使用才能发挥商标的作用，逐渐树立商标的信誉，进而实现商标的资产价值，提高商标的竞争力。但是，在商标专用权保护意义上，一个企业没有在相类似商品上申请注册同一商标，却不能否认其有权借助于商标专用权的禁止权权能禁止他人在相类似商品上使用相同或者近似的商标。换言之，注册商标所有人禁止权，不需要在类似商品上申请注册相同或者近似的商标。本案一审中，法院判决强调原告在肉馅饼商品上没有"使用意图"，因而不能主张禁止被告针对肉松饼使用与其注册商标相同的文字"金丝"。笔者认为，该观点显然是混淆了商标使用意图与商标专用权、商标禁止权之间的关系，否定了商标禁止权在本案中的适用。事实上，商标禁止权与商标专用权的范围并不完全相同，因为根据我国《商标法》规定"注册商标专用权的保护范围以核准注册的商标和核定使用的商品为限"，而商标禁止权则涵盖了禁止他人未经许可在相同或者类似商品上使用相同或者近似的商标，后者的范围明显大于前者。之所以如此，笔者认为是由商标制度的立法宗旨所决定的。商标法通过确保商标的显著性而建立商标的信誉，以此促进厂商改善商品或者服务质量，实施商标战略而取得市场竞争优势。这就必然要求防止和制止任何导致消费者混淆、误认的行为。他人在相同或者类似商品上使用与他人注册商标标识相同或者近似的标识，就很可能导致相关公众的混淆误认，从而损害商标权人的利益。因此，尽管商标专用权的范围限于上述规定的内容，商标权人却可以基于商标禁止权扩大对其商标的保护。其中扩大保护的部分（即商标专用权范围以外的部分）就涉及在类似商品上使用相同或者近似的商标。商标权人即使在涉案事件发生时仍然没有在类似商品上使用的"意图"，也不妨碍其基于商标禁止权追究侵权人的侵权责任。基于此，本案中原告无论是否在相类似商品"肉松饼""馅饼或者肉馅饼"上存在使用的意图，均不会影响其主张权利。由此可见，一审法院判决说理"使用意图说"的合理性值得商榷。事实上，一审法院断言原告没有在涉案类似商品上使用的意图，本身也没有充分的依据。二审法院对于一审法院的上述观点未做纠正，留待进一步思考。

### 3. 通用名称及其判断问题

本案一、二审否认原告的主张应当受到保护的一个关键理由均为"金丝肉松饼"中"金丝"是肉松饼一类饼的"通用名称"。因此，以下需要深入探讨"金丝"究竟是否为"肉松饼"的通用名称。基于此，对在前述商标通用名称化理论研究基础上，剖析如何认定及相关法律适用是必要的。

商标法中的商标通用名称分为法定通用名称和约定通用名称。根据2016年12月国家商标局和商标评审委员会制定的《商标审查及审理标准》规定，前者是指国家标准、行业标准规定的通用名称，后者则是指约定俗成的商品的名称，包括全称、简称、缩写、俗称。我国一些涉及商标确权和商标侵权纠纷的司法判例对通用名称的基本内涵基本都达成了共识，强调通用名称的广泛性和规范性特征。如北京市高级人民法院的一份判决书指出："商品的通用名称是指为国家或者某一行业所共用的，反映一类商品与另一类商品之间根本区别的规范化称谓。通用名称应具有广泛性、规范性的特征。就通用名称的广泛性而言，其应该是国家或者某一行业所共用的，仅为某一区域所使用的名称，不具有广泛性；就规范性而言，其应该符合一定的标准，反映一类商品与另一类商品之间的根本区别，即应指代明确。"[1] 学术界则有观点认为：商品通用名称是指在某一范围内为相关公众普遍使用的，反映一类商品与另一类商品之间根本区别的规范化称

---

[1] 北京市高级人民法院（2006）高行终字第188号行政判决。

谓，包括规范的商品名称、俗称以及简称。通用名称既要规范化，又要得到相关公众的普遍认同及使用，这不但是通用名称的本质特征，也是判定通用名称的主要依据。此规范性，是指通用名称应能反映不同类型商品之间本质区别。就普遍认同及使用而言，系指通用名称应为相关公众所公知和共用。① 还有观点认为：通用名称的本质在于通用性而不是规范性，也不在于唯一性。②

一般地说，在发生纠纷时针对法定通用名称的情况较好处理，对于约定俗成的通用名称则由于判断标准和认识不一而难以形成一致意见。不过，这并不妨碍我们在理论认识上的一致性。所谓约定俗成的通用名称，是指相关公众普遍认为特定名称能够指代某一类特定的商品。对于约定俗成的通用名称，还存在着在多大地域范围确定的问题。根据最高人民法院《关于审理商标授权确权行政案件若干问题的意见》第7条规定，原则上应以全国通用为原则。不过，基于名称形成的背景、历史，加之考虑到我国地域辽阔的原因，在有些情况下不宜以全国通用为标准。这些情况主要是指基于历史传统、风土人情、地理环境等原因，如果相关市场较为固定，则亦可认为属于通用名称。例如，最高人民法院再审的山西沁州檀山皇小米发展有限公司等与山西沁州黄小米（集团）有限公司侵害商标权纠纷再审案就体现了这种观点。③

就本案而言，"金丝肉松饼"中的"金丝"是否为肉松饼一类饼的通用名称，则也需要从法定以及约定俗成方面加以考虑。从法定标准看，我国涉及食品的国家标准或行业标准均没有"金丝肉松"和"金丝肉松饼"的商品通用名称和通用的汉语表达。例如，《中华食品工业大辞典》不存在"金丝肉松"的肉松品种，在权威的词典、工具书中也没有关于"金丝肉松饼"的说法。即使是就"金丝"本身而言，也不能说是一审判决中所

---

① 尹红强.商品通用名称与商标权辨析 [J].河北学刊，2014，（2）:144-147.

② 吴新华.商标与商品通用名称辨析——第1509704号"优盘"商标争议办案札记 [J].中华商标，2007，（10）:59-61.

③ 夏君丽，刘媛.产区特定的谷物名称构成通用名称 [J].人民司法，2014，（10）:25-28.

说的"汉语的通常表达"。以《现代汉语词典》为例，并没有"金丝"一词。在《辞海》中则确有"金丝"的解释：①金制的线；②乐器的金属弦；③借指弦乐器；④借指《乐经》；⑤比喻柳树的垂条；⑥比喻飞溅之泉水；⑦喻指烟草。这也说明"金丝"并非汉语中固定的常用词汇。当然，在汉语中也有个别与其他词语连接的术语，如金丝楠木、金丝猴、金丝雀，在个别文艺作品中则用来比喻"垂柳""飞溅之泉水""烟草"等。由此可见，"金丝"并非汉语的较为固定的通常表达，将"金丝肉松""金丝肉松饼"视为汉语的通常表达也就相应缺乏依据。本案一审判决将其视为汉语通常表达是为被告不构成侵权寻求不适当的依据，因而是不可取的。换言之，本案中注册商标"金丝"并不是肉松商品的通用名称。以通用名称主张被告不侵权难以成立。

在本案中，从第631432号、第5410385号商标档案看，商标局将"金丝"作为商标在"肉松"上批准注册，证明不存在"金丝肉松"的肉松品种。至于二审法院提到被上诉人在2014年4月21日在第30类商品上申请注册"金丝肉松饼"商标时，商标局认为"该文字是商品的通用名称，用在指定商品上容易造成消费者对商品的误认，不宜作为商标注册"，法院进而将其作为本案中"金丝"是"金丝肉松饼"通用名称的重要依据之一。笔者则认为，我国商标审查实行个案审查原则，针对个案中所作出的结论，不能当然地适用到本案中。

本案二审法院对"金丝"是否为"金丝肉松饼"之通用名称的判断，还值得特别关注和思考的一个论证思路和立场是：其认为被告在获得商标注册后，由于没有及时行使权利，以致全国有90多家企业都在使用"金丝肉松饼"，从而在客观上造成了金丝注册商标中"金丝"成为商品通用名称。这由此导致原告再主张制止被告使用"金丝肉松饼"不具有合理性，从而驳回了原告（上诉人）的诉讼请求。笔者对此观点不敢苟同，认为依据该观点做出的判决不是依法保护商标权人的合法权益，而是通过法院判决形式为侵权人形成所谓"相对稳定的市场"披上合法的外衣，非常不利于公平合理地保护商标权人的合法权益。具体理由如下：第一，上述观点所持的事实依据不足。在本案中，并非全国很多做食品的企业都在使用"金丝肉松饼"生产销售一类饼类食品，一些大型食品企业并未在"肉松饼"上使用金丝字样，被告及部分企业在上诉人开始维权后均已改名，不再使用"金丝"字样。二审法院确认全国有90多家食品公司使用了"金丝肉松饼"，而事实上根据原告查明的事实，名单中一些企业成立日期与使用该"金丝肉松饼"日期有出入，有待进一步查明。即使假定二审确认的这90多家企业确实都使用了"金丝肉松饼"，也只能证明原告被侵权现象的严重性和法院维权的紧迫性，而不能反过来据此认定原告的商标中文字"金丝"成为"金丝肉松饼"的通用名称。否则，就会在事实上使法院生效判决成为庇护侵权的温床，权利人商标专用权的保护则失去最后一道防线。第二，上述观点无论从商标法一般原理还是商标通用名称化理论来说都不成立。从商标法一般原理来说，注册商标所有人获得商标专用权后，有权自行决定行使权利的时间和方式，有权决定其在何时、何地针对何侵权对象追究侵犯其注册商标专用权的行为。如果按照二审法院的观点和逻辑推理，任何一个商标权人在获得商标注册后一定时间内（在本案中只有一年左右，因为原告获得商标注册一年左右即许可他人使用了）由于其商标在特定商品上使用具有较好的契合性（如本案"金丝"之于"肉松饼"）被同行竞争者看中并迅速使用和蔓延，由于其主张权利时已经有些使用者，此时甚至在全国范围内形成了一定的市场规模，法院就不宜再追究这些使用者的侵权责任，因为该商标通过侵权人的使用而被视为通用名称了。这种观点和推论显然具有很大的问题，因为侵权形成的所谓相对稳定的市场规模以及其侵权造成的商标被淡化，恰恰是需要法院通过制止侵权正本清源的。如果法院还基于侵权的蔓延反而认可造成的侵权后果，岂不是本末倒置、是非不分了。从商标通用名称化原理看，如前所述，本案中并不存在法定的约定俗成的通用名称"金丝肉松饼"，那么只能从约定俗成方面加以判断。但令人遗憾的是，二审法院根本没有对是否属于"约定俗成"的通用名称进行分析，而是先入为主地套上"这些企业约定俗成"地将"金丝肉松饼"作为商品的名称使用。由于将他人商标的使用解释成通用名称对商标权人具有重大利害关系，在解释上显然应当从严而不是随意，如约定俗成的通用名称一般应当在全国范围内相关公众普遍认为系指某类特定产品。事实上，食品行业领域的巨头均始终没有使用"金丝肉松饼"，足以证明它不是约定俗成的通用名称。

诚然，笔者并不否认这样一种情况：权利人长期怠于行使权利，以致使用权利人商标的侵权产品蔓延，在客观上导致权利人商标成为通用名称。这种情况如引起纠纷，有可能被法院视为原告滥用权利而不受保护。但是，正如前面所强调的，由于商标通用名称化对权利人的利害关系重大，在涉及判断是否存在商标通用名称化问题时，法院应当从严和谨慎。以权利人主张权利的时间为例，如果其发现侵权并向法院起诉要求制止时离获得注册商标所有权的时间不久，就不宜怪罪于权利人因"没有及时行使权利"而导致其商标被通用名称化。就本案而言，权利人邓某从获得商标专用权到主张权利时间间隔并不长，尤其是其在获权后不久实施了许可行为。因此，不宜认定其怠于行使权利而造成其商标被他人使用形成通用名称化的后果应当由其自身"买单"，反而应确认被告和其他使用者行为的合法性。事实上，一些商标即令是被很多人不当使用了很长的时间，以致造成了通用名称化的现象，有关主管机关仍然试图予以挽救。例如，美国杜邦公司的FREON（氟利昂）制冷剂商标、美国克莱斯勒公司的Jeep（吉普）汽车商标，在国人心中很多是商品通用名称。原国家工商行政管理局发出通知，原吉普车改称"越野车"，将原氟利昂改为"氟制冷剂"。还如，有些驰名商标甚至已经被通用名称化，也仍然通过采取补救措施予以挽回。如美国胜家（Singer）公司的Singer商标"失而复得"的经历就值得借鉴。笔者认为，原因在于，商标权作为一种私权，理应受到法律的充分、有效的保护。在可能的情况下，这种充分、有效的保护不容打折扣，否则将难以充分维护其合法权益。法律和司法实践只是基于公平和利益平衡考虑，针对特定情况下造成的商标通用名称化不再予以保护。①

### 4. 正当使用及其使用方式正当的问题

本案中，一、二审法院均主张被告使用属于《商标法》规定的合理使用范畴。其实，即使性质属于商标合理使用范畴，也存在使用方式是否正当的问题。换言之，在原则上可以认定适用于商标合理使用范畴的前提下，也需要仔细评判涉案被告使用行为是否具有正当性。笔者认为正当性评判的关键在于：被告在其商品上使用包含原告注册商标字样时，不应当起到标识商品来源的作用，以致使消费者误以为该标识具有商标的功能。就本案而言，被告某公司在其生产、销售的肉松饼外包装及其小包装上使用了"金丝肉松饼"几个字，而且有意通过不同颜色和字体，以及位置确定突出"金丝"，给人的感觉是"金丝牌肉松饼"，或者使消费者误以为其与"金丝"注册商标的肉松饼有特定的联系。虽然被告某公司同时在该商品包装左上角上标记了"某"，并且在这两个字右上角还打上了商标注册标记（圆圈内加一个大写字母"R"）。但是，仅凭上述事实不足以消除被告的侵权性质。原因如下：第一，被告在涉案商品外包装的字体大小、位置布局和颜色搭配，使得消费者会误以为涉案商品为"金丝牌"。本案中涉案商品，被告商品包装左上角上标记的"某某"及商标注册标记非常小，相对于字体大得多、位置显眼的"金丝肉松饼"而言，在消费者视觉效果上，仍然是以"金丝"体现商品的。第二，被告在涉案商品上打上自己的商标名称和涉嫌侵权商标名称，不能当然地将他人名称理解为不是商标，因为从企业品牌战略、生产经营战略的角度看，完全可以在一个总商标下下设细分商标，形成产品的不同系列，这些不同的系列也属于商标性质的

---

① 值得指出的是，本案再审已纠正了一审被告提出的商标通用名称化的观点。即：根据邓某在本案一、二审提交的证据，肉松饼在所执行的糕点的国家标准中，没有记载金丝这一名称。某公司并无证据证明"金丝肉松饼"为法定的商品名称，其所提供的证据不能证明在相关市场上，基于历史传统以及风土人情和地理环境对"金丝肉松饼"已经形成了约定俗成的较为固定的称谓。某公司提供的证据不能证明"金丝肉松饼"为法定或者约定俗称的商品名称，邓某关于该问题的申请再审理由成立，本院予以支持。二审判决认定某公司使用"金丝肉松饼"是对商品通用名称的使用存在错误，本院予以纠正。参见最高人民法院（2015）民申字第1681号民事裁定。

使用。一、二审法院认定被告没有侵犯原告注册商标专用权，与看重其在涉案商品上已使用自己的商标名称和标记有重要关系。但其没有再往前走一步，分析被告使用方式是否具有不正当性，令人遗憾。

值得注意的是，在本案再审中，最高人民法院通过对事实的认定，对上述问题进行了说理论证：首先，由于被诉侵权产品的馅料为肉松，其加工为符合国家标准的肉松时，保持了纤维柔软蓬松、色泽浅黄色、金黄色的特点。某公司将该肉松描述为金色和丝状，并在产品上标注为"金丝"，属于直接为产品中肉松的特点进行的描述性表述，该描述性的使用是为辨识产品原料肉松的客观特点，该使用与标注商标用于分辨商品和服务的提供者具有不同的目的和效果。其次，涉案商标于2011年7月29日申请，2012年8月27日初审公告，并于2012年11月28日被核准注册。某公司提交了其于2012年8月2日生产的商标为"某某"金丝肉松饼的证据。邓某提交的使用涉案"金丝"商标生产肉松饼的证据为，通过公证取得的厦门市某食品有限公司生产的一箱"金丝肉松饼"，时间为2014年4月8日，是在某公司生产销售涉案金丝肉松饼之后，而某公司生产销售涉案金丝肉松饼是在涉案商标初审公告之前。因此，某公司在生产、销售的被诉侵权产品上标注产品馅料为金丝肉松，在主观上并不存在攀附涉案商标声誉的意图，客观上亦不会产生混淆误认。根据商标法第五十九条的规定，注册商标专用权人无权禁止他人对直接表示商品的质量、主要原料、功能、用途、重量、数量及其他特点的正当使用行为，故本案某公司在生产、销售的金丝肉松饼上标注金丝两字，并未侵害涉案商标权。[①]

## 三、结论

商标通用名称化不仅会导致在商标纠纷中注册商标所有人的注册商标专用权得不到有效保护，而且还可能导致商标专用权被撤销的后果。因

---

① 最高人民法院（2015）民申字第1681号民事裁定。

此，对于商标权而言，如何防止其自身来之不易的商标被通用名称化，是值得高度重视的重要问题。但是，正因为商标通用名称化对注册商标所有人而言具有重大利害关系，在商标侵权诉讼中涉及是否存在商标通用名称化问题时，应当作出非常严格而谨慎的解释，以免不适当地损害商标权人的合法权益，不利于商标法律制度的有效实施。从这个角度看，本案二审法院主张由于商标权人获得注册后未及时行使权利而导致其他一些企业使用"金丝"作为"肉松饼"的通用名称，从而在客观上形成了较为稳定的市场格局，进而不再追究侵权人的侵权责任、商标权人的利益不再受到保护，其合理性值得商榷。再审法院纠正了这一观点，认为某公司提供的证据不能证明"金丝肉松饼"为法定或者约定俗称的商品名称，但邓某的再审申请仍因不符合《民事诉讼法》第200条规定的情形被驳回。

# 未注册驰名商标保护及其制度完善①

　　未注册驰名商标是没有注册但达到驰名程度的商标。未注册驰名商标是驰名商标家族中的重要一员，但由于这类商标没有注册，在包括我国在内的很多实行注册原则的国家中，未注册驰名商标的保护具有一定的特殊性。近些年来，国家工商行政管理总局商标局、原商标评审委员会、人民法院等相继认定了一些未注册驰名商标，其中也不乏一些争议，如2004年国家工商行政管理总局商标局将"小肥羊"未注册商标认定为驰名商标，是我国行政认定未注册驰名商标的较早案例。② 2006年，"酸酸乳"被再次认定为未注册驰名商标。③ 事实上，在更早的1984年，国家工商行政管理局在受理美国杜邦公司的 FREON（氟利昂）商标注册申请中，虽然那时氟利昂在我国已经成为制冷剂的通用名称，基于该商标为国际驰名商标的事实，该局仍然接受了申请人的申请，是对未在我国使用的驰名商标进行保护的早期案例。

　　我国现行《商标法》也涉及对未注册驰名商标的保护。保护未注册驰名商标，也是我国履行《巴黎公约》等国际公约的义务。因此，未注册驰名商标保护问题值得加以研究。本文即拟对这一问题，从法理学的角度入

---

① 原载《法学家》2012年第4期。

② 在该案中，内蒙古小肥羊火锅店从1999年开业即向国家商标局申请注册"小肥羊"注册商标，都因缺乏显著性理由而被驳回。2001年伴随着修改后的《商标法》确立经使用而获得显著性制度的实施，小肥羊公司再次申请注册。后经过异议、异议复审等法律程序，小肥羊注册受阻，而此时全国各地以"小肥羊"命名的火锅店越来越多。最终"小肥羊"商标在2004年被国家商标局认定为驰名商标。

③ 在该案中，呼和浩特市中级人民法院对蒙牛乳业（集团）有限公司诉董某、某乳业有限公司商标侵权和不正当竞争案做出判决，直接认定原告在乳饮料中使用的"酸酸乳"为未注册驰名商标。这被认为是我国第一件通过司法认定的未注册驰名商标。

手，在探讨未注册驰名商标保护正当性的基础之上，结合我国商标立法与司法保护现状，对未注册驰名商标保护之立法完善进行初步探讨。

# 一、未注册驰名商标法律保护的正当性

## （一）关于商标保护的一种理论检视：商标权客体之信誉说

关于商标权的客体，通说认为是商标。近来则有一种观点主张商标权的客体是商标承载的信誉，并特别以未注册驰名商标为例加以阐明。该观点认为商标是否已注册并不是对商标是否给予保护的分水岭，而对未注册驰名商标予以保护恰恰是商标法对商标所承载的信誉予以有力保护的突出体现。将商标权的客体表述为商标，容易使商标当事人误解为占有了商标就等于享有了商标的一切权利，对抢注者而言以为自己可以排斥他人正当使用该商标。将商标权的客体定位于商标所承载的信誉则使抢注他人商标行为的本质昭然若揭，其行为实质是通过抢注他人商标而盗用他人信誉以牟利，正当的商标使用人和注册人则切实感受到商标法对其合法权益提供保护，激励其通过诚实经营而构建、积累与维护良好的商誉。①

笔者赞同该观点，认为它比较准确地把握了商标保护的本质。在实行注册原则的国家，商标的注册固然重要，但注册仅仅是完成商标运营法律步骤的第一步，重要的是通过商标使用而建立商标的信誉。商标的生命来自其使用，商标保护的本质在于保护合法的使用。商标也只有在使用中才能切实地在消费者中建立自己的信誉。可以认为，商标的使用和商标信誉之间具有内在的密切联系。驰名商标之所以驰名、之所以需要给予特殊保护，也在于在长期使用中产生了极高的声誉和信誉，这种声誉和信誉不容被他人随意占有。当前我国正在大力推动知识产权战略，仅就其中的商标战略而言，创立驰名商标战略、名牌战略无不是其中的核心内容。这类战

---

① 杨叶璇.商标权的客体应当是商标所承载的商誉——对未注册驰名商标的保护 [J]. 中国发明与专利，2007，（3）：56–59.

略形式的最高境界就是大幅度提高企业商标的信誉，通过提高商标信誉而提高企业的核心竞争力。"驰名商标也是一个符号，只不过这个符号背后隐藏的是良好的商业信誉，已经注册的驰名商标并没有因为其注册而改变符号的本质，与未注册的驰名商标并没有本质区别。社会付出巨大立法成本绝不是为了保护纯粹的符号，而是为了保护商业信誉"。① 确实，就未注册驰名商标而言，商标权客体之商誉说能够合理地解释对其保护的正当性。未注册驰名商标之所以驰名，在于其通过使用产生的良好的商誉。这种商誉是在市场竞争中产生的，它能够给未注册驰名商标所有人或者被许可人带来巨大的市场利益。未注册驰名商标本质上是其所有人商誉的物质载体，这一载体使对未注册驰名商标提供法律保护具有客观基础。

### （二）未注册驰名商标保护符合商标权作为私权保护的立法意旨

笔者认为，尽管商标法承载着很多涉及商标行政授权、行政管理的内容，加强商标管理也是我国商标制度的重要宗旨，但相对于商标管理，保护商标专用权仍然处于最重要的位置。就未注册驰名商标而言，将其纳入商标法的保护范围符合商标权作为私权的立法意旨。从商标权作为一种私权的属性看，未注册驰名商标所有人取得的一种类似于注册商标所有人取得的商标专用权，也是一种名副其实的民事权利，而不仅仅是在商标纠纷特别是商标侵权纠纷案件中未注册驰名商标所有人作为不构成侵权的抗辩理由而已。这是由商标保护的立法宗旨所决定的。在商标法中，禁止对消费者的混淆是一个基本的考量，商标法中隐含了一种激励机制和促进公平竞争的内在机制。商标法通过赋予商标权人对其商标的专有使用权，可以促使厂商改进商品与服务质量、通过提高产品或服务的信誉，提升商标的声誉，进而赢得更多的消费者，在竞争中获得优势。也正如此，商标战略问题现在被提到很高的程度。《商标法》第三次修改送审稿甚至将实施商

---

① 李琛. 商标权救济与符号圈地 [J]. 河南社会科学，2006，（1）：65-68.

标战略写进立法宗旨条文中。① 商标保护的本质是商标的信誉，而不是以注册或者未注册作为分水岭。商标本身只是识别商品或者服务来源的一种标志，商标的价值则建立在以使用为基础的商标信誉的基础上。也正因如此，前面分析了商标权客体为信誉的观点，并认为其具有合理性。这一信誉，也可以说是商标所有人的无形财产——信誉越高，商标所有人获取的无形财产效益越大。这种无形财产可以进一步界定为一种私权。

一般地说，未注册驰名商标需要通过使用才能获得很高的市场声誉。通过对未注册商标的长期使用，未注册驰名商标所有人逐渐建立自己产品或服务的信誉，这种信誉负载了未注册驰名商标所有人的辛勤劳动与投资，内涵了未注册驰名商标商品或服务的较高质量。基于上述认识，未注册驰名商标由于在实践中的使用取得了很高的市场信誉和知名度，符合商标权作为私权保护的原理。当其被他人擅自在相同或者类似的商品或者服务上抢先注册或者使用时，如果构成混淆，从而损害其合法利益时，应受到商标法的规制。

在过去，我国之所以一直对未注册驰名商标保护未予关注和规范，在某种程度上是因为过于重视注册才能获得商标权的制度，却忽视了那些尽管没有注册、但在使用中取得了很高市场信誉的商标的存在和保护。尽管《商标法》和以前的《商标法实施细则》针对现实中存在的公然抢注他人使用在先的未注册商标反过来控告在先使用人的案件逐渐增多，而增设了有限的撤销权，但仍未建立系统的未注册驰名商标保护制度。在法律观念上纠正商标只有注册才能产生受法律保护的民事权利，认识到商标也可以通过使用的客观事实而产生民事权利，是十分重要的。这是因为，商标的驰名与否，并不完全取决于注册，注册只是通常的获得商标专用权的法律形式和途径。商标驰名本身是一个客观事实，即使是注册商标，最终还是需要通过使用的事实使其驰名。否则，通过广告等形式取得驰名，也不能长久。通过确立未注册驰名商标的私权保护属性，可以从根本上认识未注

---

① 2011年9月1日，国务院原法制办向社会公布的修订草案征求意见稿则去掉了有关商标战略宗旨的内容，体现了对商标法本质认识的回归。

册驰名商标保护的正当性。[1]

## （三）未注册驰名商标保护符合激励厂商改进商品质量、减少消费者搜寻成本从而增进公共利益的商标法哲学理念

从商标法的经济基础方面看，商标与消费者之间具有十分密切的联系，降低消费者的搜寻成本，并保护其免受因产品来源的欺诈，是商标重要的经济功能。除此之外，商标法对商标的保护还具有重要的质量保障功能，这一功能并不是指商标保护能够直接促进产品质量的提高，而是指拥有相同商标的商品其质量具有同一性。在商标保护的基础上，商标权人能够基于消费者对同一商标标识同一商品质量的确信，以其商标昭示其较高的产品质量，从而赢得消费者的青睐，提高产品市场占有率和竞争力。这也就是一般意义上的商标权保护负载的产品质量保障功能和减少消费者搜寻成本的经济属性。由于提高商品质量能显著性地扩大和占领消费者市场，从商标法的激励理论这一商标法的哲学基础看，通过商标负载厂商同一商品质量的功能，商标权保护为厂商不断改进商品质量，减少消费者搜寻成本，从而增进公共利益提供了正当性基础。[2] 在商标法的心理学观念中，消费者具有认牌购物的心理。其认牌购物的实质是对商标负载商品质量和信誉的认可。这种认可具体是通过多次的消费者行为体现的。从商标法对商标保护的基本理念看，要求商标在商品流通中被实实在在地使用，商标在使用中也才能被消费者所知悉，产生好感，逐渐形成消费者的"品牌情结"，进而形成对其偏好。这与该商标是否被注册并没有必然的关系，而与该商标是否使用、使用的时间和范围，特别是商标负载的商品的质量以及厂商总体的商誉则存在密切联系。在该商标达到驰名的程度而成为未注册驰名商标的情况下，如果不赋予其受法律保护地位，也就意味着其他厂商可以不受限制地利用由其创造的产品商誉和消费者信誉，从激励

---

[1]　商标的私权属性甚至可以从整个商标立法与完善的角度加以认识，而不限于对未注册驰名商标的认识。

[2]　冯晓青.知识产权法哲学 [M]. 北京：中国人民公安大学出版社，2003：300-301.

理论的角度看，这样势必会挫伤未注册驰名商标所有人改进商品质量的积极性，从而不利于增进整体的消费者福利和公共利益。相反，赋予未注册驰名商标所有人以法律保护的权利，使其能够收获基于改进商品质量而获得的商标信誉、产品声誉，就能够激发其在积极使用其商标的同时，通过不断改进商品质量而提高产品声誉及其负载的商标信誉，进而赢得消费者的青睐。因此，可以认为，未注册驰名商标保护符合激励厂商改进商品质量、减少消费者搜寻成本从而增进公共利益的商标法哲学理念。

### （四）诚实信用原则是保护未注册驰名商标制止不正当竞争的理由

在实践中，侵害未注册驰名商标权的行为也是一种违反公平和诚实信用原则的体现。商标的生命在于使用，商标的价值在于通过使用而获得信誉。未注册驰名商标拥有较高的声誉，其所有人借此可以获得较高的市场声誉。恶意抢注他人未注册驰名商标或者擅自使用他人未注册驰名商标牟取非法利益的行为，直接占用了未注册驰名商标所有人的市场信誉和商品声誉，违反了公平和诚实信用原则，应成为制止不正当竞争的规制对象。从这一角度讲，保护未注册驰名商标具有反不正当竞争法的理由。

### （五）未注册驰名商标保护体现了法律的公平正义精神

保护未注册驰名商标符合法律的公平正义精神。这可以从未注册驰名商标负载的商品信誉方面加以理解。如前所述，商标保护客体的本质是商标的信誉，而商标信誉的形成建立在厂商艰苦的生产经营、科学的管理和经营战略等基础上。消费者对驰名商标商品的青睐就在于其过硬的质量和良好的信誉。未注册驰名商标所有人为培植其商标信誉，也需要进行大量投资。驰名商标中凝聚的商品信誉与企业声誉，如果因为该商标没有获得注册而不受法律保护，将会大大助长通过仿冒、假冒等搭便车行为无偿占有他人未注册驰名商标信誉和投资收益的不正当竞争行为，这对未注册驰名商标所有人将是很不公平的。未注册驰名商标所有人通过长期使用商标而获得信誉，对消费者和社会公众而言则是一种合法的信赖利益，通过保护这种信赖利益，有利于实现商标法所追求的公平正义精神。

## 二、对我国未注册驰名商标保护理论与实践问题的再认识

### （一）未注册驰名商标能否因使用而获得商标权利

我国《商标法》和有关司法解释对未注册驰名商标的保护，本质上是确认了未注册驰名商标所有人对其未注册驰名商标享有一种基于使用而获得的专有权利。毋庸置疑，我国《商标法》实行注册获得商标专用权的原则，只是在极有限的情况下照顾到了使用在先的情况。对一般商标来说，因其未注册而确实不能受到商标法的保护。但是，对那些具有一定知名度的、使用在先的未注册商标来说，则在《商标法》中有明确规定，即申请商标注册不得损害他人现有的在先权利，也不得以不正当手段抢先注册他人已经使用并有一定影响的商标。对于知名度更高的未注册驰名商标，理所当然地受到更大程度的保护。《商标法》第13条第2款的规定即是体现。《商标法》的规定表明，未注册驰名商标可因使用而获得商标权利。可以认为，这是与我国基本的商标注册制度相呼应的、互补的一种"通过使用而取得商标专用权"的制度。通过注册制度与使用制度的结合，我国《商标法》能够建立一种内在的、统一的保护模式。

此外，关于未注册驰名商标所有人获得商标权利的缘由，除了这里探讨的基于使用的原因外，学术研究中还有一种重要的观点值得关注，即未注册商标因驰名而产生商标权。例如，有学者认为，商标权的产生依据有使用、注册和驰名。注册可以产生注册商标专用权，驰名也可以产生商标专用权。商标专用权因驰名而取得可以说是对因注册而取得商标专用权的重大突破，原有的注册原则即"不注册、不保护"在有些情况下可能导

致很不公平的后果，如对驰名商标所有人。① 笔者认为，所谓基于驰名产生商标权，其基础仍然是使用。离开使用，仅因为铺天盖地的广告宣传而"驰名"，难以具有持久性，而且这种驰名也不是未注册驰名商标真正需要保护的。因此，基于驰名而产生商标权在本质上仍然是基于使用，驰名不过是长期使用带来的结果而已。

### （二）司法实践中对未注册驰名商标保护的重要问题

#### 1. 人民法院在商标侵权案件中是否有权认定未注册驰名商标

关于人民法院是否有权认定未注册驰名商标，这似乎是一个不言自明的问题，因为既然国家工商行政管理总局有权认定驰名商标（包括未注册驰名商标），按照"司法最终解决"原则，人民法院自然也有对未注册驰名商标的认定权。但是，在早些年，对此并未形成共识，从当时的有关规定看也不能必然得出人民法院有权认定未注册驰名商标的结论。例如，2002年10月16日起施行的最高人民法院《关于审理商标民事纠纷案件适用法律若干问题的解释》（以下简称《审理商标民事案件适用法律解释》）第22条第1款规定：人民法院在审理商标纠纷案件中，根据当事人的请求和案件的具体情况，可以对涉及的注册商标是否驰名依法作出认定。可见，该司法解释强调了只能对注册的商标是否驰名予以认定，而没有提及未注册驰名商标问题。根据当时的《驰名商标认定与管理暂行规定》第3条规定，国家工商行政管理局商标局负责驰名商标的认定与管理工作。任何组织和个人不得认定或者采取其他变相方式认定驰名商标。当然，《驰名商标认定与管理暂行规定》仅是一个部门规章，并不能当然作为人民法院判案的法律依据。同时，从我国加入的 TRIPs 协议第41条第4款的规定看，对于行政的终局决定，以及（在符合国内法对有关案件重要性的司法管辖规定的前提下）至少对案件是非的初审司法判决中的法律问题，诉讼当事人应有机会提交司法当局复审。既然商标行政决定最终都可以由人民

---

① 吴汉东. 知识产权法 [M]. 北京：法律出版社，2004：202-204. 张春艳. 未注册驰名商标的司法认定与法律保护 [J]. 太平洋学报，2008，（8）：66-71.

法院进行司法复审，人民法院认定未注册驰名商标就是理所当然的。事实上，近些年来我国各级人民法院通过司法程序已经认定了不少未注册驰名商标。例如，2000年北京市第二中级人民法院审理并判决的荷兰因特艾基有限公司诉北京某信息有限公司域名纠纷中，首次认定了荷兰该公司未在中国注册的因特艾基为未注册驰名商标。

　　未注册驰名商标的司法认定具有的合理性，可以从司法认定未注册驰名商标的性质入手：一个未注册的商标是否构成驰名，成为未注册驰名商标，从人民法院审理案件的角度看，可以看成是一个对该商标是否驰名这一事实状态的判定，因为商标驰名与否是一个事实状态问题。正如有学者指出："一个商标是否属于驰名商标是客观的，是在市场竞争中形成的。一个商标是不是驰名商标，并不由它是不是注册商标而决定。它是一种客观存在的事实"。[①] 显然，不能排除人民法院对这一事实状态的确认权。另外，还可以从《商标法》《驰名商标认定与保护规定》等对未注册驰名商标保护制度的建立，合乎逻辑地推论司法认定未注册驰名商标的合理性，因为既然法律规定了对未注册驰名商标的保护，就必然存在对一个未注册商标是不是驰名的判断问题，这一判断即体现为对未注册驰名商标的行政认定与司法认定。事实上，尽管《审理商标民事案件适用法律解释》第22条第1款只是规定注册驰名商标的认定问题，但依然可以从其第2款间接推论该司法解释仍然赋予了人民法院对未注册驰名商标的认定权。该款规定：认定驰名商标，应当依照《商标法》第14条的规定进行。当事人对曾经被行政主管机关或者人民法院认定的驰名商标请求保护的，对方当事人对涉及的商标驰名不持异议，人民法院不再审查。提出异议的，人民法院依照《商标法》第14条的规定审查。该款涉及的"驰名商标"显然包括未注册驰名商标，而法院有权对已被认定的驰名商标进行审查，因此可以推论出人民法院有权对未注册驰名商标进行认定。

　　未注册驰名商标司法认定的正当性，还可以从经济学的角度加以认

---

① 杨叶璇 . 试论保护未注册驰名商标的法律依据和法律意义 [J]. 知识产权，2005，（2）：3–6.

识。未注册驰名商标司法认定符合经济学上的效率原则，具有经济学上的正当性。未注册驰名商标声誉的取得，比起注册驰名商标付出的代价应更大，但法律对注册驰名商标的保护力度要大。由于我国实行商标注册原则，在实践中出现商标纠纷时，未注册驰名商标所有人主张权利仅靠异议、撤销不当注册等行政程序为基础，其效率将大打折扣，因为在这些行政程序的背后，还可能引发诉讼程序。通过在司法保护程序中直接认定未注册驰名商标，则可以大大简化程序，使商标比较快捷地获得保护。另外，司法认定未注册驰名商标也符合国际通行做法。

**2. 如何认定未注册驰名商标及对未注册驰名商标权的侵权**

司法实践中对未注册驰名商标的认定，与注册驰名商标的认定标准基本相同，可以按照《商标法》第14条的规定加以确定。在认定驰名商标（包括未注册驰名商标）方面，一种观点主张应包含该条规定的全部因素。笔者则认为，上述因素只是《商标法》的示例性列举，并非强制性要求这几个方面都具备，特别是对于还没有被认定过的驰名商标，当然就不存在任何作为驰名商标受保护的记录。就未注册商标来说，一旦认定为驰名商标，即可按照《商标法》第13条第2款和《审理商标民事案件适用法律解释》第2条的规定"复制、模仿、翻译他人未在中国注册的驰名商标或其主要部分，在相同或者类似商品上作为商标使用，容易导致混淆的，应当承担停止侵害的民事法律责任"，判决被告承担民事责任。

**3. 司法实践中不宜认定未注册商标是否驰名的情况**

与注册的驰名商标受到侵害等而需要认定为驰名商标一样，未注册驰名商标在实践中也需要通过认定的形式加以确认。原因很简单，商标是否驰名是其能否按照驰名商标待遇加以保护的前提，如果一个商标不具有驰名性，就不需要以驰名商标对待。但是，在司法实践中，认定未注册的驰名商标应具有一定限制，而不能任由当事人提出即予以评判和认定。原因是，在一些情况下，没有认定未注册驰名商标的必要。例如，在特定案件中，如果能够通过按照一般商标的保护对待，就没有必要认定该商标是否为驰名商标。有观点即指出，法院认定未注册商标驰名与否，其必要情形是请求停止侵害未注册驰名商标的同类保护，且侵权指控成立的情形。驰名商标是否注册，对驰名的认定只是依法给予特别保护的前提事实，具有案件事实认定性质。如果脱离案件事实认定本意而刻意甚至制造纠纷以获得驰名商标的认定，就会使驰名商标认定制度异化，产生一系列不良后果和负面影响。①

还有一种情况是，诉讼当事人（原告）并未提出其涉案商标为驰名商标的事实和主张，人民法院也就不需要按照驰名商标的思路认定事实。如在北京嘉裕东方葡萄酒有限公司诉某粮油食品（集团）有限公司、原审被告某糖酒副食品有限公司等商标侵权纠纷案中，二审最高人民法院在涉及"关于原审判决是否超出当事人诉讼请求的问题"中"关于是否应将'长城'标识认定为未注册驰名商标问题"时，认为：中粮公司在本案中始终未对其在葡萄酒产品上使用的未注册"长城牌"文字商标主张权利，亦未主张嘉裕公司使用"嘉裕长城及图"商标构成对该"长城牌"未注册商标的侵权。因此，原审法院关于"中粮公司多年来在葡萄酒商品上连续实际使用'长城'文字标识并且已达驰名程度这一事实，足以使其成为具有较高知名度的未注册商标，即使在对70855号、1447904号注册商标不予考虑的情况下，嘉裕公司和洪胜公司的行为仍然对'长城'未注册商标构成侵权"的认定不当。嘉裕公司关于原审判决此节超出当事人诉讼请求的上诉主张成立。②

### 4. 司法实践中不需要考虑原告提出认定未注册驰名商标的主张的情况

在涉及认定未注册驰名商标的纠纷案件中，人民法院对原告主张认定未注册驰名商标的诉求，在一些情况下无须考虑。除了上面讨论的"不宜

---

① 孙立凡.未注册驰名商标的司法保护[J].中华商标，2008（7）：33-36.最高人民法院原副院长曹建明在2007年1月18日全国法院知识产权审判工作座谈会上的讲话"全面加强知识产权审判工作为建设创新型国家和构建和谐社会提供强有力的司法保障"。

② 北京市高级人民法院（2004）高民初字第1288号民事判决、最高人民法院（2005）民三终字第5号民事判决。

认定未注册商标是否驰名"的情况外,当出现以下情况时,人民法院也不必考虑原告提出的认定未注册驰名商标的主张,即原告诉称的"商标"根本没有作为未注册商标使用,不是在商标意义上使用诉称的文字、名称或其他符号。显然这是很容易理解的,未将诉称物作商标使用,即失去了未注册驰名商标保护的基本前提。而且,即使不考虑是否作商标使用的问题,由于未将诉称物作商标使用,也就谈不上未注册商标的"驰名"问题。例如,在某太阳能工业有限公司诉某电器有限公司商标侵权纠纷案中,[①]法院关注的焦点问题是原告主张"天普"文字作为未注册驰名商标是否有足够的事实依据。法院并没有首先查明"天普"的驰名程度问题,而是将重点放在"天普"是否作为未注册商标来使用。如果现有证据表明原告没有将其作为未注册的商标使用,则无须再判定是否驰名的问题,也更谈不上按照未注册驰名商标保护了。值得注意的是,法院针对原告提出的对其图形商标称为"天普"牌问题,主张图形商标以中文或其他文字方式表述并不能使该中文名称本身成为一个未注册商标,而只能是该注册图形商标的表述方式。法院在认定原告未提供其将"天普"汉字单独作为未注册商标、而不是作为企业名称的简称或注册商标的中文表述方式在产品进行使用的证据后,即可判决驳回原告的诉讼请求了。

## (三)未注册驰名商标保护与反不正当竞争法的适用

未注册驰名商标保护与制止不正当竞争之间具有十分密切的联系,前面关于未注册驰名商标保护的正当性分析,其中之一就是从制止不正当竞争的角度加以讨论的。这是因为,未注册驰名商标建立的商品声誉和市场信誉,需要获得法律保护,以防止他人不劳而获的搭便车行为,调动生产者和经营者的积极性,维护市场经济秩序,而这正是反不正当竞争法的重要使命之一。

关于未注册驰名商标的反不正当竞争保护,一种观点认为,我国《反不正当竞争法》第6条第(1)项的规定"擅自使用与他人有一定影响的

---

① 青岛市中级人民法院(2005)青民三初字第986号民事判决。

商品名称、包装、装潢等相同或者近似的标识""引人误认为是他人商品或者与他人存在特定联系"，构成具有混淆行为性质的不正当竞争行为，应承担相应的民事侵权法律责任。上述规定即包含了对未注册驰名商标的保护，因为有一定影响商品的名称、包装、装潢，如果达到"驰名"的程度，实际上是未注册驰名商标。应当看到，未注册驰名商标和有一定影响的特有名称、包装、装潢确实有一定的重合性，但笔者认为并不能因为这种重合性而否认对未注册驰名商标进行独立保护的意义。从概念的外延来说，有一定影响商品的特有名称、包装、装潢与未注册驰名商标均属于商业标记类别，在市场竞争中具有独到的功能。但是，未注册驰名商标和有一定影响的商品的特有名称、包装、装潢的保护在保护条件、保护方式上并非相同。例如，未注册驰名商标仅适用在相同或者类似的商品或者服务领域，不适用跨类保护，而有一定影响商品的特有名称、包装、装潢的保护则不受商品相同或者类似的制约。这其间的差别，也反映了商标法和反不正当竞争法虽然殊途同归，都有促进公平竞争、维护市场经济秩序的功能，但毕竟两者在基本定位上存在一定的差异。正如有学者指出：商标法侧重于保护私权，即商标权人对未注册驰名商标享有的民法上的所有权，而反不正当竞争法则侧重于保护公权，即通过排除他人对未注册驰名商标的滥用而维护公正有序的交易秩序，维护广大消费者的合法权益。[①] 从现实中的案例看，只有未注册驰名商标被兼用作有一定影响商品的特有名称、包装、装潢而有混淆之虞时，才适用这一条款予以法律救济。因此，主张我国《反不正当竞争法》已经对未注册驰名商标的保护作了规定，《商标法》不需要另作出规定的观点是值得商榷的。

当然，我们并不反对借用《反不正当竞争法》的规定规制侵害未注册驰名商标的行为，因为在商标的意义上，未注册驰名商标也可以体现为有一定影响商品的特有名称、包装和装潢，对这种特有名称、包装和装潢的混淆会损害消费者的利益，破坏市场经济秩序，因此它也是一种不正当

---

① 禹超颖. 论未注册驰名商标的保护 [J]. 法制与经济，2008，（14）：45-46.

竞争行为。未注册驰名商标所有人不仅可以主张商标侵权救济，也可以主张制止不正当竞争的利益，要求获得赔偿。这样一来，尽管如本文所讨论的，现行法律和司法解释并未明确规定侵害未注册驰名商标的损害赔偿责任，未注册驰名商标依然可以通过适用反不正当竞争法获得经济上的赔偿。这从一个侧面也体现和反映了反不正当竞争法对知识产权专门法律保护之附加和补充性保护的功能。

## 三、未注册驰名商标的法律保护

### （一）国际公约对未注册驰名商标的保护

作为驰名商标保护制度，起始于对未注册商标的保护。[①] 一般认为，《巴黎公约》第6条之二对驰名商标保护的规定，是针对在成员国的未注册驰名商标的。该条款规定：本联盟各国承诺，如本国法律允许，应依职权或依利害关系人的请求，对商标注册国或使用国主管机关认为在该国已经驰名，属于有权享受本公约利益的人所有、并且用于相同或类似商品的商标构成复制、仿制或翻译，易于产生混淆的商标，拒绝或撤销注册，并禁止使用。这些规定，在商标的主要部分构成对上述驰名商标的复制或仿制易于产生混淆时，也应适用。自注册之日起至少5年的期间内，应允许提出撤销这种商标的请求。本联盟各国可以规定一个期间，在这期间内必须提出禁止使用的请求。对于依恶意取得注册或使用的商标提出撤销注册或禁止使用的请求，不应规定时间限制。这一规定主要包括不得在相同或者类似的商品上注册或者使用与他人驰名商标相同或近似的商标，这类商标即使已被注册，驰名商标权人亦可行使撤销权。具体而言，它还包含以下几个方面的内容：一是该公约规定的驰名商标是在本国没有注册的外国驰名商标，当在本国获得注册后，即可以按照一般注册商标保护；二是该外国驰名商标需要在本国被使用，否则将失去公约保护的基础。《巴黎公约》

---

① 李顺德. 未注册驰名商标的司法认定 [J]. 中华商标，2007，（2）：4-6.

之所以要保护未在本国注册的驰名商标，是因为成员国在商标确权方面存在使用制度与注册制度之分。对那些实行使用制度的国家而言，其商标经过使用可能具有很高的声誉，如果因为未能注册而在实行注册原则的国家得不到保护，则将使这些国家的未注册的驰名商标所有人利益受到损害而难以弥补。

TRIPs 协议第 16 条之二则不但将上述《巴黎公约》对驰名商标保护的规定延伸到服务商标，而且确立了驰名商标的跨类保护制度，并规定驰名商标认定上应顾及公众对该商标的知晓程度，而不一定需要在产品或服务上实际使用。该条规定：《巴黎公约》1967 年文本第 6 条之二，原则上适用于服务。确认某商标是否系驰名商标，应顾及有关公众对其知晓程度，包括在该成员地域内因宣传该商标而使公众知晓的程度。《巴黎公约》1967年文本第 6 条之二，原则上适用于与注册商标所标示的商品或服务不类似的商品或服务，只要一旦在不类似的商品或服务上使用该商标，即会暗示该商品或服务与注册商标所有人存在某种联系，从而注册商标所有人的利益可能因此受损。显然，TRIPs 协议进一步加强了对驰名商标的保护，其中包括对未注册驰名商标的保护。值得注意的是，该协议在认定对未注册驰名商标保护方面，没有强调使用的要求，而是认为通过广告媒体实现在相关公众中被广泛知晓的目的即可成为驰名商标。正如有学者所概括的一样，驰名商标认定的基本条件包括行业要求、地域要求，而没有使用要求。[①] 当然，没有规定使用要求并非使用在确立驰名商标保护地位上不重要。事实上，对商标的使用是其获得声誉，进而形成商标资产价值和受法律保护利益的内在基础。就驰名商标而言，无论是注册驰名商标还是未注册驰名商标，使用的重要意义凸显。很难想象一个缺乏使用基础的商标能够形成驰名商标意义上的商标声誉。

此外，在对未注册驰名商标保护方面，其他有关国际文件也有所涉及。例如，《关于保护驰名商标规定的联合建议》第 6 条规定，在域名与驰

---

① 李顺德.名牌的法律保护 [J].电子知识产权.1997（7）：4-7.郑成思.知识产权研究（第二卷）[M].北京：中国方正出版社，1996：157.

名商标发生冲突时，如果域名或者其主要部分构成对驰名商标的复制、模仿、翻译或者音译，并且域名的注册或者使用具有恶意，驰名商标所有人即有权要求主管机关撤销该域名注册或者将其转让给所有人。该条规定的驰名商标，实际上包含了未注册的驰名商标在内。

## （二）我国对未注册驰名商标保护的规定

### 1. 我国立法保护未注册驰名商标之现状透视

在我国对"驰名商标"的概念的认识和界定，有一个发展的过程。在1998年修订的《驰名商标认定和管理暂行规定》第2条中，驰名商标被限于在市场上享有较高声誉并为相关公众所熟知的注册商标，亦即未注册的驰名商标不在其规范和调整之列。2003年6月实施的《驰名商标认定和保护规定》第2条则规定：本规定中的驰名商标是指在中国为相关公众广为知晓并享有较高声誉的商标。相关公众包括与使用商标所标示的某类商品或者服务有关的消费者，生产前述商品或者提供服务的其他经营者以及经销渠道中所涉及的销售者和相关人员等。2014年该规定进行了修改后，其第2条第1款的表述变为："驰名商标是在中国为相关公众所熟知的商标。"这一规定没有强调驰名商标限于已经注册的商标，实际上是认可了未注册驰名商标保护制度，为建立通过行政认定未注册驰名商标提供了基本的依据。

我国对未注册驰名商标的保护规定，散见于《商标法》《商标法实施条例》以及最高人民法院有关司法解释中。主要体现于以下几方面。

（1）《商标法》确立了在先的未注册驰名商标所有人禁止他人在同类商品上注册或者使用的权利。《商标法》第13条第2款规定："就相同或者类似商品申请注册的商标是复制、模仿或者翻译他人未在中国注册的驰名商标，容易导致混淆的，不予注册并禁止使用。"其第45条第1款规定："已经注册的商标，违反本法第十三条第二款和第三款、第十五条、第十六条第一款、第三十条、第三十一条、第三十二条规定的，自商标注册之日起五年内，在先权利人或者利害关系人可以请求商标评审委员会宣告该注册商标无效。对恶意注册的，驰名商标所有人不受五年的时间限制。"这些涉及行政程序和争议程序救济的规定使在先使用的未注册驰名商标所有人能够获得类似于注册商标一样的专有权的保护，以法律的形式正式确认了对未注册驰名商标的法律保护。

2001年《商标法》修改时增加的这一规定，在我国商标制度发展史上具有重要意义，因为它首次明确了对未注册驰名商标的保护，突破了单一的注册获得商标权的原则，有利于我国商标制度与国际接轨，也有利于更好地保护商标权的合法权益，鼓励和促进公平竞争。

（2）侵害未注册驰名商标权的法律责任。最高人民法院《审理商标民事案件适用法律解释》（2020）第2条规定：依据商标法第十三条第二款的规定，复制、模仿、翻译他人未在中国注册的驰名商标或其主要部分，在相同或者类似商品上作为商标使用，容易导致混淆的，应当承担停止侵害的民事法律责任。

（3）网络域名使用中对未注册驰名商标的保护。《最高人民法院关于审理涉及计算机网络域名民事纠纷案件适用法律若干问题的解释》（2020）第4条规定：人民法院审理域名纠纷案件，对符合以下各项条件的，应当认定被告注册、使用域名等行为构成侵权或者不正当竞争：①原告请求保护的民事权益合法有效；②被告域名或其主要部分构成对原告驰名商标的复制、模仿、翻译或者音译；或者与原告的注册商标、域名相同或近似，足以造成相关公众误认；③被告对该域名或其主要部分不享有权益，也无注册、使用该域名的正当理由；④被告对该域名的注册、使用具有恶意。上述规定虽然没有明确所涉及的驰名商标的性质，但应理解为可以包括未注册驰名商标在内。根据这一规定，未注册驰名商标所有人对于他人恶意将其未注册驰名商标注册为域名并使用的行为，人民法院可以认定该行为构成侵权或不正当竞争。

从上述规定看，在我国，未注册驰名商标保护既涉及在我国使用的未注册驰名商标，也涉及在我国客观上已经驰名但并未在我国使用的未注册商标，其中以前者为主。后者更多见于国外或境外的、具有很高知名度但并未在我国国内或境内使用的未注册商标。在我国加入了《巴黎公约》和TRIPs协议的情况下，在我国可以获得未注册驰名商标保护待遇的人有我国的自然人、法人、非法人组织以及享受《巴黎公约》和TRIPs协议的人。

### 2. 我国未注册驰名商标立法保护之完善

（1）相对于已注册的驰名商标，我国现行《商标法》《商标法实施条例》对未注册驰名商标的保护的规定较为欠缺。例如，现行《商标法》第57条列举的一些商标侵权行为，尽管吸收了《商标法实施条例》和最高人民法院有关司法解释的内容，但对未注册驰名商标的保护，在法律保护的部分仍没有专门的规定，这与该法第13条的规定缺乏对应关系，使得人民法院在保护未注册驰名商标时缺乏充分的法律依据，不利于在司法实践中对未注册驰名商标的保护。尽管如前所述，最高人民法院的《审理商标民事案件适用法律解释》（2020）第2条已规定"复制、模仿、翻译他人未在中国注册的驰名商标或其主要部分，在相同或者类似商品上作为商标使用，容易导致混淆的，应当承担停止侵害的民事法律责任"，但毕竟该规定是一个司法解释，未能上升为法律。因此，笔者建议在未来《商标法》修改中，有必要将这一司法解释的规定整合进去。当然，上述司法解释本身也并非尽善尽美，因为它只是明确了"停止侵害"的民事责任，而未涉及是否需要承担其他形式的民事责任，特别是损害赔偿责任。笔者认为，除了停止侵权民事责任外，侵权人承担损害赔偿责任也是必要的，否则将难以达到有效制止和预防对未注册驰名商标侵权的目的。基于此，笔者进一步建议将上述司法解释整合进去时，对侵害未注册驰名商标的民事责任形式加以完善，规定承担损害赔偿的条件和范围。[①]事实上，研究本文介绍与分析的案例可以看出，在我国现行司法实践中，对于未注册驰名商标的侵害，人民法院除适用停止侵害的民事责任形式外，还确实判决被告承担损害赔偿等民事责任。

另外，在法律条文布局上，鉴于未注册驰名商标系没有注册的商标，

---

[①]　关于责任形式，笔者并不同意有的学者主张的引入刑事责任。毕竟《商标法》对未注册驰名商标的保护属于商标保护中的特殊情况，引入刑事责任有责任过度之嫌。

现行《商标法》第七章的标题"注册商标专用权的保护"将无法涵盖、规范未注册驰名商标的保护问题，建议新增章节专门规范，或者将本章标题改为"商标专用权的保护"，在本章的最后专门增加对未注册驰名商标的保护。

笔者认为，《商标法》在修改中应对未注册驰名商标的保护予以正确定位。未注册驰名商标保护不应冲击我国商标制度的注册原则，但在确立未注册驰名商标保护制度的环境下，商标立法自身也应对这一保护形成一个内在的、有机的逻辑体系，其中重视法律保护方面的规定确实是其中的一个重要问题。但无论如何，应注意不能将未注册驰名商标的法律保护等同于注册驰名商标的法律保护，毕竟在注册制度下两者的法律保护不能放在一个完全相同的位置。主张以注册与否为驰名商标提供不同的法律救济毫无意义，这一观点值得商榷。

（2）未注册驰名商标保护之限制。未注册驰名商标亦存在保护的适度限制问题。未注册驰名商标的未注册性，使其尽管具有驰名性，但在法律保护方面应受到较多限制，而不能按照已经注册的驰名商标一样的"待遇"。笔者认为，"未注册驰名商标跨类保护"的观点不妥。例如，有学者认为，现行《商标法》以注册与否为提供是否跨类保护的依据缺乏科学性。理由是，一件商标获得跨类保护的前提条件并非注册，而应是良好的信誉基础。一件注册的驰名商标并没有因为其注册而改变符号的本质，与未注册的驰名商标并没有根本的区别。未注册驰名商标与注册驰名商标一样隐藏着良好的信誉，良好的信誉才是一件商标获得跨类保护的关键。我国《商标法》以注册作为驰名商标获得跨类保护的前提条件，有纯粹强调"注册"形式之嫌，忽略了驰名商标特殊保护的根本。[①]笔者认为，该观点过分强调了"信誉"在确定驰名商标跨类保护方面的作用，忽视了商标注册制度在商标上的基本价值。如果未注册驰名商标也享受注册驰名商标的跨类保护待遇，其就将不但超越一般注册商标的保护，而且达到了与注册

---

① 张春艳.未注册驰名商标的司法认定与法律保护 [J].太平洋学报，2008，（8）：66-71.

驰名商标一样的"特殊保护",这将动摇我国商标制度的根基——以注册原则为主,在事实上损害其他市场经济主体的利益。

　　主张未注册驰名商标实行跨类保护,还有一种很有"创新"的观点,即通过对注册商标的跨类保护推论出法律实际上是承认未注册驰名商标跨类保护的。具体内容是:该款尽管保护的是注册驰名商标,但涉及商标权人未注册领域,即"不相同或不相类似的商品"。在这一商标权人未注册领域,应当属于"未注册驰名商标",理由是《商标法》规定注册商标专用权以核准注册的商标和核定使用的商品为限。[①] 笔者认为该解释较为牵强,难以令人信服。还有学者针对这一观点进行评论,认为在不相同或不相类似商品上,注册驰名商标并非注册的商标,实质上是未注册驰名商标,因为这类商品上并未进行注册。其进而分析注册驰名商标权人对享有在不相同或不类似商品的专用权的原因在于驰名,而非注册。笔者认为,该观点混淆了商标法上专用权与禁止权之间的关系。实际上,注册驰名商标所有人在未注册的不相同或不相类似的商品上享有跨类保护的权利,并非其专用权,而是禁止权的范畴。在商标法上,禁止权的范围可以大于专用权,这主要还是从防止消费者被混淆依据淡化驰名商标的角度加以规定的,并非是在"不相同或不类似商品上"就成了"未注册驰名商标",因为注册驰名商标所有人根本就没有在这类商品上使用其商标。相反,如果使用注册驰名商标所有人还会因违反注册商标使用管理规定而受到处罚。[②]

　　除了不适用跨类保护以外,在适用侵权法律责任时,对未注册驰名商标的保护不能理所当然地认为应高于对一般注册商标的保护。有学者撰文认为,在商标侵权受到处罚方面,我国《商标法实施条例》规定了工商行政管理部门的职权,故应对侵犯未注册驰名商标的行政处罚方式予以增加,以平衡法律的救济。[③] 这一观点值得商榷。这主要是因为,工商行政

---

① 杨叶璇.保护商标权的精髓是保护合法使用 [J]. 中华商标,2005,(1):9-12.

② 还值得注意的是,即使是注册驰名商标,跨类保护也并非必然涵盖到所有类别。考察 TRIPs 协议第16条的规定可知,跨类保护以"暗示商品或服务与注册商标所有人存在某种联系,从而可能损害注册商标所有人的利益"为条件。

③ 张军.未注册驰名商标法律保护的探析 [J]. 理论界,2008,(1):68-70.

管理的处理，首先需要对涉案未注册商标是否驰名做出认定，而这并非易事。一般的工商行政管理部门是否有权在查处商标侵权活动中认定未注册驰名商标，也存在很大的理论障碍和法律依据。

　　未注册驰名商标限制还有一种情况需要研究，即未注册商标成为驰名商标之前那些已同时使用的未注册商标所有人，在该未注册商标成为驰名商标后，是否仍然可以继续使用自己的未注册商标。我国《商标法》并未涉及这一问题，应当予以重视。我国台湾地区"公平交易法"第22条第（2）项的规定可资借鉴。根据该项规定，符合以下条件的"他人表征在大众共知前之善意使用"不构成不公平竞争：①须他人之表征在公众所共知前，已经有使用行为；②其使用必须基于善意，即不得具有不公平竞争之目的；③善意使用必须继续。根据该项规定，如果善意使用仍将导致驰名表征使用人之营业、商品等生产受到损害或有混淆之虞的，驰名表征使用人仍可以请求该事业附加适当之表征以示区别。笔者认为这一规定比较合理地照顾到了其他未注册商标的使用人特别是在先使用人的利益，有利于平衡未注册驰名商标所有人与其他未注册商标使用人的利益，保护公平竞争。我国《商标法》在进一步修改时，可以考虑在商标权限制部分增加相关规定。

## 四、结论

　　未注册驰名商标属于驰名商标的范畴。我国商标制度尽管实行注册原则，但对于未注册的有一定知名度的商标和达到驰名程度的未注册驰名商标均是给予保护的，其中对未注册驰名商标的保护力度较之于未注册知名商标应当更大。保护未注册驰名商标也是我国履行《巴黎公约》和TRIPs协议规定的义务的体现。在我国近些年的商标确权活动与司法实践中，认定未注册驰名商标的案例绝非少见。未注册驰名商标保护最终需要在立法中逐步予以完善。总体思路是，应以现行立法和司法解释为基础，结合近些年发生的典型行政确权案例和司法保护案例，立足于我国对未注册驰名商标保护的现状并借鉴国外经验，以国际公约的要求为指针，在公平考虑未注册驰名商标所有人和社会公众利益的基础之上，尽量构建我国系统的、科学合理的未注册驰名商标保护制度。

# 外观设计专利无效认定研究 ①
## ——以最高人民法院再审的一起典型案件为考察对象

外观设计专利无效制度是我国专利无效制度的重要组成部分。该制度为防止不符合法律规定的外观设计专利申请被授权，保障我国外观设计专利授权质量，发挥了重要作用。不符合法律规定的外观设计应当被宣告无效，这也符合我国有错必纠的社会主义法治原则。同时，符合法律规定的授权外观设计专利被错误地宣告无效，则同样不利于维护我国专利法律制度的尊严，不利于维护权利人的合法权益和公平竞争。（2016）最高法行申360号专利无效行政纠纷案就是一起值得研究的典型案例。该案专利是产品名称为"植物栽培盆（四角）"的外观设计，证据1（以下简称对比设计）涉及产品名称为"花盘"的外观设计。该案先后经过专利复审委员会作出无效宣告决定和一审、二审法院审理以及最高人民法院再审程序，均以基本相同的认定事实和理由驳回专利权人柳某的主张，认定涉案外观设计专利应当被宣告无效。本文将以本案为研究对象，结合相关规定和原理，探讨外观设计专利无效问题。

## 一、案情简介 ②

（2016）最高法行申360号专利无效行政纠纷案涉及"植物栽培盆（四角）"外观设计专利与在先对比设计"花盘"的外观设计。被宣告无效的本专利的申请日是2010年7月26日，授权公告日为2010年12月22日。本

---

① 原载《政法论丛》2017年第6期。

② 根据被诉决定、三级法院裁判文书及当事人诉辩主张归纳和总结提炼。

案专利复审委员会和一、二审法院及最高人民法院认定的事实基本相同，主张专利权无效的理由也基本相同。

2014年4月10日，招某针对本专利向专利复审委员会提出了无效宣告请求。其提出无效宣告请求的理由是本专利不符合我国《专利法》第23条第1款、第2款的规定。招某向专利复审委员会提交了三份证据，其中证据一（对比设计）在本专利申请日之前公开。专利复审委员会认为其可以作为现有设计用于评价本专利是否符合我国《专利法》第23条第2款的规定。同时，专利复审委员会还认定对比设计与本专利均属于用途与功能相同的产品，因而属于类别相同的产品，可以用于比对本专利。

专利复审委员会将本专利与对比设计的相同点与不同点进行了比较。其认为：本专利与对比设计相同点是盆体均由相连的相同花瓣状单元和由该花瓣状单元环绕的盆底中心构成，且花瓣状单元间圆滑过渡状凹处连接部以及盆底自上而下呈倒锥台形结构相同；盆体上边缘均为二条裙带结构；各花瓣单元外侧均具有相同的拱门结构，且底部均有相同位置和结构的漏水空、卡槽和支撑凸台；在盆体中心均具有圆孔。不同之处在于：①二者的花瓣状单元数量不同，本专利为4个，对比设计为3个；②盆体内底部有无隔板，本专利有隔板，对比设计无。专利复审委员会在进行上述对比后认为：尽管柳某主张两者的对称性、花瓣状单元数量以及相应组成部位数量和底部不同，但两者在花瓣状单元本身的设计特征方面相同，本专利花瓣状单元数量的增加仍然未脱离花瓣状单元环绕盆底中心构成花盆整体的视觉效果，花瓣状单元数量的不同未产生独特的视觉效果。针对二者有无隔板的差异，专利复审委员会认定本专利隔板位于花盘内部底部，在花盘整体中所占比重较小，对花盘整体外观视觉效果影响不大。同时，针对柳某在复审期间提出的盆体侧面凹陷程度不同，专利复审委员会认为这些不同不具有实质性，因为它是由于描述线条粗细、观察角度以及盆体描绘比例大小不同造成的。即使认可存在这些不同，这也属于不会引起消费者关注的产品局部的细微变化，对花盘的整体视觉效果而言不会产生影响。①

专利复审委员会于2014年11月18日作出第24292号无效宣告请求审查决定，认定"本专利与对比设计没有明显区别，本专利相对于对比设计不符合《专利法》第二十三条第二款规定，应当被无效"。

专利复审委员会作出宣告本专利权无效决定后，本专利权人柳某不服该决定，因而在法定时间内向北京知识产权法院提起了诉讼。

北京知识产权法院依法受理了柳某上述起诉状。北京知识产权法院认可了专利复审委员会关于两者属于同类产品的观点。该院查明的事实与前述专利复审委员会基本相同，只是在对本专利及对比设计外部结构的描述和说明上略有差异，不过基于阐述的角度和方式不同，这些描述和说明并不存在矛盾和冲突。该院进而维持了专利复审委员会宣告本专利无效的决定，驳回了原告柳某的诉讼请求。

上述判决作出后，柳某不服该判决而依法向北京市高级人民法院提起了上诉，要求撤销原审判决及专利复审委员会被诉决定。二审法院认可了被诉决定和一审法院认定的事实和理由，认为柳某关于花瓣状单元数量上增加在整体外观上产生显而易见区别的主张不能成立，本院不予支持。针对本专利底部有隔板而对比设计无隔板，二审法院认同了被诉决定和一审认定的事实"隔板位于花盘内部的底部，对花盘整体外观视觉效果影响不大"，因而"上述区别属于局部的细微变化，对整体视觉效果不足以产生显著影响。"②

本案二审判决后，柳某不服而在法定时间内向最高人民法院提起了再审申请。柳某认为本专利与对比设计具有明显区别，专利复审委员会，一、二审法院在判断主体、区别特征判断、对比方法上均存在错误。因此，其请求最高人民法院依法撤销一、二审判决，判令专利复审委员会重新作出决定。

最高人民法院依法受理上述再审申请后，组成了合议庭对该案再审申

---

① 摘自专利复审委员会第24320号无效宣告请求审查决定。

② 北京市高级人民法院（2015）高行（知）终中字第2715号行政判决。

请进行审查，并最终下达了行政裁定书。该院在行政裁定书中指出一审、二审法院查明的事实属实、适用法律正确。最高人民法院认为柳某的再审申请不符合《中华人民共和国行政诉讼法》第九十一条规定的情况，遂裁定驳回了柳某的再审申请。

## 二、关于本案认定事实及设计特征问题

本文拟结合我国外观设计专利无效审查制度之基本原理和规则，立足于本案事实，合理借鉴最高人民法院等关于外观设计专利纠纷案裁判法理，以上述被诉决定、一审和二审判决以及最高人民法院再审申请裁定为考察对象，探讨究竟应如何正确认识该案以及如何正确审理该案，旨在公平、合理地维护当事人之合法权益，提高我国外观设计专利审判水平和理论研究水平。

案件事实无疑是处理案件的客观基础，也是人民法院审理案件的根据。无论是外观设计无效案件还是其他类型的案件，正确认定案件事实是公正处理案件的根本保障。如果案件事实认定发生根本性错误，依据错误认定事实适用法律，作出的判决无疑也是错误的。基于此，我国相关法律将认定事实错误作为改判的重要依据。

就本案而言，关于本专利的描述，被诉决定及三级法院均主要是将涉案植物栽培盆专利与对比设计进行对比时间接阐述的。其共同特点是创立一个所谓"花瓣状单元"的概念，并以此概念为核心，在对比本专利与对比设计在花瓣数量变化后，认定花瓣数量的改变并没有产生独特的视觉效果，尤其是最高人民法院再审裁定书将花瓣状数量的改变带来的其他表现形式的变化认定为并未增加新的差异。除此之外，被诉决定及三级法院裁判文书对本专利与对比设计两者相同之处不惜"浓墨重彩"地描述，而对于两者不同之处则只提到了花瓣数量的差别和花盘底部有无隔板的差别，其他一些重要差别要么被忽视，要么被认定为基于花瓣数量的改变带来其他表现形式的变化而并未增加新的差异。更严重的是，在对本专利隔板位

置、占据植物栽培盆空间大小，尤其是对整体视觉效果的影响认定方面，不符合客观事实，导致对于本专利与对比设计具有极端重要差别的这一区别性设计特征被忽视、低估，从而造成认定事实错误。对此将在后面重点阐述。

本专利和对比设计均由盆壁和盆底两部分构成，缺一不可。由于植物栽培盆是用于栽培植物的，而从植物栽培的自然规律以及日常生活经验法则看，植物栽培盆必须是"底朝天"，而不是底部被覆盖或者肉眼不能看到。被诉决定及三级法院虽然均谈到了隔板位于本专利花盆内部底部，但错误地认定其在花盆整体中所占比重较小，或者一般消费者不容易注意，进而认为有无隔板的区别属于局部的细微变化，对整体视觉效果不足以产生显著影响，对花盆整体外观视觉效果影响不大或者不会影响花盆整体的视觉效果。由于隔板是本专利与对比设计十分重要的区别性特征，其在认定两者是否具有明显差别方面具有重要作用，因此必须还原事实真相。

从本专利提交的申请文件以及授权文件看，被诉决定和三级法院对本专利隔板及其对整体视觉效果产生影响的上述认定事实错误体现于：

第一，认定隔板占花盆整体比重"比较小"。从以下本专利主视图可以清楚地看出，隔板占花盆整体比重非常大，绝对不是"比较小"。具体而言，其占据了整个底部，面积完全覆盖。以下是花盆和隔板的尺寸对比数据：花盆上表面最大长度345.0mm，花盆下底面最小长度203.5mm，隔板的长度250.64mm。隔板所占花盆的比例从72.5%到123.2%（250.64/345.0=72.5%；250.64/203.5=123.2%）。隔板有高度，所以隔板长度要比花盆下底面长度大，否则放不进去。因此，被诉决定认定"隔板在花盆整体中所占比重较小"属于认定事实重大错误。遗憾的是，一、二审及再审申请法院均对上述错误认定的事实未予以纠正。

第二，认定区别属于局部的细微变化，对整体视觉效果不足以产生显著影响。这是一审及二审判决的主张。

本专利底部隔板，不仅是与对比设计对比所具有的重要区别点，而且其本身基于上述占据底部巨大空间、具有个性化的创新设计和与盆壁迥然不同的颜色，足以使其与对比设计相比具有重大的变化，对整体视觉效果会产生显著性影响。也即本专利用与对比设计的设计特征相比具有明显区别。在该案中，本专利的底部隔板采用十字架的设计，且有螺纹，属于具有个性化特色的创新设计。对比设计盆底则根本不存在隔板或者类似的底部固定物，从一般消费者的眼光看，两者的区别是非常明显的，绝不是限于局部的细微变化，而是对整体视觉效果足以产生显著性影响——也就是说，一般消费者能够将本专利与对比设计很清晰地区分开来，绝对不会产生混淆和误认。此外，本专利虽然没有声明保护颜色，但该隔板的图案可以作为图案的部分受到保护，因为我国《专利法》（2008）第59条第2款规定，外观设计专利权的保护范围以表示在图片或者照片中的该产品的外观设计为准，简要说明可以用于解释图片或者照片所表示的该产品的外观设计。本专利底部隔板存在的与盆壁颜色相对应的颜色，从肉眼来看形成了非常强烈的视觉上的区别性效果，仅就此点而言都可以认为能够对整体视觉效果产生显著性影响，何况隔板在空间上占据了本专利的大部分。

第三，认定一般消费者不容易引起注意，不会影响花盘整体的视觉效果。这是最高人民法院再审裁定书中的主张。

涉案隔板固然位于"花盘内部底部"。但是，位于花盆内部底部并非一定造成"一般消费者不容易引起注意"。这要看一般消费者是通过什么方式看到底部的。如果该底部隔板不是主视图范围，或者位于一般消费者施加一般注意力难以看到的位置，例如底部与消费者肉眼视线存在其他遮挡物或者其他限制视线的因素，就确实会导致一般消费者不容易引起注意。但是，本专利底部隔板完全不属于上述情况，而恰恰是该专利主视图展示的核心部位。这是因为，本外观设计产品是植物栽培盆，从一般消费者使用看，如前所述，必须是底部垂直朝上，因而底部反而成为对视觉效果影响最大的部分。由此可见，最高人民法院裁定认定由于隔水板位于花盆内部底部，"一般消费者不容易引起注意，不会影响花盘整体的视觉效果"，是缺乏事实依据的。①

　　进言之，如果说本专利隔板位于花盆底部，一般消费者不容易引起注意，从而不会影响花盘整体的视觉效果的话，根据本案的事实，则只能如此认为：消费者使用状况下，由于消费者在花盆中添加了土壤或者栽培了植物，在使用后，该消费者以及其他任何人就不可能看到底部的隔板了。但是，上述按照外观设计专利产品使用后再去对比和评判本专利与对比设计是否存在明显的区别，该方法和思路是违背我国《专利法》规定精神和法理的，因为外观设计专利权的保护范围以表示在图片或者照片中的该外观设计专利为准，不能以实际已使用状况来作为对比的基础。当然，即使按照使用状况这一错误方法进行，仍然可以认为一般消费者在开始使用时能够凭借本专利底部存在的具有个性化设计和占据盆底巨大空间的隔板，在整体视觉效果上与对比设计形成显著性的区别。

图1：本专利主视图

来源：本专利授权公告

|主视图|主视图|
|本专利|对比设计|

图2：本专利与对比设计主视图对比

来源：被诉决定和上述法院判决

---

① 基于消费者容易观察到产品的特定位置和视角，既判案例认定该设计对消费者视觉具有重要影响。例如，在一起外观设计专利无效行政纠纷案二审中，北京市高级人民法院认为："由于消费者在购买和使用插座产品的过程中，主要观察到的是插座的面板，因此，面板的设计对一般消费者的视觉有着重要的影响"。参见北京市高级人民法院（2009）高行终字第783号行政判决。

关于涉及本案事实认定部分，还必须指出和探讨一个相关问题，即相关设计特征的性质：是功能性设计特征还是装饰性设计特征，抑或兼具功能性设计特征与装饰性设计特征的属性。从外观设计无效认定制度之一般原理和相关既判案例来看，上述三方面特性在认定本专利与对比设计是否存在显著性区别方面发挥的作用是不同的。基于此，以下拟立足于功能性特征和装饰性特征原理，以最高人民法院相关既判案例为指导，结合本案探讨相关设计特征在本案中对认定本专利与对比设计是否存在显著性差别。

从一般意义上说，外观设计专利的产品的设计特征可以分为功能性设计特征、装饰性设计特征以及功能性设计特征与装饰性设计特征兼而有之的设计特征。这种区分，也是基于任何外观设计专利产品通常都包含功能因素与美学因素。其中，所谓功能性特征，根据专利复审委员会与张某、慈溪市某电子有限公司外观设计专利权无效行政纠纷再审案中最高人民法院阐述的观点，功能性设计特征是指"那些在该外观设计产品的一般消费者看来，由所要实现的特定功能所唯一决定而并不考虑美学因素的设计特征"。[①]不过，在该案中，最高人民法院认为对功能性特征的认定不能做过于狭窄的解释，将功能性特征理解为外观设计产品中实现某种功能的唯一设计。因为在现实中存在多种设计方案去实现某种特定的功能。一方面，该设计特征仅由所要实现的特定功能所决定而与美学因素考虑缺乏关联，则仍可以认定为属于功能性设计；另一方面，也需要考虑两种或者两种以上替代设计的设计特征纳入功能性设计的范围，从而避免外观设计专利申请人将有限的替代设计分别申请专利从而实现垄断特定功能。这样才符合专利立法保护具有美感的创新性设计方案的立法目的。换言之，功能性设计特征存在一定的可选择性空间，功能性设计特征与该设计特征的可选择性存在一定的关联性。当一种功能性设计成为实现某种特定功能的唯一设计，在这种情况下就不存在考虑美学因素的空间，这种功能性设计特征是

---

① 最高人民法院（2012）行提字第14号行政判决。

典型的功能性设计特征。[①]当某种设计是实现某种特定功能有限的设计方式之一时，则该设计也能成为功能性设计。基于上述考虑，该判决强调："功能性设计特征的判断标准并不在于该设计特征是否因功能或技术条件的限制而不具有可选择性，而在于在一般消费者看来，该设计特征是否仅仅由特定功能所决定，从而不需要考虑该设计特征是否具有美感"。[②]在外观设计专利上，保护的不是基于功能性设计特征。

在外观设计专利无效纠纷案件中，区分本专利与对比设计的设计特征属于上述何种性质的设计，具有十分重要的意义。根据最高人民法院上述提审案例，在一般情况下功能性设计特征对于外观设计的整体视觉效果不具有显著性影响，而装饰性特征对于外观设计的整体视觉效果则具有影响。如果某个设计特征兼具功能性与装饰性，则评判该设计特征对于外观设计的整体视觉效果的影响大小，应当考虑装饰性特征在整个设计特征中所处的地位，即如果装饰性越弱，则设计特征对于外观设计的整体视觉效果的影响要小一些，反之亦然。[③]也就是说，在设计特征两者都具备的情况下，应仔细评判装饰性设计特征的强弱。在装饰性特征非常强的情况下，功能性特征就会受到很大限制。

无疑，就本案而言，被诉决定及三级法院归纳的本专利及对比设计的设计特征具有上述何种性质，是解决本专利与对比设计是否具有明显区别的重要手段和方法。从本案被诉决定和法院裁判文书的认定看，由于均没有出现功能性设计特征与装饰性设计特征的字眼，也就是没有从功能性设计特征或者装饰性设计特征方面对本专利与对比设计整体视觉效果是否存在明显区别方面进行任何论证，而是泛泛地抽象出一个盆壁的"花瓣状单元"设计特征以及拱门设计和裙边设计特征，并认为两者不同之处对于整体视觉效果不足以产生显著影响。值得注意的是，所谓"花瓣状单元"并

---

① 典型意义上的功能性设计特征确实强调产品设计完全是为了实现产品的特定功能，客观上不存在视觉效果的创新空间。参见最高人民法院（2011）行提字第2号行政判决。

② 最高人民法院（2012）行提字第14号行政判决。

③ 最高人民法院（2012）行提字第14号行政判决。

不是对本专利和对比设计盆壁设计特征的准确描述，本专利和对比设计的设计特征并非是"花瓣状单元"，而是凸凹弧对称的圆弧形、属于盆壁的设计特征。由于被诉决定和法院裁判文书始终没有明确提及所谓"花瓣状单元设计"究竟是功能性设计还是装饰性设计，而是从圆弧状的本专利和对比设计的盆壁结构的设计特征中抽象出来，肢解盆壁的整体结构，并且脱离整体观察、综合判断的原则，机械地就"花瓣状单元"数量变化论证两者的差异不会导致整体视觉效果产生显著性影响："本专利花瓣数量的增加并未脱离对比设计由花瓣环绕盆底中心构成花盘整体的视觉效果"。固然，这里的"由花瓣环绕盆底中心构成花盘整体的视觉效果"，是盆壁以圆弧状为设计要素的所有植物栽培盆的共同特征，是植物栽培盆一类产品基于功能目的必须有的，否则以圆弧为设计单元的植物栽培盆就无法制成。正因如此，它就绝不能被对比设计专利权人所垄断，而属于功能性特征、被任何人就产品进行外观设计都可以使用的范畴。这也就是为何产品功能性决定的设计特征不能成为外观设计整体视觉效果判断因素的原因。本专利和对比设计相同的特征被简单地描述为数个花瓣单元组合而成，整体视觉效果被从功能性特征方面确定，实际上是将设计单元、设计要素局部特征的相同等同于外观设计整体判断。

其实，正是因为所谓"花瓣状单元"数量的变化，导致了本专利在整体结构上与对比设计产生了巨大的视觉差异：尤其是整体上"人字"形造型。虽然最高人民法院裁定书注意到了"三瓣花"改为"四瓣花"设计造成的三个不同点，但又认为这些不同点并未产生两者之间的差异。应当说，这是一种自相矛盾的说法。而且，没有从整体观察和综合判断的角度看因为这一改变产生的整体的巨大的视觉效果差异。同时，被诉决定和法院裁判文书提到的拱门设计和裙边等特征相同之处属于功能性设计范畴，其本身不应用于评判对两者整体视觉效果具有显著影响，而且它们又均属于圆弧状盆壁设计特征的局部，一般也不能用于认定对两者整体视觉效果具有显著影响。

从上述设计特征性质分类来说，真正对两者整体视觉效果具有显著影响的区别性设计特征，尤其是本专利的产品底部隔板的设计，虽然有一定的功能性设计成分，但主要属于装饰性设计特征，这一不同点对于两者整体视觉效果具有显著影响毫无疑问应受到重视。为此，后文将沿用功能性设计和装饰性设计的概念，对本案有关设计特征进行分析，结合"整体考察、综合判断"的原则，做出结论。

# 三、关于一般消费者标准在本案中的适用

## （一）外观设计专利无效行政纠纷案件中引入一般消费者标准的合理性和相关规定

一般消费者无不是我国外观设计专利无效行政纠纷案件中使用的重要概念。[①]该概念内涵在我国相关司法判例中得到了明确。例如，最高人民法院有关提审案件持以下观点：从知识水平的角度而言，一般消费者对于与外观设计专利产品相同或者相近类别的产品具有常识性的了解，其通晓申请日之前相关产品的外观设计状况，熟悉相关产品上的惯常设计。[②]所谓"常识性的了解"，是指通晓相关产品的外观设计状况而不具备设计的能力，而非局限于基础性、简单性的了解。从认知能力的角度而言，一般消费者对于形状、色彩、图案等设计要素的变化仅具有一般的注意力和分辨力，其关注外观设计的整体视觉效果，不会关注外观设计专利与对比设计之间的局部细微变化。[③]上述观点也表明，一般消费者在进行相近似判断与本领域普通技术人员总是从技术角度考虑问题不同，因为一般消费者主要关注的是外观设计视觉效果的变化，而不是技术效果或者功能的变化。同时，一般消费者也不会基于设计要素变化所伴随的技术效果的改变而对该设计要素变化施以额外的视觉关注。

---

[①]　钟华.试析外观设计相近似性的判断主体[J].中国专利与商标，2007，（4）：26-34.

[②]　最高人民法院（2014）民申字第1865号民事判决。

[③]　最高人民法院（2011）行提字第1号行政判决、（2014）民提字第34号民事判决。

至于在外观设计专利侵权纠纷案件中，人民法院运用一般消费者标准认定被控侵权设计是否构成侵害外观设计专利更是常见。[①] 在外观设计专利无效行政纠纷案件中引入一般消费者标准，既具有理论上的合理性，也具有相应的规范依据。

从理论上看，外观设计专利保护的目的是通过赋予外观设计专利权人以专有权，使其获得独占性市场利益，以此激励外观设计创新，丰富和美化人们生活，促进设计产业发展。[②] 这就需要在外观设计产品消费市场避免消费者被同类产品混淆、误认。这也是我国《专利法》规定授予专利权的外观设计与现有设计或者现有设计特征的组合相比应当具有明显区别的重要原因。为此，在判断和认定某项外观设计专利申请是否符合专利保护条件时，应当以一般消费者的眼光去衡量，而不是以专业设计人员或者外观设计专利申请审查员的眼光去认定。

从相关规范来看，《专利审查指南》第四部分第五章规定：在判断外观设计是否符合《专利法》第23条第1款、第2款规定时，应基于本专利产品的一般消费者的知识水平和认知能力进行评价。[③] 此外，有关外观设计专利侵权司法解释也特别明确了司法实践中应以外观设计专利产品的一般消费者的知识水平和认知能力来判断外观设计是否相同或者近似。[④] 虽然外观设计专利无效行政纠纷与外观设计专利侵权纠纷性质完全不同，其中前者解决的是确权问题，后者解决的是侵权问题，但由于确权的目的也是为了有效地实施对外观设计专利权的保护，并且确权是存在外观设计专利侵权纠纷的前提，因此外观设计专利侵权纠纷案件中一般消费者标准的内涵与外观设计专利无效行政纠纷中确立的消费者标准应当是一致的，也

---

① 最高人民法院（2014）民提字第193号民事判决。

② 冯晓青.知识产权法利益平衡理论 [M].北京：中国政法大学出版社，2006：420.

③ 尹新天.中国专利法详解 [M].北京：知识产权出版社，2011：289.

④ 2010年1月1日起施行的《最高人民法院关于审理侵犯专利权纠纷案件应用法律若干问题的解释》第10条、2016年4月1日起施行的《最高人民法院关于审理侵犯专利权纠纷案件应用法律若干问题的解释（二）》第17条、2021年1月1日起施行的《最高人民法院关于审理侵犯专利权纠纷案件应用法律若干问题的解释（二）》（2020年修正）第17条。

只有保持一致，才能使外观设计专利保护制度在确权阶段和法律保护阶段保持内在的连贯性。总体上，无论是外观设计专利无效还是侵权纠纷案件，引入一般消费者标准都是为了使外观设计专利的保护符合其立法保护宗旨，防止扩大或者缩小对外观设计专利权的保护。无论是从学理还是有关规范来看，一般消费者应当是抽象判断主体。

### （二）本案被诉决定、三级法院未确立一般消费者标准的缺憾

在本案中，无论是在被诉决定，一、二审判决和再审裁定书中，均只字未提本专利与现有设计或者现有设计特征组合的对比应当采取一般消费者作为判断主体规定和惯例，更遑论对本案中的判断主体一般消费者应具有什么样的特点和标准。本案被诉决定，一、二审判决和再审裁定，由于缺乏对本专利与对比设计区别性特征从一般消费者的角度进行评判，必然导致关于近似判断的主体标准模糊不清。由于未能确立一般消费者标准，在认定本专利与对比设计是否具有显著差别上，既存在着以外观设计人员的标准替代一般消费者标准的错误，也存在将局部设计因素的相似上升为整体视觉效果的差别不具有显著性的认定错误。

### （三）本案一般消费者标准及其对本专利与对比设计之间差别整体视觉效果的影响

本案属于外观设计专利无效行政纠纷，自然也应引入一般消费者标准加以判断。以下将提出本案中一般消费者标准的特征以及上述法律文书未引入一般消费者标准所产生的问题。

第一，本案一般消费者应当对与"植物栽培盆（四角）"或者相近类别的产品有常识性的了解，应当通晓申请日之前与植物栽培盆相关的外观设计状况，熟悉相关产品上的惯常设计。

令人遗憾的是，上述被诉决定及三份诉讼文书在对本专利与对比设计的异同进行全面对比后，没有阐述该相关产品的常识性知识与惯常设计。这意味着其将近似判断的主体设定为对该相关产品一无所知的人，降低了

抽象主体的知识水平。这一标准会扩大对比设计的保护范围，降低本专利具有新颖性、创新性设计要点的显著性。

第二，本案一般消费者对于"植物栽培盆（四角）"的设计要素的变化仅具有一般的注意力和分辨力，其主要关注的应当是该产品外观设计的整体视觉效果，而不是局部细微的变化，也不是功能或者技术效果的变化。上述特点非常重要，在外观设计专利无效行政纠纷案中，它可以避免专利复审委员会或者有关人民法院在对本专利与对比设计进行对比时，忽视外观设计产品整体视觉效果，而纠缠于局部的设计元素、设计特征及其变化。

令人遗憾的是，本案中由于专利复审委员会及三级法院均未明确一般消费者比对标准，而是一再强调本专利与对比设计的基本判断是各自在"花瓣状单元"本身的设计特征上相同，数量上的增加不产生"显而易见"的区别或者"独特的视觉效果"。① 如此一来，其假定的判断主体主要看到的是产品的花瓣状单元及其数量的变化，而不是花瓣状单元构成的产品的整体变化。这种观察是对产品的解剖式观察，而不是施加普通注意力的观察，违反了抽象主体通常注意的是外观设计的整体视觉效果的假定。

## 四、"整体观察、综合判断"原则在本案适用中的缺失及其评价

### （一）"整体观察、综合判断"原则的内涵及其相关规范

整体观察、综合判断，是外观设计专利确权和处理侵权纠纷的基本原则。该原则的适用又是和前述一般消费者标准紧密结合在一起的，离开一般消费者标准去适用整体观察、综合判断会偏离该原则的适用范围和目的。基于此，"整体观察、综合判断"原则，要求一般消费者不能仅从局

---

① 北京市高级人民法院（2015）高行（知）终字第2715号行政判决书，第5页第四段、第7页第三段。

部细微之处，而应当从外观设计专利产品整体的设计变化来评判本专利与对比设计进行对比产生的视觉效果是否具有明显的区别。[①] 也就是说，不应当限于本专利与对比设计局部要素与设计特征进行比较，而应当在此基础上从本专利与对比设计的整体加以判定。

一般消费者在进行本外观设计专利与对比设计可视部分对比时，通常对两者的相同点和不同点都会给予关注，这就需要考虑两者的相同点和不同点对整体视觉效果的影响大小和程度。[②] 换言之，本专利与对比设计相同之处与不同之处对于两者整体的视觉效果均会存在影响，因而需要对相同点和区别点分别进行比较。但是，就两者整体视觉效果的差异而言，尤其是针对本专利与对比设计进行对比产生的视觉效果是否具有明显的区别而言，更应重视两者的不同之处。在实践中，也需要重点评判两者不同对整体视觉效果的影响程度，尤其是对两者整体视觉效果的影响达到显著程度。原则上说，只有区别点对整体视觉效果的影响程度更为显著，超过了相同之处对整体视觉效果的影响，才能认为外观设计与对比设计之间存在明显区别。

我国相关规范和司法解释对外观设计专利确权及外观设计专利侵权纠纷解决适用"整体观察、综合判断"原则均进行了规定。例如，《专利审查指南》第四部分第5.2.4规定：对比时应当采用整体观察、综合判断的方式。整体包括产品可视部分的全部设计特征而非其中某特定部分，综合是指对能够影响产品外观设计整体视觉效果的所有因素的综合。[③] 最高人民法院《关于审理侵犯专利权纠纷案件应用法律若干问题的解释》第11条则规定：人民法院认定外观设计是否相同或者近似时，应当根据授权外观设计、被诉侵权设计的设计特征，以外观设计的整体视觉效果进行综合判断。对于主要由技术功能决定的设计特征以及对整体视觉效果不产生影响

---

① 冯晓青，刘友华. 专利法 [M]. 北京：法律出版社，2010：119.

② 广东某电器股份有限公司诉专利复审委员会、第三人珠海某电器股份有限公司外观设计专利无效行政纠纷案，最高人民法院（2011）行提字第1号行政判决。

③ 其还规定了在确定涉案专利与相同或者相近种类产品现有设计相比是否具有明显区别时，还应当综合考虑的一些因素。

的产品的材料、内部结构等特征，应当不予考虑。上述关于外观设计专利侵权纠纷中如何适用整体观察、综合判断的规定，对于外观设计无效行政纠纷案中判断和认定本专利与对比设计之间的区别是否具有显著特征也具有实用价值。这是因为，两者的基本理念和追求的目标一致，都是为了依法保护当事人合法权益，使符合法律规定的外观设计能够得到法律有效保护，同时避免不适当地扩展外观设计专利权人的利益而损害公众利益、破坏正常的市场竞争秩序。① 正因如此，本文在援引案例进行实证分析和研究时，并不完全局限于外观设计专利无效行政纠纷案例，而是也包括部分较为典型的外观设计专利侵权纠纷案例。

## （二）"整体观察、综合判断"原则在本案适用中的缺失及其后果

"整体观察、综合判断"作为评判外观设计专利与对比设计是否具有显著性差别的重要原则，在近些年来我国涉及外观设计专利无效行政纠纷和侵权纠纷案件中被广泛运用。但在本案中，被诉决定及三级法院并没有遵照整体观察与综合判断原则，确认本专利与对比设计的全部不同点以及整体视觉效果是否具有显著影响。被诉决定及三级法院均强调，重新组合亦未脱离花瓣状单元环绕盆底中心构成花盆整体的视觉效果；② 本专利与对比设计的花瓣状单元设计弧度、流线、风格、外形基本一致，本专利的主要改进是数量变化，并未产生设计要素的实质性区别。笔者认为，上述分析和结论至少存在以下问题：

第一，没有全面阐释相同点与不同点对整体视觉效果的影响，而是采取"要素组合"方法来判断整体视觉效果，将设计元素相同（"花瓣状单元"）等同于整体视觉效果相同。二审法院虽然使用了"整体视觉效果"这一术语，但是将对比设计的特征锁定在"花瓣状单元"上，然后将拆解

---

① 冯晓青.专利侵权专题判解与学理研究 [M]. 北京：中国大百科全书出版社 .2010：141-142.

② 北京市高级人民法院（2015）高行（知）终中字第2715号行政判决。

的花瓣状单元纳入专利权保护范围。其分析逻辑不符合外观设计专利授权标准，因为如果按照这一观点，任何在相关植物栽培盆产品上使用"花瓣状单元"的外观设计都落入对比设计专利权的保护范围，在先对比设计专利权人可以凭借在先的"三瓣花"造型的花盆外观设计专利权阻止任何"花瓣状单元"作为花盘盆壁造型的外观设计产品出现，从而在事实上独占"花瓣状单元"造型的一切花盆。这显然是对他人正常利用现有设计资源设计外观设计产品的不公平限制，极不合理。

第二，没有按照简要说明来解释图片或者照片所表示的该产品的外观设计。前述《专利法》第59条第2款还规定："简要说明可以用于解释图片或者照片所表示的该产品的外观设计。"本专利的简要说明明确指出"最能表明设计要点的是主视图"。从主视图观察，"十字"形状隔板这一设计要点非常明显，并不是前述法院认为的"隔板位于花盆内部的底部，对花盆整体外观视觉效果影响不大，属于局部细微变化，对整体视觉不足以产生显著影响"。[①] 对于具有植物栽培盆产品外观设计常识的一般消费者而言，其不可能不知道该类产品的设计只可能存在外盆壁（盆体）与内底部区域。只要观察主视图，就会关注内底部区域，就会注意到位于内底部的隔板这一如此明显的改变。反过来说，如果只将外盆壁作为主要的、具有重大影响的观察对象，则无疑缩小了该类产品的设计范围，任何花盆类产品的内底部区域都无法成为外观设计的保护范围。这种忽视花盆底部设计特征对于本专利与对比设计整体视觉效果的显著影响的观点，实际上也是违背了"整体观察、综合判断"原则，因为该原则要求一般消费者对可视部分的"全部设计特征而非其中某特定部分"进行观察，同时对"能够影响产品外观设计整体视觉效果的所有因素"进行判断。基于本专利的产品底部包括隔板设计而对比设计没有这一区别性设计，而底部又是本专利最能表示设计要点的主视图中最显眼的位置，该区别点对于两者整体视觉效果具有十分重要的显著性影响，这也是本文在多处不厌其烦地从不同角度

---

① 北京市高级人民法院（2015）高行（知）终中字第2715号行政判决。

对之进行探讨的重要原因。

## （三）通过整体观察、综合判断原则，可以认定本专利与对比设计存在明显区别，对整体视觉效果具有显著影响

笔者通过适用一般消费者标准并运用"整体观察、综合判断原则"，借助于外观设计的设计特征的定性，在明确本专利与对比设计相同点以及不同点对整体视觉效果影响的基础上，[①]发现本案中两者不同点对整体视觉效果影响较大，从而也可以得出两者在整体视觉效果上具有实质性差异，进一步可以认定本专利的授予符合我国《专利法》第23条规定的外观设计专利授权条件的结论。

### 1．从相同点和不同点方面评价

第一，相同点对整体视觉效果的影响相对较小。

本专利产品由主视图、后视图和左视图显示，对比设计的产品由六面正投影视图和立体图显示。为阐述简便，笔者仍以被诉决定和三级法院概括的本专利与对比设计的四个相同点[②]作为讨论的基础，尽管笔者并不赞同"花瓣状单元"等用语。

相同点1（"盆体均由相连的相同花瓣状单元和由该花瓣状单元环绕的盆底中心构成，且花瓣状单元间圆滑过渡状凹处连接部以及盆体自上而下呈倒锥台形结构"）是通过观察立体图得到的视觉效果。从一般消费者的视角观察，这些内容是有限的设计方式，属于功能性设计。首先，植物栽培盆的整体外形选择通常只有锥台、棱台、圆柱、长方体等形状，本专利与对比设计选择倒锥台形，并未脱离上述常见形状。其次，为了实现栽培植物的功能，该类产品必须具有盆壁与盆底这些组成部分。盆壁上边缘通常的选择也只有直线段、圆弧或者不规则曲线段，花瓣状单元实际就是

---

① 钱亦俊.谈外观设计专利相近似性判断方式的把握"风轮"案再审诠释整体观察综合判断方式 [J]. 电子知识产权，2012，（7）：50-56.

② 专利复审委员会第24320号无效宣告请求审查决定，第3页，第4~5行；北京知识产权法院一审判决，第8页，第4~5行；北京市高级人民法院（2015）高行（知）终字第2715号行政判决书，第7页第二段。

一段圆弧，是有限的设计方式。再次，花瓣状单元相互之间圆滑过渡状凹处连接也是圆弧连接的有限设计方式，主要是为了实现立体空间封闭的功能。① 因此，相同点1对整体视觉效果的影响应当相对较小。

相同点2（"盆体上边缘均为二条裙带结构"）位于盆壁内边缘顶部。一般消费者对于形状、色彩、图案等设计要素的变化仅具有一般的注意力和分辨力，不容易直接观察到局部。这个相同点是局部的，对整体视觉效果的影响相对较小。

相同点3（"各花瓣单元外侧均具有相同的拱门结构，且底部均具有相同位置和结构的漏水孔、卡槽、支撑凸台"）涉及的拱门结构是产品局部的设计特征，位于相对不显著的位置，一般消费者不容易直接观察到；漏水孔、卡槽与支撑凸台是为了上下通透与排水，具有功能性，一般消费者也不会将这个相同点视为装饰性设计，因而对整体视觉效果的影响比较小。

相同点4（"在盆体中心均具有圆孔"）主要是为了吊装而设计，同时有通透效果，属于功能性设计特征，一般消费者也不会将这一中心圆孔作为装饰性设计来看待，对整体视觉效果的影响也相对较小。

由此可见，被诉决定和三级法院概括的本专利和对比设计具有的四个相同点，要么属于功能性设计特征，要么属于产品局部的设计特征，从而导致其对整体视觉效果不具有实质性影响或者说显著影响。

第二，不同点对整体视觉效果的影响比较显著。

如前所述，不同点在整体视觉效果上无疑具有重要作用。尤其是在相同点对于整体视觉效果的影响不具有显著性的情况下，更应高度重视不同点对本专利整体视觉效果具有何种影响。然而，被诉决定和三级法院对于本专利与对比设计不同点的概括非常不完整，只列举了"花瓣状单元"数量和底部有无隔板这两个区别，遗漏了另外一些十分重要的区别点。究其原因，仍然是没有站在一般消费者角度，采用整体观察、综合判断的方法

---

① 美国第5309671号（1994年5月10日）、第3686791号（1972年8月29日）外观设计专利也使用了圆弧状的设计方式。

提炼这些不同点。因此，评判不同点对整体视觉效果的影响，不能局限于前述两个区别特征，而应当全面、完整地把握。

笔者认为，本专利与对比设计相比，存在的区别特征有：其一，二者主视图、后视图表示的整体外形存在重要区别，即本专利呈粗"十字"形，而对比设计呈粗"人字"形（以下简称区别点1）；其二，二者立体图所表示的整体外形存在区别，对比设计是呈三角倒梯形物体，本专利是呈四边倒梯形物体（以下简称区别点2）；其三，二者设计构图来源不同，对比设计源自一种三角倒梯形立体图形，经顶角圆滑处理、三边分别内凹、圆滑过渡形成，本专利源自一种四边倒梯形立体图形，经四个顶角圆滑化处理、四个边分别向内凹、并圆滑过渡形成（以下简称区别点3）；其四，二者中心线夹角不同，本专利夹角90度，对比设计120度（以下简称区别点4）；其五，二者"花瓣状单元"数量不同，本专利为4个，对比设计为3个（以下简称区别点5）；其六，盆体内底部有无十字状隔板不同，本专利有隔板，对比设计没有（以下简称区别点6）。其中，前述第一至第四个不同点没有在被诉决定和三级法院裁判文书中确认，只是最后两个得到了确认。以下将对这些不同区别性特征对本专利与对比设计整体视觉效果影响进行分析和评判。

区别点1是通过整体观察主视图与后视图直接得到的直观结果，主要涉及产品的整体外形，没有任何功能性考虑，是装饰性设计特征。本专利的"十字"形造型并非被诉决定和三级法院认定的由三瓣花改为四瓣花不会产生整体视觉效果差异的结果，因为它是本专利主视图最为显眼的立体造型，一般消费者在正常使用该外观设计专利产品时不仅仅是容易观察到的问题，而且可以说是一眼便知，对整体视觉效果的影响非常大。比较而言，对比设计主视图显示的整体造型是"人字"形造型。因此，一般消费者以普通注意力观察，其与对比设计的区别是非常明显的。将一个整体呈"人字"形、一个整体呈"十字"形的整体视觉效果视为环绕的视觉效果而没有明显区别，是不成立的。

区别点2是通过整体观察立体图直接得到的整体外形区别，是一般消费者正常使用产品最容易观察到的部位，但是形状是有限设计方式，一般消费者不会将其作为装饰性设计，对整体视觉效果影响相对较小。

区别点3虽然涉及设计过程，但是其所体现的结果依然显示出较大区别。植物栽培盆类产品的形状主要由底面决定，如果底面是三边形、四边形、多边形，产品形状就是多边形；如果底面是圆形，那么无论怎么变化产品形状也是来自圆。正是由于设计过程的不同，产品表现出来的整体形状才会存在显著差别。根据《专利审查指南》第5.2.6.1的规定，对于产品外观设计整体形状而言，圆形和三角形、四边形相比，其形状有较大差异，通常也不能认定为实质相同。

区别点4是通过整体观察主视图得到的视觉效果。这一变化非常明显，一般消费者容易观察到，也会施加较大的注意力。这一变化不是为了实现产品的功能，一般消费者也会将其作为装饰性设计来看待，对整体视觉效果的影响比较大。

区别点5是通过整体观察主视图得到的视觉效果。虽然这一区别被被诉决定和三级法院裁判文书表述为数量变化，但并不能从数量变化来推理外观变化。因为数量是抽象意义的，是对事物的抽象化描述而不是具象描述；而外观是具象的，是对事物的直观描述。将数量变化等同于外观变化，是对直观变化进行抽象化，也是利用抽象描述来替代视觉效果变化，违背了外观设计判断的基本要求。因为根据《专利法》（2008）第2条规定，外观设计是指对产品的形状、图案或者其结合以及色彩与形状、图案的结合所做出的富有美感并适于工业应用的新设计，强调的是具体形象之新，而不是抽象特点之新。如果将这一区别认定为是从3个花瓣状单元到4个花瓣状单元的变化，实际上就是去掉了3、4这些数字所描述的直观形象。3个花瓣状单元体现的直观形状与4个花瓣状单元体现的直观形状是完全不同的。从一般消费者的角度进行整体观察，这一区别是比较容易观察到的部位，对整体视觉效果的影响比较大。

区别点6是通过整体观察主视图可以直接得到的区别，是兼具功能性与装饰性的设计特征。在花盆内部底部，设计者的发挥空间是存在的，隔板的功能性并没有完全决定隔板的形状，装饰性特点比较明显。而且，一般消费者以通常的注意力就可以观察到，属于明显的区别特征。其理由是：

第一，本设计的图片包括主视图、后视图与左视图，根据《专利法》第59条第2款规定，外观设计专利权的保护范围以表示在图片或者照片中的该产品的外观设计为准，也即这些视图都构成观察外观设计区别点的基础。从主视图观察，隔板位于内底部中央区域，呈"十字"状，占据主视图的主要部分，一般消费者不需要付出超过通常应当付出的注意力就可以观察到，是非常明显的区别点。

第二，从产品构成看，植物栽培盆类产品通常由盆壁与盆底构成，两者相互连接形成的空间是该类产品发挥功能的关键。对于植物栽培盆产品容易观察到的部位与不容易观察到的部位的区分，不能采用处于内部还是外部、处于顶部还是底部这种简单标准，而是应当采用是否构成产品的重要部位这一标准。一般而言，重要部位对选择产品具有重要的决定意义，是一般消费者都会观察到的部位，也是其识别产品是否具有区别与审美意义的重点。这一标准符合一般消费者的通常认知观念。底部区域是植物栽培盆的两个重要部位之一，虽然是植物栽培盆内部，但并非产品的内部构成或者非显著部位，也并非一般消费者不容易观察到的部位，而应当是其在观察该类产品时不可能忽视的区域。

综合来看，本专利与对比设计的4个相同点对整体视觉效果的影响均相对较小，而在区别点中，除区别点2影响较小之外，其他5个区别点对整体视觉效果的影响较大。区别点更多体现了本专利设计的新颖性和独特性，使其与对比设计整体视觉效果存在显著差别，一般消费者也能够与对比设计进行实质性区分，因而二者具有明显区别。

**2. 结合相关既判案例看本案如何适用"整体观察、综合判断原则"**

就本案而言，即使承认被诉决定和法院裁判文书中认定的本专利与对比设计两者"花瓣状单元"本身设计特征相同，也需要着重比较两者的不同设计特征对于外观设计整体视觉效果是否产生显著性影响。这方面，既判案例已提供了较多成熟的经验。

例如，在某儿童用品有限公司与山东某婴儿用品有限公司、孙某侵害外观设计专利权纠纷，最高人民法院认为：在判断的过程中，产品正常使用时容易被直接观察到的部位以及授权外观设计的区别性设计特征对整体视觉效果一般会具有较大的影响。[①] 就本案而言，本专利产品正常使用时容易被直接观察到的部位和区别性设计特征，主要体现为底部的隔板。根据上述判决的观点，其对整体视觉效果具有较大影响。

又如，在丹阳市某照明器材有限公司与童某侵害外观设计专利权纠纷案中，最高人民法院认为：区别设计特征使得涉案专利设计在整体视觉效果上明显区别于现有设计，即这些区别设计特征是涉案专利的创新之处，其相较于涉案专利设计的其他设计特征在外观设计相同或近似的整体视觉效果判断上更具有影响。[②]

进一步说，对照本案，被诉决定和法院裁判文书均强调"两者花瓣状单元本身设计特征相同。花瓣状单元数量的增加未脱离花瓣状单元绕盘底中心构成花盘的整体视觉效果。花瓣状单元数量的增加未产生独特的视觉效果"；以及"由于隔板存在于花盘内部底部，占花盘整体比重较小，对花盘整体视觉效果影响不大"，只对本专利和对比设计两个主要特点进行了描述和说明，而没有从一般消费者的眼光评判，没有引入"整体观察、综合判断"的判断方式，即应当结合涉案专利四花瓣状外部设计和花盘内暴露于底部的隔板设计。换言之，没有同时将四花瓣设计和隔板作为一个整体考虑，没有就整体观察、综合判断后会产生什么视觉效果进行任何评论，而只是将两者分别与对比设计进行对比，分别说明对涉案外观设计整体视觉效果缺乏显著性的影响。由于这种对比方法没有将本专利主要设计特征做整体观察和综合判断，这既违反了《专利审查指南》、最高人民法院司法解释的规定，也与最高人民法院既判案例不符。

---

① 最高人民法院（2014）民申字第1865号民事判决。

② 最高人民法院（2015）民申字第633号民事判决。

由于本专利主视图具有特定朝向，在运用整体观察、综合判断方法时，还需要特别注意特定朝向产品主视面对外观设计整体视觉效果产生的显著的、强烈的影响。以下将结合相关既判案例予以探讨。

本专利的简要说明已明确指出："最能表明设计要点的是主视图"。本专利由于是日用植物栽培盆，故其具有特定的朝向——必须朝上，而不是其他任何方向。从该主视图可以清楚地看出：隔板是本四花瓣花盘中容易被直接观察到的部位和最醒目的部位。不仅如此，由于对比设计恰恰缺少隔板，因而它也是相对于现有设计的区别性设计特征。《最高人民法院关于审理侵犯专利权纠纷案件应用法律若干问题的解释》第11条第2款明确规定："下列情形，通常对外观设计的整体视觉效果更具有影响：（一）产品正常使用时容易被直接观察到的部位相对于其他部位；（二）授权外观设计区别于现有设计的设计特征相对于授权外观设计的其他设计特征。"由此可见，本专利中隔板这一区别于现有设计的区别性设计特征对于外观设计整体视觉效果产生的显著影响，绝对不能忽视。

事实上，有关既判案件能够很好地佐证上述观点。例如，在2005年一中行初字第769号判决书中，北京市第一中级人民法院强调了特殊方向朝向的情况下要部对于整体视觉效果影响。判决书指出，对以特定方向朝向使用者的产品，其在使用状态下能够被看到的部位相对于看不到的部位对整体视觉效果的影响明显强烈。如果产品在使用状态下其背面的外观设计不会受到一般消费者的关注，而其主视面相对于其他部位的外观设计对其整体视觉效果具有明显的强烈的影响，那么在判断外观设计是否相同或者近似时应采取要部判断，即将外观设计的主视面与对比设计的主视面进行比较。①

本专利中，从主视图观察，隔板这一设计要点非常明显。隔板有明显

---

① 冯晓青.知识产权权属专题判解与学理研究（第2分册）[M].北京：中国大百科全书出版社，2010：206.类似案例还如，最高人民法院（2014）民提字第34号（改判）：本案专利的伸缩共鸣腔的形式并不是该类产品的惯常设计，也不是由音箱类产品的功能限定的唯一特定形状，由于其占据了该产品的显著位置，因此第二个区别点对该产品的整体视觉效果产生了显著的影响。

的鱼鳞状图案与凹槽，与对比设计区别明显，底面的整体格局与对比设计不仅不同，而且相差很大。但是，被诉决定和法院裁判文书完全没有提及和重视涉案专利主视图，对简要说明中着重强调本专利设计要点在于主视图也只字不提，而主视图中除了外观造型为类似四瓣花外，最吸引眼球的是隔板。换言之，应当认识到本案中，就本专利与对比设计整体视觉效果的区别而言，区别于现有设计的隔板作为涉案主视图中的核心，必然会对本专利整体视觉效果产生强烈的显著性影响，从而决定了本专利与现有设计或现有设计特征的组合具有明显的区别。

## 五、属于单纯形状和设计空间有限的外观设计专利可受到较为宽松的法律保护

本专利属于单纯形状的外观设计专利。本专利简要说明中也指出，保护的是形状。基于特定类型产品形状的有限性，形状类型外观设计创新难度较大，为鼓励和保护这类发明创造，在保护标准掌握上需要给予一定的宽松度。例如，在某公司与阳江市某贸易有限公司、阳江市某剪有限公司设计专利权纠纷再审案中，最高人民法院即认为：专利权属于单纯形状类型的外观设计，是对产品外观的基础性创新，创新难度更大，应获得更宽的保护范围，得到更为充分的法律保护。[①]就本案而言，本专利也属于单纯形状的外观设计，是对花盆类产品外观的基础性创新，也应获得更宽的保护范围，得到更为充分的法律保护，而不是相反，甚至像本案一样将其上升到类似于发明和实用新型专利创造性高度。

同时，也需要重视外观设计专利产品的设计空间问题。设计空间的大小直接影响了外观设计产品设计的难度大小。所谓设计空间，是指外观设计针对现有设计来说，其可以自由发挥设计灵感、实现设计创新目的的范

---

① 最高人民法院（2013）民申字第29号民事判决。在京高法发〔2013〕301号第80、82案中，法院也认为就立体产品一类外观设计而言，形状对于整体视觉效果具有更强烈的影响。因此，以形状为重点是进行相同或者近似判断的基本要求。

围和可能。不同类型产品外观设计的设计空间不同，同类型产品设计基于不同的用途和消费群体，设计空间也可以不同。就特定产品的设计空间而言，其设计空间大小与该外观设计产品的一般消费者对相同或者类似产品外观设计的知识水平与认知能力密切相关。因此，在认定外观设计专利与对比设计是否存在差异时，基于设计空间及其对消费者知识水平和认知能力的影响，需要考虑特定外观设计产品设计空间问题。

如果产品外观设计的设计空间很大，该设计者发挥设计灵感、实施设计创新的机会和路径就很多，该产品外观设计也就容易出现异彩纷呈、风格迥异的多样化的设计。如果产品外观设计的空间很小，由于设计者很难突破现有设计，设计者发挥灵感、创作出富有创新的设计难度变大。至于处于上述两个之间的其他外观设计，其设计空间存在从小到大的过渡状况。由此可以得出结论，设计空间大的外观设计专利产品，在认定本专利与对比设计的区别对于整体视觉效果而言是否存在显著性影响方面，对于细微局部差异的影响不应过于强调；相反，对于设计空间较小的外观设计产品而言，细微局部的差别不应完全被忽略，其实质体现了知识产权法上的利益平衡原则：[①] 创新难度与保护的宽松相对应，创新难度大的应给予较为宽松的保护，创新难度小的应给予相对严格一些的保护。其实，上述最高人民法院（2013）民申字第29号民事判决就体现了这一思想。[②]

根据上述外观设计的设计空间及其与一般消费者知识水平和认知能力的关系，就本专利而言，其涉及的产品为植物栽培盆。从该产品使用日常生活经验法则看，以空间满足功能需要为目的，由盆壁与盆底构成，属于比较简单的产品，自由设计空间小，即其设计自由度只有盆壁和盆底。因

---

① 冯晓青. 专利法利益平衡机制之探讨 [J]. 郑州大学学报（哲学社会科学版），2005，（2）：58-62.

② 《最高人民法院关于审理侵犯专利权纠纷案件应用法律若干问题的解释（二）（2020年修正）》（2021年1月1日施行）第14条则规定："人民法院在认定一般消费者对于外观设计所具有的知识水平和认知能力时，一般应当考虑被诉侵权行为发生时授权外观设计所属相同或者相近种类产品的设计空间。设计空间较大的，人民法院可以认定一般消费者通常不容易注意到不同设计之间的较小区别；设计空间较小的，人民法院可以认定一般消费者通常更容易注意到不同设计之间的较小区别。"

此，该领域内的外观设计必然存在局部的相同或相似之处，例如盆壁设计无非是方形、圆形等非常有限的设计方式。因此，根据前述原理，在对该领域产品进行对比判断时，应当秉承谨慎态度，适当划定外观设计专利权人的垄断范围，以确保该类产品设计的均衡发展。因此，该领域产品的一般消费者应当对不同设计的较小区别予以注意。唯有如此，才能适当保护对比设计权利人的利益，维护该领域的公平正义，体现知识产权法的利益平衡原则。

## 六、 结论

外观设计专利无效制度本意在于保障外观设计专利授权质量，将不符合法律规定条件的授权外观设计专利通过专门的法律程序清除出去，以维护专利法制的权威性、公众利益和外观设计产业公平竞争秩序，保护和促进设计创新。但是，矫枉不能过正，对于那些符合外观设计专利授权条件的授权外观设计，不能仅基于功能性设计特征的相似就忽视装饰性设计尤其是整体视觉效果上明显区别于现有设计的区别设计特征（如本专利产品底部隔板）的作用而轻易否定其专利性。否则，法律所追求的公平正义在个案中就会被扼杀。

# 下 篇

# 知识产权战略运用

# 企业知识产权战略内涵及其价值探析 ①

企业知识产权战略既是企业战略的重要组成部分，也是知识产权战略的重要内容。在当前企业面临的国内外竞争环境日益激烈、知识产权制度的地位日益提高的新形势下，企业知识产权战略的地位和作用也日益提高。本文拟对企业知识产权战略内涵及其在我国经济社会中的重要地位与作用进行探讨。

## 一、企业知识产权战略的基本内涵

### （一）知识产权战略的概念

一般认为，知识产权战略是运用知识产权制度的功能和特点谋求获取最佳市场竞争地位的总体性谋划。② 它是对一个国家知识产权制度的战略性运用，用以促进国家经济社会发展的战略模式。在知识产权制度越来越重要的国内外环境下，从战略高度运用知识产权，实施知识产权制度越来越成为一个国家和地区经济发展战略的重要形式。知识产权战略属于竞争战略的范畴，它是市场经济主体实施竞争行为的高级形式和较高的境界。随着知识产权制度在一个国家经济社会发展中地位的日益提高，知识产权战略也与国家经济发展、科技进步和综合竞争实力的提高日益相关，这就使得知识产权制度在一个国家的运行被提到战略高度，同时也使得知识产

---

① 原载《武汉科技大学学报》（社会科学版）2017年第2期。

② 吴汉东.中国企业知识产权的战略框架 [J].法人杂志，2008，（Z1）：40–41，128.

权战略具备了国家战略的禀赋，在国家整体战略中的地位越来越重要。

在现代社会，知识产权战略是依托于知识产权制度的以知识创新、技术创新为内核的谋求最佳经济效益的战略形式。考察知识产权战略的产生和发展历史可以看出，知识产权战略源于公司战略，在相当长的时间内知识产权战略甚至是被作为公司的商业秘密来认识的。当然，即使在当前很多制定与实施了知识产权战略的企业，其知识产权战略确实也是被作为商业秘密看待的。不过这只是企业知识产权战略的一个侧面，其真正用意是服务于企业战略，为提高企业市场竞争力而运作的。在国家层面上，知识产权战略是一种国家战略，是提高国家整体的竞争能力和核心竞争力的政策工具，如国务院2008年6月5日颁布的《国家知识产权战略纲要》就是如此。它是将知识产权从单纯的法律范畴和法律保护问题上升到关系国家大政方针的战略层面，以此实现国家科技、经济和社会发展，提高国家技术和市场竞争力的一种国家战略。

### （二）企业知识产权战略的概念

企业知识产权战略显然属于知识产权战略的范畴，它是企业利用知识产权制度，为获取与保持市场竞争优势并遏制竞争对手，获取最佳经济社会效益的总体性谋划。企业知识产权战略是企业的竞争战略，是企业提升创新能力的重要保障，是知识产权战略和企业战略的交叉部分。企业知识产权战略这一概念是在知识产权日益成为企业重要的生产要素和无形资产、日益成为企业参与市场竞争、求得生存和发展的重要手段这一背景下被提出来的。

企业知识产权战略强调其目的是为了获取市场竞争优势，这种优势是企业取得市场竞争地位的标志。为取得这种优势和地位，企业知识产权战略强调充分利用知识产权制度的功能和特点谋求获取更多的资源和优势。企业知识产权战略既属于企业战略的范畴，也属于知识产权战略的范畴，它是企业对知识产权法律及其制度的综合运用和战略性运作，是企业将知识产权制度的特点、技术特点、市场经营特点和商业化经营模式的有机结合，是企业以技术开发和创新、品牌支撑为核心，获得竞争优势的动态运行过程。它也是现代企业进行知识管理的主要形式。一般地说，当知识产权的创造、运用、保护和管理成为企业获得市场竞争力的重要手段和来源时，知识产权战略在企业中的实施更具有现实意义。

企业知识产权战略是国家知识产权战略体系中的重要组成部分，与国家知识产权战略的实施具有密切联系。例如，日本知识产权战略大纲中的很多内容就涉及对企业知识产权战略的规范，以此推进国家知识产权战略，如要求企业"应有全球性竞争意识，并从战略的高度制定相应的对策""战略性地利用知识产权""将知识产权经营战略化"等。

在当今国家知识产权战略和知识产权强国建设大力推进的形势下，企业知识产权战略具有特别重要的意义和价值。企业知识产权战略是落实和实现国家知识产权战略的基本形式和重要内容，离开企业知识产权战略的有效实施，国家知识产权战略最终将无法实现其目的。这是因为，企业知识产权战略是企业管理创新的基本形式和手段，它贯穿于企业管理创新的全过程，对于提高企业的核心能力，特别是核心竞争力具有关键意义，而国家知识产权战略的落实和实现，最终需要通过企业知识产权战略去实现和体现。

## 二、企业知识产权战略的重要意义与作用

### （一）我国实施知识产权战略的背景与重要意义

战略作为企业发展整体运行的指导思想、理念和行动方针，对企业发展具有至关重要的作用和影响。当前国内外市场竞争越来越激烈，具有垄断性法律特征的知识产权自然成为企业克敌制胜、赢得市场竞争优势的战略武器。企业知识产权战略则是企业为求得生存与发展、构建竞争优势的战略。为此，企业应当未雨绸缪，加强对自身知识产权战略和政策支持体系的研究和落实。企业需要结合自身科技、经济实力和公司战略确定技术

和市场发展方向，积极加强对知识产权战略的研究，提出适合于自身的具有全局性和长远性的知识产权战略规划、实施方案及对策思路，规划其未来知识产权愿景。以下将在讨论我国实施知识产权战略的必然性和重要意义的基础上探讨企业知识产权战略的重要意义与作用。

## 1. 我国实施知识产权战略的必然性

从近些年美国、日本、韩国的经验看，实施国家知识产权战略是其经济发展战略的重要内涵。特别是美国，很早就重视运用知识产权制度促进国家创新和经济发展。其在政府工作报告中曾指出"从美国立国基础看，保护知识产权始终是国家创新的支柱"。美国在20世纪80年代即启动了国家知识产权战略，并取得了巨大成功。当然，美国在20世纪80年代开始实施国家知识产权战略有其特定的历史背景。即20世纪80年代以来美国遇到了日、欧和新兴工业化国家的有力竞争，曾出现研究开发经费减少、贸易赤字增加的困境，而美国认为必须发挥其占优势的科技、人才优势，强化知识产权在国家战略中的作用才能走出困境。为此，美国将知识产权战略提升到国家战略层次，率先启动国家知识产权战略。在2002年，美国又制定了《21世纪专利战略发展纲要》，提出要依靠知识产权保护美国经济。近些年又出台《引领全球知识产权保护与政策——2007~2012年战略计划》，表明其推动国际知识产权保护的立场和观点。美国知识产权战略以完善知识产权法律制度，充分保护其技术和产品优势，推动实现美国全球经济战略为指针。从其知识产权战略和知识产权制度的嬗变来看，美国知识产权战略的制定和推行促进了其知识产权制度的演变，亦即从弱保护到强保护、从选择保护到全面保护的过程，而变化的根源则在于美国技术创新能力和科技经济实力的不断提高。美国知识产权战略实施的几个核心内容是：在国内层面，通过完善知识产权制度促进创新成果的知识产权保护与市场竞争的协调，以促进知识的创新、扩散、转移、应用和价值实现为重点，在充分利用知识产权制度激励创新的同时，防止知识产权过度保护构成对市场等竞争秩序的破坏；在国际层面，牢牢控制国际知识产权制度制定与修改的主动权，以在最大程度上维护美国的国家和企业利益，极力推动知识产权国际保护水平的不断提高；在知识产权战略运作上，以提升企业在国内外市场的知识产权制度运用能力为核心，确保国家和企业在国际知识产权竞争中取得战略优势；在知识产权制度与政策上则体现为由注重保护到在保护基础上向激励扩散和应用方向转变，通过改革专利司法制度，完善促进技术创新的知识产权法律制度，理顺创新者对创新成果的利益关系，实现激励技术创新的目标。

很多学者研究美国的政治经济科技问题时发现，美国科技经济的发展壮大与其知识产权制度的建立和完善密不可分，在21世纪知识产权的作用还会加大。正如有研究成果指出："通过分析知识产权在美国经济增长中的历史作用，我们可以发现创造能力和适应能力不仅一直是美国经济的推动力量，而且它们在将来仍将扮演这一角色。这种历史的考察可以使我们得出一个基本的结论：在下个世纪，美国的经济增长和竞争力很大程度上是由以下因素决定的，即美国在多大程度上能够创造、拥有、维持并保护它的知识产权"。[①]

日本在二战后长期实行技术立国战略，并较早重视利用知识产权战略推动技术发展。这源于在20世纪50年代后日本企业受到欧美企业的知识产权战略进攻，认识到实施知识产权防御战略以攻为守的重要性。1974年，日本特许厅出版《美国企业的专利技术战略》和《欧洲企业的专利战略》等，用以指导国内企业制定和实施专利战略。其通产省在1999年又成立了专家委员会，专门研究如何通过实施知识产权战略提高企业的国际竞争力的问题。随着经济转型，进入21世纪后日本即启动了知识产权立国战略，并正在推进。日本政府在2002年颁发了《知识产权战略大纲》，在2004年制定《知识产权战略推进计划》，采取了一系列推进知识产权战略的措施。日本政府启动知识产权战略有其深刻的原因，这就是随着20世纪90年代以来日本经济的持续低迷，日本政府逐渐认识到随着网络信息

---

① 莱曼．知识产权：美国在21世纪的竞争优势 [M]．尼夫，塞斯菲尔德，塞弗拉．知识对经济的影响力．邸东辉、范建军，译．北京：新华出版社1999：93.

社会的形成和知识经济的凸显，国家竞争力的提升和增长的动力更多地来自技术创新，鼓励和发展具有持续创新能力和活力的产业才是经济增长的关键。基于知识产权作为国家战略性资源和创新成果的重要性，启动知识产权立国战略势在必行。正是在这种背景下日本小泉内阁提出了日本知识产权战略的设想，试图以建立国家知识产权战略体系、实施知识产权国家战略来摆脱日本经济的困境。日本知识产权战略分为创造战略、保护战略、应用战略和人才战略四个部分。在企业层面，日本也较早形成了知识产权战略体系，建立了融技术战略、信息战略、资产经营战略、组织管理战略等于一体的知识产权管理体系。

上述美国、日本国家知识产权战略为我国知识产权战略的启动和实施提供了经验借鉴。在当代知识产权制度日益重要的环境下，知识产权制度运行已上升到国家战略层面，知识产权在一个国家中已取得战略地位。因此，知识产权战略需要提高到国家战略的高度，服从于国家整体战略需求。

在我国，在政府层面首次提出国家知识产权战略出现在2004年我国中长期科技发展规划制定过程中。在该规划制定过程中，提出了实施国家知识产权战略的思想，并认为实施国家知识产权发展战略是要通过加快推进知识产权事业的发展来促进国家总体目标的实现。[①]

我国实施国家知识产权战略也是我国经济、科技和社会发展，特别是产业结构调整和经济战略转型的必然要求。改革开放40年以来，我国一直保持着经济的高速发展，创造了世界经济发展史上的奇迹。然而，未来经济的发展主要不能再建立在高消耗、高污染和大量初级产品、劳动密集型经济的基础之上。随着我国加入世界贸易组织（WTO），我国出现了国内市场国际化和国际市场全球化的新局面，关税壁垒逐步让位于以知识产权为核心的技术壁垒，我国技术和市场遇到了前所未有的知识产权壁垒。特别是我国很多企业缺乏知识产权战略意识和经验，对待知识产权问题还

---

① 张志成.知识产权战略研究 [M].北京：科学出版社，2010：17.

停留在保护层面。加之我国对外技术依存度仍较高，通过加强知识产权制度建设，启动知识产权战略，提高我国和企业的核心竞争力，是在新形势下我国经济和社会发展的必然选择。实施国家知识产权战略，就是要以建立和完善知识产权制度为基础，通过激励知识产权创造，促进知识产权在我国的有效保护、管理和运营，大幅度提高我国自主知识产权的数量和质量，提高我国企事业单位战略性地运作知识产权的水平，提升我国的核心竞争力。我国知识产权战略的制定和实施，不仅是实现我国经济社会发展战略转型、提高我国综合国力的需要，也反映了当代知识产权保护日益战略化的客观现实。

### 2. 我国实施知识产权战略的重要意义

实施我国知识产权战略的重要意义可以从以下几方面加以认识。

第一，实施知识产权战略是我国建立健全社会主义市场经济体制的重要保障。

知识产权战略是以知识产权法律制度为基础在战略层面上运作知识产权的战略形式。其中知识产权制度是我国社会主义市场经济法律体系的重要组成部分，它为公平合理地保护知识产权人的利益，调整知识产权人与社会公众利益关系，实现知识产权保护与竞争政策的平衡，规范社会主义市场经济秩序，提供了重要的法律保障。知识产权法律制度作用和功能的发挥则需要充分有效地运用该制度。实施知识产权战略就是更好地运用知识产权法律制度的作用和功能谋求更有利的市场竞争地位的战略形式。

第二，实施知识产权战略是实现我国建设创新型国家目标的重要途径。

党的十六届五中全会上，提出了提高自主创新能力、建设创新型国家的宏伟目标。时任中共中央总书记胡锦涛在该次重要会议上指出：提高自主创新能力，要紧紧围绕为经济社会发展服务这一中心任务，瞄准世界科技发展前沿，坚持有所为有所不为，明确自主创新的战略目标，着力解决制约经济社会发展的重大科技问题，积极发展战略高科技，特别是对经济增长有重大带动作用、具有自主知识产权的核心技术和关键技术以及能够提高产业整体技术水平的共性技术和配套技术，形成一批市场占有率高的产品和国际知名品牌，带动国际整体科技水平和创新能力的提高。提高自主创新能力是实现创新型国家的根本，而实施知识产权战略对于自主创新能力的提高具有极端重要的意义。这是因为，自主创新能力提高要求我国改变经济增长方式，逐步通过拥有更多的核心技术和知名品牌而促进经济社会发展，要求重视和加大知识资源的开发和运用。知识产权制度则是一种促进知识资源创造和有效分配、运用的法律制度，而"知识产权战略是自主创新的环境保障，国家知识产权战略的核心是完善知识产权制度"，[①]通过实施知识产权战略，可以调动知识创造的积极性，为知识创新提供良好的外部环境，对于促进我国自主创新能力的提高具有极端重要的作用。

第三，实施知识产权战略是提高我国核心竞争力的必要措施。

当前，随着经济全球化和知识经济的凸显，知识产权作为一种战略性资源在一个国家和地区中的地位越来越高，既成为国家间竞争的重要领域，其本身也是一个国家核心竞争力和经济科技实力的重要象征，如当今世界科技经济强国无不是知识产权强国。时任国务院总理温家宝2004年6月在山东考察时强调指出，世界未来的竞争就是知识产权的竞争。我国未来经济社会发展需要走创新型国家之路，通过知识产权战略实施能激发市场经济主体获取更多自主知识产权，提高国家核心竞争力。

### （二）我国企业知识产权战略实施的重要意义与作用

我国企业大力实施知识产权战略，具有极其重要的意义和作用。具体地说，其主要体现于以下三方面。

#### 1. 贯彻落实国家知识产权战略

企业是市场经济主体，企业竞争力在很大程度上决定了国家的竞争力，企业竞争力是国家竞争力的重要标志。随着知识经济的凸显和科学技

---

① 引自全国人大常委会路甬祥副委员长在2009年中国知识产权高层论坛上发表的讲话。

术的迅猛发展，知识产权越来越成为国家重要的无形财富和战略资源。正如英国政府的一份白皮书指出："竞争的胜负取决于我们能否充分利用自己独特的、有价值的和竞争对手难以模仿的资产，而这些资产就是我们所拥有的知识产权"。[①] 企业知识产权战略实施情况如何，不仅对其本身创新能力提高具有决定性意义，而且也在很大程度上决定了国家的核心竞争力。当今西方发达国家都是以其强大的企业作为立国之本的，其企业将对知识产权的创造、运用、保护、管理提升到战略的高度。知识产权战略则是充分发挥知识产权制度在企业中的作用和功能，谋求最大限度地获取有利市场地位。在国家知识产权战略体系中，企业既是国家知识产权战略实施的关键主体，也在国家知识产权战略体系中占据核心地位，在知识产权战略体系中具有不可替代性。甚至可以认为，"企业知识产权战略是国家知识产权战略在微观层面的最为重要的组成部分"。[②] 这是因为，企业是我国知识产权创造和运用的主体，也是知识产权保护和管理等实践运作的对象，离开企业知识产权战略，国家知识产权战略将失去依托，并且国家知识产权战略的目标和价值最终需要通过企业予以实现。因此，从企业知识产权战略与国家知识产权战略的关系，可以认识其重要意义和作用。

从国外经验来看，日本政府启动的知识产权立国战略工程，其着力之处就是企业知识产权战略。进言之，日本推行的知识产权战略以产业发展为核心，以提高企业知识产权的创造、保护与综合运用知识产权的能力为重要目的。再从我国国务院发布的《国家知识产权战略纲要》的内容看，实现国家知识产权战略的目标，在相当多的方面需要企业去落实和实现。例如，在近期战略目标方面，其指出"企业知识产权管理制度进一步健全，对知识产权领域的投入大幅度增加，运用知识产权参与市场竞争的能力明显提升。形成一批拥有知名品牌和核心知识产权，熟练运用知识产权制度的优势企业"；在战略重点之"促进知识产权创造与运用"方面，提出要"推动企业成为知识产权创造和运用的主体。促进自主创新成果的知

---

① 吴汉东.国家软实力建设中的知识产权问题研究 [J].知识产权，2011，（1）：3-6.

② 吴汉东.中国企业知识产权的战略框架 [J].法人杂志，2008，（Z1）：40-41，128.

识产权化、商品化、产业化，引导企业采取知识产权转让、许可、质押等方式实现知识产权的市场价值"，体现了企业是技术创新主体的思想；在战略措施之"提升知识产权创造能力"方面，其指出要"建立以企业为主体、市场为导向、产学研相结合的自主知识产权创造体系。引导企业在研究开发立项及开展经营活动前进行知识产权信息检索。支持企业通过原始创新、集成创新和引进消化吸收再创新，形成自主知识产权，提高把创新成果转变为知识产权的能力。支持企业等市场主体在境外取得知识产权。引导企业改进竞争模式，加强技术创新，提高产品质量和服务质量，支持企业打造知名品牌"；在战略措施之"鼓励知识产权转化应用"方面，指出要"引导支持创新要素向企业集聚，促进高等学校、科研院所的创新成果向企业转移，推动企业知识产权的应用和产业化，缩短产业化周期。深入开展各类知识产权试点、示范工作，全面提升知识产权运用能力和应对知识产权竞争的能力。"此外，在其他方面，如各项知识产权的创造、运用、保护和管理，知识产权文化建设等方面，企业在实现《国家知识产权战略纲要》目的也具有不可替代的重要作用。这些内容无不反映了企业作为我国市场经济主体和技术创新主体，对于推动和落实国家知识产权战略具有特殊地位。因此，从这个意义上讲，企业知识产权战略的制定与实施是落实国家知识产权战略的重要保障。①

值得注意的是，企业知识产权战略在国家知识产权战略体系中的重要地位这一事实不能否认国家知识产权战略对于企业知识产权战略的指导和引导作用，企业知识产权战略也需要受到政府的指导和政策支持。在企业知识产权战略中，企业是主体和核心，也需要得到政府部门的扶持和引导。当然，也不能因此否认企业知识产权战略的独立性，甚至否认企业要有自己的知识产权战略，否则将误入歧途，不利于企业知识产权战略的推行。

---

① 《知识产权强国建设纲要（2021-2035年）》针对企业知识产权能力提升，也做出了相关规定。如提出要"完善以企业为主体、市场为导向的高质量创造机制"，"培育一批知识产权竞争力强的世界一流企业"。从此，也可以理解制定和实施企业知识产权战略的重要性。

### 2. 确保企业获得市场竞争优势、赢得市场竞争主动权

"竞争优势"这一概念最初于1939年由英国经济学家张伯伦提出，后来该概念被引入战略管理领域。企业知识产权战略也与竞争优势特别是市场竞争优势直接相关。赢得市场竞争优势是企业战略的根本目标，也是企业知识产权战略追求的最高境界。例如，德国企业界确立的知识产权战略目标就是利用专利和其他占优势的知识产权独占技术和产品市场，提高企业产品在国外市场的占有率，以使企业产品在国内外市场占据竞争优势。又根据美国管理学家迈克尔·波特（Michael Porter）的竞争优势理论，一个国家昌盛的原因在于其在国际市场上具有竞争优势。这种优势依赖于国家主导产业的竞争优势，而国家主导产业的竞争优势则源于企业具有创新机制而提高了效率。[①] 波特的国家竞争优势理论立足于企业和行业的竞争优势，具体来说包括生产要素、国内需求、相关支撑产业、企业战略结构和竞争、政府的作用以及机会。波特的上述观点是对竞争优势来源挖掘的体现，属于企业竞争优势的所谓"外生理论"范畴，与企业竞争优势的"内生理论"不同。[②] 竞争优势外生理论主张产业吸引力与企业在市场中的位势作为企业市场竞争优势的重要来源，通过实施新技术、新产品开发的产品差异化战略、扩大生产规模的低成本战略以及目标集中战略等模式来提高行业壁垒，获得市场竞争优势。事实上，企业战略模式与特定的经济时代和环境息息相关。例如，在20世纪70年代前的规模经济时代，企业更关注市场份额和产品价格，拥有市场份额和较低的产品价格就能占据市场竞争优势。在20世纪七八十年代，波特提出的上述竞争战略模式亦尚未将知识产权战略纳入重要位置。

传统观念认为价格和质量是决定产品竞争力的关键因素，随着技术竞争的加剧以及知识产权在企业竞争中的作用的日益提高，产品竞争力的决定因素日益复杂，单纯依靠价格和质量难以取得竞争优势，而是包含了产

---

① 波特.国家竞争优势 [M].李明轩，邱如美，译.北京：华夏出版社，2002：92.

② 企业竞争优势的内生理论较有影响的如资源基础理论、企业能力理论和知识论等学说。

品的设计、性能、技术和品牌等诸多因素。再从企业竞争优势的发展趋势看，企业市场竞争优势的获取是一个渐进的过程，即从低层次市场竞争优势向高层次市场竞争优势转变，其中低层次竞争优势主要依赖于劳动力成本、廉价的原材料以及使用竞争者的技术、设备、方法等赢得市场份额，不是一种具有可持续性和稳定的竞争优势，其主要采取的是成本优势战略，获得市场竞争优势的广度和深度都有限，我国传统的企业竞争优势大体可以概括如此。高层次市场竞争优势则是通过技术、品牌和客户关系积累，以积累高附加值无形资产价值为特点的企业竞争模式，如专利技术竞争就属于高层次市场竞争范畴。在这种模式中，企业知识产权战略的作用极其重要，它可以充分利用知识产权制度的特点，将知识产权制度的法律属性与企业市场经营管理高度结合，获取市场竞争优势。通过实施企业知识产权战略，可以培育并提高企业核心能力，包括企业核心技术能力、核心组织能力和核心市场能力等方面，从而赢得市场竞争优势。也正是因为企业知识产权战略对于企业获取市场竞争优势具有重要作用，越来越多的企业已将其作为企业发展战略的重要组成部分，并用于指导企业的技术创新活动。

　　随着知识经济凸显、技术竞争的激烈和知识产权国际化的深入，企业的竞争主要体现于技术和市场的竞争，也同时越来越体现于自主知识产权数量和质量的竞争、品牌优势的竞争以及技术创新能力的竞争，其核心则是企业知识产权的竞争。换言之，当代社会企业竞争形式上体现为技术和市场竞争，实质上则体现为知识产权的竞争，对知识产权拥有的数量和质量，成为衡量企业技术能力和市场竞争力的重要标志。获取并利用知识产权已成为企业增强市场竞争力、参与市场竞争并最终获得市场竞争优势的重要手段。正如有专家指出，随着科技发展和经济全球化进程的加速，对知识产权的创造、获取和利用已成为一个企业乃至国家取得优势的关键因素。[①]

---

[①]　吴伯明. 实施国家知识产权战略 大力培育我国核心竞争力 [J]. 中国科技产业，2003，（4）：13–14.

随着各国、各地区之间的经济和技术竞争强度的加大，企业技术创新能力和知识产权在竞争结构中发挥着越来越重要的作用。知识产权保护和企业自主创新能力也已上升到提高国家竞争力的程度。习近平总书记即指出，加强知识产权保护，这是完善产权保护制度最重要的内容，也是提高中国经济竞争力最大的激励。企业自主知识产权的数量和质量不仅成为企业乃至国家经济和技术实力以及核心竞争力的重要指标，而且其本身是一笔巨大的无形资产和无形财富。例如，根据联合国发展计划署统计，全球品牌中名牌的比例不足3%，但市场占有率高达40%，销售额超过50%，计算机软件等个别行业甚至达到90%。[①] 自主知识产权是企业获取核心竞争力不可替代的资源和财富。美国加州大学伯克利分校蒂斯（Dieece）教授认为，企业生产要素与专有资源结合后形成的组织和管理能力作为企业的一种无形资源，需要企业的长期生产经营累积才能实现。企业形成的这种能力能够降低交易费用，是企业获得市场竞争优势的主要来源。这种从企业能力的角度对企业竞争优势的认识，也可以在一定程度上理解知识产权对于企业市场竞争优势的获取至关重要。

**3. 获得"知识产权优势"，提高知识产权能力，进而获得核心竞争力**

（1）企业知识产权优势及其意义

知识产权优势理论是随着知识产权地位的不断提升、知识产权在企业市场竞争和核心竞争力中的作用越来越大的情况下出现的一种新型经济增长和发展理论。这一理论的核心是充分利用知识产权制度，将企业的资金、人才、技术、管理等各方面资源进行高度整合，通过有效的知识产权运营，将企业的专利、商标、著作权、商业秘密、品牌等无形资产优势转化为市场竞争优势。知识产权优势是企业将其技术优势、人才优势转化为市场竞争优势的桥梁和关键。有学者将知识产权优势分为硬优势和软优势两类，其中，硬优势体现于在涉及知识产权资源的创造、占有和运营方面

---

① 吴汉东 . 国际金融危机下的中国知识产权战略实施 [N]. 中国知识产权报，2009，5，15.

的优势，特别是通过掌握高新技术领域和关键技术领域的核心技术，培育自主品牌，以许可、使用、投资和资产重组等形式获取高额垄断利润；软优势体现于运用知识产权法律规则和市场机制优化配置资源，引导和规范市场，激励与保护创新，同时保障知识产权人的权益。无论是上述硬优势还是软优势，整体上的知识产权优势还可以分为知识产权制度优势、知识产权规则优势、知识产权资源优势和知识产权运营优势等四个方面。[①] 还有学者提出了"垄断优势理论"，认为厂商的垄断优势包括先进技术、规模经济、组织管理技能、大规模资本、信息网络优势以及全球性市场营销，其中技术优势被认为是厂商最重要的垄断优势。在知识产权制度下的技术优势就是专利技术优势，因此从这里也可以得出知识产权形成垄断优势的结论。经济合作与发展组织则明确指出，发达国家跨国公司最可能利用的是建立在技术、品牌和其他知识产权等资产的所有权基础上的自身特有优势。[②] 该观点虽然是针对跨国公司的，却也导出了知识产权成为企业自身优势的结论。

企业知识产权优势的形成需要知识产权战略的推动，而这一优势形成本身存在内在的缘由，就是知识产权本身是企业重要的生产要素和智力资源，也是企业重要的经济资源。在企业竞争环境下，企业知识产权还是其战略性资源，充分运用知识产权可以放大资产效应，将有形资产与无形资产实现有机组合，提升企业资产价值，为企业取得竞争优势奠定基础，而这一过程也是企业知识产权优势获取和发挥效能的过程。

在当代，企业不仅是技术创新的主体，而且是国家之间进行经济技术较量和竞争的直接表现形式和平台。以国际上6万多个跨国公司为例，其控制了世界技术转移的90%和投资的80%。[③] 跨国公司的优势最终是通过拥有占优势的专利技术等知识产权表现的。事实上，企业之间的竞争越来越表现为知识产权方面的竞争，是否具有知识产权优势在很大程度上决定

---

① 郭民生，郭铮."知识产权优势"理论探析 [J]. 知识产权，2006，（2）：16-23.

② 世界投资报告（中文版），2006：35.

③ 王健.企业肩负的使命任重道远 [N]. 中国知识产权报，2011-6-24.

了企业核心竞争力和市场竞争优势。这是因为，知识产权越来越成为企业的生产要素，企业自主创新以及运用知识产权的能力和水平直接决定了企业可持续性发展空间。当然，知识产权优势的发挥，本身需要企业强化自主创新能力，并处理好自主创新和自主知识产权的关系。只有这样才能避免创新成果不能及时得到法律保护的状况，从而充分运用法律和市场手段保护创新成果。在知识产权制度环境下，企业技术创新的核心是将拥有知识产权的创新成果转化为市场竞争优势。

（2）企业"核心竞争力"的内涵与构成要素

企业通过建构知识产权优势进而形成核心竞争力，赢得市场竞争的胜利，是其实施知识产权战略的最终目标。《国家知识产权事业发展"十二五"规划》提出，应以"增强企业市场竞争力和国家核心竞争力"为目标。《"十三五"国家知识产权保护和运用规划》也将"加快知识产权强企建设"作为重点工作之一，指出要"切实增强企业知识产权意识，支持企业加大知识产权投入，提高竞争力"。这在很多企业制定和实施的知识产权战略中都有体现。例如，伊利集团制定的知识产权战略目标就是，"尊重他人知识产权，创造、保护和运用知识产权，利用知识产权提升企业核心竞争力"。企业知识产权战略本身作为企业整体战略的重要组成部分，是企业获得核心竞争力的关键所在，而企业核心能力则是其赢得市场竞争优势的源泉。这里的所谓"核心能力"，是普拉哈拉德（Prohalad）和哈默尔（Homwie）在《哈佛商业评论》杂志上发表《企业核心能力》一文所提出的概念，认为核心能力是组织中的累积性学识，尤其是针对如何协调不同生产技能和有机结合多种技术流的学识。现代企业开展竞争的几个层次是核心能力层、核心产品层和最终产品层。① 根据该文的观点，核心能力是形成核心竞争力的基础，而核心竞争力是指企业各方面技能和运行机制的有机结合，体现于在特定的市场经营环境中企业的竞争能力与竞争优势的合力。核心竞争力是竞争对手难以模仿的、能够对最终产品为顾客

---

① 李伟. 企业发展中的专利：从专利资源到专利能力——基于企业能力理论的视野 [J]. 自然辩证法通讯，2008，30（4）：54–58.

带来可感知价值做出重大贡献。① 随着企业间竞争的加剧，企业成功不能仅依靠一时的市场策略或偶然的产品开发，而应依靠企业核心竞争力的外在表现。核心竞争力是技术和技能的综合体，是竞争能力独树一帜的核心能力，在当前已成为一个企业成功与否的重要标志。② 核心竞争力也可以从竞争对手的角度加以理解，即它是相对于竞争对手而具有独到优势的，事关企业生存和发展的资源、能力、优势和独特的知识体系。

　　核心竞争力立足于企业的核心能力，而核心能力被普拉哈拉德和哈默尔认为是为消费者提供某种利益的企业技能与技术之整合，事实上这一"整合论"反映了将专利技术等知识产权作为企业核心能力构架范畴的思想。核心能力与核心竞争力之间具有密切关系，核心能力涉及企业开发独特产品、研制独特技术、创造独特营销手段等的能力，它本身是企业竞争力的重要组成部分，在企业竞争力中处于核心地位。企业核心能力的形成，是企业整合其内部资源、能力和知识的结果，体现了企业对市场竞争资源的整合能力和运用能力。拥有核心能力的企业能够开发核心产品，防止竞争者模仿和替代，并能够为企业带来巨大的市场价值。根据美国麦肯锡咨询公司关于企业核心能力的观点，它是某一组织内部一系列互补的知识和技能的组合，具有使一项或多项关键业务达到行业一流水平的能力。提高企业核心竞争力，关键在于提升企业的核心能力。

　　核心竞争力被认为是企业保持长期竞争优势、获得可持续发展的关键，因而核心竞争力的竞争本身也成为当代企业竞争的重要特色，形成了在技术竞争时代的另一个"核竞争"。例如，根据1997年英国经济学家情报社《展望2010年》的调查报告，全球67% 的公司依靠核心竞争力来推

---

① Prohalad . C .K , Homwie , Core Competence of the Corporation, Harvord Business Revie w, 1990, 68（3）: 79-87.

② 包晓闻，刘昆山 . 企业核心竞争力经典案例（美国篇）[M]. 北京：经济管理出版社，2005：前言1.

动市场竞争，而到2010年这一比例会达到85%。① 企业核心竞争力概念推动了企业实施战略管理理论的发展，在当代它被广泛用于评价企业的市场竞争力和竞争优势地位。企业核心竞争力关注如何获得企业竞争优势以及如何保持这一优势，重视竞争优势的来源和竞争优势的可持续性。核心竞争力本身是企业市场竞争优势的表现和关键，它的形成是企业充分利用内外部资源的结果。

企业核心竞争力的形成立足于企业的资源和能力及其整合和作用有效的发挥。企业核心竞争力主要包括以下"核心"要素。

一是企业的核心资源优势，这体现于企业的有形资源、无形资源和人力资源及其优化配置。在知识经济凸显时代，企业的人力资源对于其形成核心竞争力具有关键作用。很多具有核心竞争力的跨国公司都是以优秀的人力资源、人力资本为特色的。这里的人力资源，一般意义上是指劳动力投入，而劳动力是影响经济增长的重要因素，"包括劳动力数量和劳动力大军的技术水平"。② 不过，从企业拥有核心资源优势的角度看，这里的人力资源更接近于新经济增长理论代表人物保罗·罗默（Paul Romer）所提出的"非技术劳动力之外的人力资本"，而根据芝加哥大学罗伯特·卢卡斯（Robert Lucas）的观点，人力资本与有形资本的区别则在于它能不断增加边际收益而非递减边际收益，因而它允许经济无限发展。③ 因此，这里的人力资本更多的是针对拥有专业技术知识的专业人员，特别是技术研究开发人员。当然，企业拥有的各类资源要形成核心竞争力，还需要对其进行优化配置，否则将难以发挥资源优势和作用。

二是核心技术优势及其创新能力。核心技术是企业的"看家本领"和

---

① 包晓闻，刘昆山．企业核心竞争力经典案例（美国篇）[M]．北京：经济管理出版社，2005：148–149. 不过，2010年该比例是否达到85%，目前还尚未找到进一步的实证分析材料。

② 萨缪尔森，诺德豪斯．宏观经济学 [M]．第十六版．萧琛等，译．北京：华夏出版社，1999：169.

③ 谢勒．技术创新——经济增长的原动力 [M]．姚贤涛，王倩，译．北京：新华出版社，2001：42.

赢得技术竞争、市场竞争优势的战略武器，也自然是形成核心竞争力的法宝。国外很多跨国公司的竞争优势都是建立在对核心技术的掌控上的。例如，美国杜邦公司拥有在人造橡胶、化学纤维、塑料等三大合成材料的核心技术，借此其在世界化工原料市场独占鳌头。然而，核心技术的获取绝非轻而易举之事，需要具有较强的研究开发力量和经济实力，运用正确的创新战略。企业获得核心技术也需要逐渐培养技术创新能力，包括技术研究开发能力、技术应用能力、技术转化能力、技术改造能力等。核心技术的开发固然需要付出巨大成本和投资，但企业一旦拥有了核心技术，就能取得核心竞争力。当然，拥有核心技术与核心竞争力还不能画等号，还必须通过企业技术创新活动去实现，因为核心竞争力涉及企业技术优势与组织管理、营销系统的有机结合。

无疑，在技术创新和市场经济环境下，上述核心技术优势及其创新能力很大程度上外在化为企业核心产品能力。核心产品是连接企业核心能力与最终产品之间的纽带。纵观众多拥有核心技术和核心竞争力的企业，都是以开发、制造或销售核心产品为重要表现形式的，如英特尔公司的微处理器、夏普公司的液晶显示器、本田公司的发动机，以及我国华为公司的5G标准产品等。因此，分析企业核心产品的情况，如核心产品的市场地位、销售规模、市场前景等，可以在一定程度上了解企业的核心竞争力情况。

三是市场营销能力。市场营销是企业实现技术创新战略的关键环节之一，也是企业将其技术优势转化为市场优势进而形成市场竞争优势的必然之路。企业核心竞争力的形成有赖于构建良好的市场营销网络与体系，有赖于企业具有良好的市场营销能力。市场营销与企业技术创新和知识产权战略均具有密切联系。由于市场营销不仅涉及企业产品开发、市场决策、产品销售活动等方面，更与市场竞争格局有关，故而企业市场营销能力由新产品开发能力、市场决策能力、产品销售能力和产品竞争能力等构成。其中新产品开发能力可以从新产品计划、新产品开发组织、新产品开发成本、新产品开发效果等方面加以评判；市场决策能力可以从对新产品市场空间、产品销售规模、市场竞争结构等方面进行评估；产品销售能力可以从产品的销售渠道、销售规模、销售业绩、销售活动以及销售的组织构架等方面加以分析；产品竞争能力则可以从产品的市场占有率、产品销售增长率、产品利润率、产品结构等方面进行考量。

四是企业核心价值观和企业文化。企业核心竞争力的形成受惠于企业核心价值观和企业文化。企业核心价值观是在企业的长期生产经营中形成的，它是企业的基本精神和共同的价值取向，对于形成企业的认同感、归属感和责任感，具有重要的意义。企业核心价值观又与企业独特的企业文化息息相关，独特的企业文化本身形成了竞争对手难以模仿的无形资本。企业文化是企业技术创新、品牌战略、生产经营等承载的无形的力量，对于形成企业核心竞争力具有向心力的作用，是支撑企业核心竞争力的灵魂。美国哈佛大学学者约翰·科特（John Cot）和詹姆斯·赫斯克特（James Hescott）曾在对数百家企业进行研究的基础上撰著《企业文化与经营业绩》一书，发现企业文化对企业的长期经营业绩有重大影响，它尽管不易改变，但完全可能转化为有利于企业经营业绩增长的企业文化。[①] 企业文化在形成企业核心竞争力方面具有重要作用。通常，可以从企业文化的现状、特点、形成机制及其与企业战略目标、企业战略和企业内部条件与外部环境等方面加以评判。

五是组织生产要素的能力。企业核心竞争力的形成也有赖于企业具有优势的资源和能力的组合，而这最终体现于以企业战略为指导组织生产要素，生产出具有差异化优势产品的能力。换言之，企业核心竞争力不仅体现于开发出创新性强的核心技术、核心技术产品，而且体现于其独特的组织管理和组织创新能力，离开这一点，企业即使拥有先进的创新成果，也难以形成真正的核心竞争力。普拉哈拉德（Prahalad）及加里·哈梅尔（Gary Hamel）指出，从组织的角度看，将公司的技术和生产技能整合成核心竞争力，以便使公司能够及时把握不断变化的机遇，是获得真正竞争

① 刘平.企业战略管理——规划理论、流程、方法与实践[M].北京：清华大学出版社，2010：102.

优势的来源。该观点无不强调了企业组织生产要素能力的重要性，重视如何将其技术、创新资源与生产技能实现有机组合。从组织管理的一般原理看，组织是进行有效管理的手段，是实现企业特定经营目标的工具。组织管理本身也存在创新的问题，组织创新能够更好地保障实现技术创新目标，如在核心技术开发方面，需要动用大量的人力物力和财力，在资源有限的情况下，如何采取合理、有效的方式组织生产要素，是与核心技术开发本身同样重要的问题。

以上这些要素不是孤立的，在形成企业核心竞争力的过程中相互影响，共同为打造核心竞争力发挥作用。从这里可以看出，企业核心竞争力的形成除了技术方面因素外，还包括企业生产经营、组织管理、资源配置、市场营销、品牌建设和企业文化等诸多方面，是这些因素综合作用的结果。从企业实现核心竞争力的方式看，最重要的是生产核心技术产品。如管理学家普拉哈拉德和加里·哈梅尔所指出的一样："为了保住核心竞争力的领先地位，公司都力图使核心产品———一种或者多种核心竞争力的体现———在世界上的份额达到最大。从事核心产品制造带来的收入和市场反馈至少部分地决定了核心竞争力的改进和扩展的速度"。①

值得注意的是，企业在一定时期取得的核心竞争力具有动态性，而不是一劳永逸的。这是因为，构成上述核心竞争力的因素随着企业面临的经营环境、行业竞争结构、比较优势和市场需求变化等因素而会出现一定的变化。也正因为如此，企业只有不断追求创新，才能获得源源不断的活力，才能保持来之不易的核心竞争力与竞争优势。

（3）企业知识产权战略构筑知识产权优势与核心竞争力的机理

随着知识产权进入企业生产要素并成为企业获取利润的重要来源，知识产权在促进企业核心竞争力形成方面的重要作用日益得到认可。美国麦肯锡咨询公司即认为，核心竞争力是指一个组织内部技能和知识的结合，这些技能和知识具有互补性，并能使组织具有优势。离开知识产权，企业

---

① 包晓闻，刘昆山.企业核心竞争力经典案例（日韩篇）[M].北京：经济管理出版社，2005：155.

实现内部技能和知识结合是不可想象的。从我国有关研究看，也可以看出知识产权在企业核心竞争力形成中的关键性作用，甚至将核心竞争力直接等同于知识产权。例如，吴汉东教授指出，无论是技术创新还是商标保护，也无论是高科技领域还是传统产业，企业核心竞争力就是知识产权。[①]事实上，很多事例均可佐证这一点。例如，拥有自主知识产权和核心技术能获得较高的市场占有率和较高利润，因而具有核心竞争力。以我国电脑企业和国外知名企业相比而论，有资料显示拥有计算机操作系统核心技术的微软公司其税后利润达40%，拥有电脑CPU核心设计制造技术的英特尔公司其税后利润率也达到20%。我国很多年产百万台电脑的企业却因缺乏自主知识产权核心技术，税后利润率不足5%。[②]

知识产权之所以成为企业核心竞争力的关键，是因为核心竞争力来源于企业的核心技术、人力资本、良好声誉和组织构架，知识产权则在其中具有关键作用。换言之，离开知识产权，企业核心竞争力将失去依托和基础，变成无源之水、无本之木。当然，将知识产权等同于企业核心竞争力似乎过于强调了知识产权与核心竞争力的关系，因为如上所述，核心竞争力的形成受到多方面条件的制约，企业拥有的知识产权也需要通过战略性地运作才能转化为核心竞争力。无论如何，知识产权在企业核心竞争力形成中具有关键性作用，而知识产权有效转化为核心竞争力则需要实施知识产权战略才能实现。具体而言，通过实施知识产权战略将企业知识产权转化为核心竞争力，主要途径与条件有：一是进行知识产权创造，企业获得一定数量和质量的知识产权是通过知识产权形成核心竞争力的基础；二是企业对自身获得的知识产权能够进行有效保护，防止他人擅自模仿；三是知识产权在企业生产经营活动中发挥着关键性作用，企业对其知识产权资产的依赖性很强，但知识产权资产需要和企业有形资产一起综合发挥作用才能实现企业的竞争优势；四是企业对其知识产权能够进行有效的管理和

---

① 吴汉东.企业核心竞争力与知识产权[J].中华商标，2007，（5）：9-14.

② 彭文胜，刘逸星.企业知识产权战略与实施方案制作指引[M].北京：法律出版社，2009：54.

运营。

企业知识产权战略以市场机制为驱动手段，以提高企业创新能力、建设创新型企业为要旨。在我国企业实践中，通过实施知识产权战略、构建知识产权优势进而赢得市场竞争优势、取得核心竞争力的事例不在少数。例如，2008年国际上出现了前所未有的金融危机，我国一些企业深受影响，但另一些企业则逆势而上、不退反进，关键就在于拥有自主知识产权的核心技术和品牌。这从一个侧面反映了拥有知识产权优势的企业在面临日益变化的市场竞争环境中的竞争优势。

（4）突破国外跨国公司知识产权封锁，取得市场竞争主动地位

在日益激烈的国际竞争环境中，企业知识产权战略是我国企业突破国外企业知识产权壁垒和技术性贸易壁垒，特别是应对国外跨国公司知识产权战略，取得市场竞争主动地位的重要手段。我国企业实施知识产权战略面临的一个十分严峻的问题是，国外跨国公司已经在我国部署了严密的专利网，特别是在我国高新技术发展领域"跑马圈地"，形成了对我国高新技术及其产业发展的专利包围圈，严重制约了我国高新技术及其产业的发展。例如，在计算机、信息通讯、航空航天、医药生物等行业，外国公司在我国专利申请量达到60%~90%。不仅如此，国外跨国公司在我国对知识产权进行战略部署有不断加强的态势。而且在当前世界，技术资源和知识产权的分布很不均衡。有资料统计，全球15%的富国人口占据了世界上绝大多数技术创新成果。随着经济技术竞争的加剧和知识产权国际化，发达国家对技术资源和知识产权的争夺日益加剧，其跨国公司日益重视运用知识产权战略实现对市场的占领、控制、保护以及对竞争对手的有力遏制。以美国IBM公司为例，其明确提出公司知识产权战略就是要"确保其活动的最大自由"，也就是在研究开发、原材料采购、生产加工制造、产品销售等活动中没有阻力。跨国公司在实施技术创新战略背后，是以知识产权战略为支撑和指引的，其战略性地运作知识产权，使得技术创新与知识产权战略高度融合，获得了极高的市场占有率。跨国公司实施知识产权战略立足于其全球战略，它通过自身的经济技术优势，力图影响本国的知

识产权制度，使其朝着有利于实现其经济利益的方向走。在发展中国家，跨国公司还通过设立相关机构、资助、宣传等多种形式影响东道国知识产权意识和制度，如中国外商投资企业协会优质品牌保护委员会就是一个以推动外商投资企业在中国获得知识产权的有效保护为宗旨的民间机构。

近些年来，跨国公司实施知识产权战略的动向具有一些新的特点，主要如：跨国公司知识产权战略逐步规范化和完善，知识产权战略运作能力有不断加强之势；跨国公司知识产权战略在一定程度上表现为战略联盟，其"杀伤力"更强；跨国公司知识产权战略瞄准高新技术领域，以专利战略为核心，商标和商业秘密战略为两翼，辅之以其他知识产权战略模式，形成了完整、严密的知识产权战略体系；跨国公司知识产权战略注重与标准化战略和本土化战略相结合，将知识产权和标准紧密地结合在一起，并实施本土化战略，以图获取最大的利益。从国外跨国公司实施知识产权战略的上述特点看，其具有以下一些共同之处：将知识产权视为开展技术和市场竞争并获得竞争优势的工具而从战略高度运作知识产权，具有明确的知识产权战略目标和实施策略，为实施知识产权战略配置了有效的资源和组织构架。

在我国市场上，跨国公司高度重视并娴熟地运用知识产权战略压制我国竞争对手。其基本的手段和策略如：利用政治经济手段影响我国知识产权制度的进程，为跨国公司在华经营提供有利的法律环境；强化在华知识产权管理和转让，以专利、商标贸易获取利润；推行其拥有知识产权为行业标准以保护其垄断地位；以知识产权诉讼为武器，获取高额侵权赔偿等。[①] 仅以知识产权与标准战略结合和诉讼战略为例，在知识产权与标准战略结合方面，跨国公司在其母国政府帮助下，将知识产权与技术标准、安全标准、环保标准等结合，企图构建非关税壁垒，阻碍我国企业产品进入其国内市场；在知识产权诉讼战略方面，跨国公司除了进行诉讼威胁，逼迫我国企业支付巨额专利许可费外，还通过向我国企业发难，以诉讼手

---

① 张欣欣. 跨国公司知识产权战略的内容及形式分析 [J]. 科学与管理, 2008,（5）：74–79.

段获取赔偿，有资料统计近年来我国企业因为知识产权侵权纠纷引发的赔偿金额已达到10多亿美元。跨国公司发动知识产权诉讼的目的远不在于获得赔偿，还有更深层次的战略目的，例如损害竞争对手的信誉，提高自身产品在我国的知名度。

知识产权战略是我国企业建立现代企业制度和参与国际竞争的重要手段，为了应对国外跨国公司的知识产权战略进攻以及技术性贸易壁垒，我国企业启动和实施知识产权战略具有紧迫性和重要意义。

（5）推动产业结构调整和经济转型升级，改变经济增长方式

制定和实施企业知识产权战略，还是当前我国推进产业结构调整和经济转型升级、改变经济增长方式的重要手段，对于实现我国经济跨越式发展、建立创新型经济和创新型国家具有重要意义。《国家知识产权事业发展"十二五"规划》指出："我国经济发展中不平衡、不协调、不可持续问题依然突出，资源环境约束强化，粗放式的经济增长模式难以为继，迫切需要运用知识产权等要素投入，推动我国经济发展走上创新驱动、内生增长的轨道"。《"十三五"国家知识产权保护和运用规划》也将"推动产业升级发展"作为重点工作之一。

经济转型通常涉及资源配置和经济发展方式的重大变化，如发展路径、发展模式和发展要素发生重大转变。经济转型与经济发展模式和发展状态相关联，也可以认为就是从一种经济运行状态向另一种经济运行状态过渡或者从一种经济发展模式向另一种经济发展模式转变。经济转型升级则是立足于经济转型，升级经济发展模式，实现经济发展模式由低级向高级运动，如由低效的粗放型经济向高效的集约型经济转变。

在当代，知识产权日益成为一个国家、地区经济社会发展的战略性资源。知识产权制度通过其特有的激励创新机制、利益调节机制和创新资源配置机制促进经济社会发展。当前我国正在大力推进国家知识产权战略和知识产权强国建设，以激励创造、依法保护、科学管理和有效运用为基本的环节和手段，是调整我国产业结构、推动我国经济加速转型升级、提高自主创新能力、建设创新型国家的国家战略。国家知识产权战略是我国未

来经济社会发展的重大决策和战略部署。我国改革开放以来经济高速增长举世瞩目，但经济增长在一定程度上建立在高消耗、高污染、低效率和廉价劳动力的基础之上，而不是建立在对核心技术和自主知识产权占有上，而依靠资源消耗、廉价劳动力、土地占用以及一些优惠政策和制度获取竞争优势无法获得具有可持续的竞争优势。

　　从我国市场要素的禀赋结构看，我国目前仍以劳动密集型为主，而不是以资本密集或者技术密集型为主。在中国的市场要素禀赋结构中，劳动力存在过剩现象，导致劳动力价格低廉，当然这种情况近年随着经济转型升级有所改变。不过，整体上，我国传统的依靠廉价劳动力和物质资源消耗发展经济的低成本制造模式短期内难以改变。我国仍然存在着资源消耗大、环境污染严重、劳动力成本优势逐渐丧失的情况，核心技术和自主品牌缺乏，高新技术产品比重偏低，传统产品和低端产品居多。加之我国市场经济体制完善尚需要一个过程，包括国有企业在内的很多企业仍然主要是通过低成本竞争手段获取市场竞争优势，对市场机制不敏感，对市场经济产物的知识产权制度的运用感到生疏。当前我国经济正处于经济转型初期，核心是需要从粗放型向集约型转变，改变主要靠消耗自然资源的生产方式，大幅度加大科技和智力资源参与生产要素，提高创新能力，使其成为我国经济发展中最活跃的因素。习近平总书记指出："经济增长将更多依靠人力资本质量和技术进步，必须让创新成为驱动发展新引擎。""适应和引领经济发展新常态，推进供给侧结构性改革，根本要靠创新。"[1] 从发达国家经济发展中诸要素所起的作用，也能理解这一点。统计资料表明，发达国家经济增长中75% 来源于技术进步，只有25% 来源于原材料、能源和劳动力投入，我国经济社会发展中需要的关键设备和核心技术则大部分依赖于进口。[2]

---

① 习近平 . 在参加十二届全国人大五次会议上海代表团审议时的讲话 [N]. 人民日报，2017-3-6：01版 .

② 张真真，林晓言 . 知识产权保护与技术创新路径的国际比较 [J]. 中国软科学，2006，（11）：156-160.

整体上，我国知识产权制度与社会主义市场经济的发展尚未实现有效的结合。知识产权制度在促进我国自主创新、产业结构升级和优化以及创新能力提高方面还没有被充分地发挥出来。在和国家经济及科技政策衔接方面，知识产权制度尚存在空隙，特别是在形成激励和保护创新的知识产权政策方面还存在较多问题，知识产权战略实施肩负着促进我国自主创新、产业结构升级和优化以及创新能力提高方面的重任。作为国家知识产权战略的重要组成部分，企业知识产权战略制定与实施对实现我国产业结构调整和经济转型升级的重要作用体现于：利用知识产权制度激励创新和保护创新成果的功能和特点促进企业创新，逐步从主要依赖模仿和仿制、引进技术的技术发展路径上改变为逐步依靠自主创新、提高创新能力的路径上，以拥有名牌产品和核心技术企业为重点，推进企业集约化经营；将传统的资源、劳动力成本和低价竞争格局改变为主要依靠自主知识产权获得市场竞争力；在经济发展转型中，实现从要素驱动到知识驱动、从资源依赖到创新驱动的演进路线，提高企业自主创新能力；充分发挥知识产权的支撑引领作用，切实加快经济发展方式的转变，推进从"中国制造"到"中国智造""中国创造"的转变，培育自主知识产权和自主品牌，提高核心竞争力；强化企业技术创新的主体地位，引导、鼓励创新要素向企业集中，提升产业层次、推动产业结构升级。

实施知识产权战略在推动我国推进产业结构调整和经济转型升级，以及经济发展方式转变的作用方面，产业集群升级是一个重要体现。所谓产业集群，主要是根据一定的专业化分工由同类或者相关产业的企业组成的松散型的企业群体。除企业外，产业集群还包括一定区域内与特定产业发展相关的政府机关、中介机构、金融机构、研究机构等组成的柔性聚集。产业集群升级涉及产业过程、产品、功能和价值链升级等内容。目前我国产业集群由于技术能力和品牌优势不足，整体上处于国际价值链的低端，急需要通过强化知识产权战略，大幅度提高自主创新能力，推动产业集群升级。

这里不妨以我国改革开放的前沿阵地——深圳市近些年来技术发明

结构和产业发展状况为例略加说明。考察深圳市近些年专利申请和授权情况可以发现，在深圳市的专利授权结构中，多年来外观设计居于绝对优势，而最能代表创新程度的发明专利申请和授权量则所占比重较低。如在1991—2007年间，发明专利授权比例平均只有4%，尽管从2003年以来有较大的增长，但到2007年比重也只有14.5%。有关研究认为，改革开放30年来深圳市经济发展采用的基本策略是外向型产业发展和经济发展的外源动力以及细分的市场结构。该市逐步以国际市场和需求为生产导向，形成了 OEM、ODM 模式。这种外向型产业发展模式的特点是对外技术和品牌依存度高，缺乏自主知识产权的核心技术和品牌，企业技术创新以满足顾客需求的市场为导向，而结果只能是在产业价值链中处于最低端。[①] 这一产业发展现状与深圳市发明在专利申请和授权结构中比例偏低的状况是一致的。它说明，面对新一轮产业国际竞争，深圳市企业只有改变经济增长方式，促进产业结构调整和升级，获得自主知识产权保护和品牌，才能摆脱现状，实现经济跨越式发展。深圳已提出要以自主创新打造创新型城市，其实质就是要改变深圳经济发展方式，进一步实现产业结构调整和优化升级，摆脱资源消耗性约束，提升产品的高技术含量，从生产型、加工型、制造型城市向创造型城市演进。

除了上述促进我国经济转型升级、产业结构调整与经济发展方式变化外，制定与实施企业知识产权战略还是建立创新型经济和创新型国家之所需。在当代知识经济凸显的环境下，创新驱动成为经济发展的内生变量，创新型经济则是我国经济社会发展的必由之路。习近平总书记即指出："世界经济长远发展的动力源自创新。"[②] 驱动创新型经济的重要引擎则是知识产权。在新的环境下，为了实现建设创新型国家的宏伟目标，我国需要建立创新驱动和知识产权的战略导向，充分发挥企业在技术创新和知识产权战略方面的重要作用，引导其将知识产权优势转化为市场优势和竞争

---

① 杨淳.深圳产业技术源头创新能力分析——基于专利统计数据的分析视角 [J].经济与社会发展，2009，（4）：75-78，198.

② 习近平.创新增长路径共享发展成果 [N].人民日报，2015-11-16：02 版.

优势。

（6）发挥知识产权这一无形资源巨大竞争优势的作用：以资源基础理论为视角

资源基础理论是行业结构学派出现之后的一种竞争优势理论，它主张企业运用其有形的和无形的资源可以转化成独特的能力。在传统的经济学理论中，自然资源无论是在农业经济时代还是工业经济时代，都是影响和制约一国经济增长的关键因素。但是，随着科学技术发展，自然资源对于经济发展和增长的影响趋于降低。资源基础论中的"资源"，主要不是针对自然资源，它认为企业拥有不同的有形资源和无形资源，这些资源可以构建企业独特的能力，企业的资源和独特能力则形成了企业竞争优势的基础。资源基础理论强调企业对资源的配置及其与外部环境的协调在实现企业战略方面的关键作用。

资源基础理论主张，企业是资源和能力的结合体，企业资源和能力都是形成企业竞争力的来源。企业的竞争力决定于其能够获取和控制的异质性资源，这种异质性资源是企业参与并获取市场竞争优势的重要基础和保障。资源是战略分析的基本单位，而企业竞争优势直接来源于其异质性的资源。[①] 企业的所谓异质性资源，是其稀缺的、具有价值的难以被竞争对手模仿和替代的资源，这种资源具有持续性和竞争性。换言之，企业拥有独特的资源和能力是其获得长久竞争力的源泉，当企业获得了他人难以复制和替代的有价值资源时就能够获得市场竞争优势。资源基础理论并不否认企业外部资源和条件的作用，因为企业外部的市场机会、市场结构对企业市场竞争力的提升也会具有积极影响和作用，然而这些外部资源和条件需要通过企业内部资源的整合才能发挥作用。

应当说，资源和能力是两个相互联系又互相区别的概念。企业资源具有一定的流动性，因此它既可以从其内部获取，也可以从外部获取。比较而言，企业能力则难以直接从外部获取，它需要充分利用资源在组织内部

---

① Hamel G, Prahalad C K. Competing for the Future, Harvard Business Review, 1994, 72（4）: 122–128.

培养。企业资源与能力建设具有辩证的关系，企业资源本身并不等于企业能力，但它是构建企业能力的基础和"资本"。从构建企业竞争优势的角度来说，资源与能力均是不可或缺的，两者在形成企业竞争力和竞争优势方面扮演着不同的角色。企业拥有独特的异质性资源固然重要，但企业能力的形成则更在于对资源的有效管理和运作能力。企业资源、能力与竞争能力和竞争优势的关系是，企业资源是企业能力的基础，企业能力是企业竞争力的来源，而企业竞争优势则来源于企业竞争力。资源本身具有静态性，再有价值的资源如果不能被有效管理和利用，也不能为企业带来实际的价值和竞争优势。只有整合企业资源与能力，才能真正形成合力，充分发挥企业异质性资源的竞争优势，提高企业竞争力。这一点从竞争战略的一般原理也可以得到理解，即决定竞争胜负的关键的因素并不是各方拥有的资源和力量，而是对这些资源和力量的利用方式，也就是选择何种战略的问题，体现于竞争者的战略能力。从企业技术创新能力的角度看，创新资源以及对创新资源的运营能力是企业技术创新成功的关键要素。只有实现创新资源与对创新资源的运营能力的有效结合，才能发挥创新资源的效能，实现技术创新。从发达国家先进企业的实践看，充分利用企业内部资源，同时重视整合企业外部资源，提升资源配置和利用效能，辅之以适当的市场重组行为，是这些国家运用资源与能力理论获得市场竞争力的重要经验。这里的外部资源整合，常见于企业通过资产收购、兼并重组、合资合作、资本运营等方式加以实现。

资源与能力整合的理论反映了随着市场竞争环境的变化和企业竞争的激烈，企业战略管理理论日益重视企业拥有的异质性资源和动态能力在企业获取市场竞争优势中的重要作用和地位。资源与能力整合的理论可以很好地用于解释企业知识产权创造能力、保护能力、管理能力和运营能力的重要性。知识产权因为具有价值性、稀缺性、难以模仿性和不可替代性等特性而成为企业的异质性资源，这种独特资源要在企业竞争中淋漓尽致地发挥其竞争效能，需要对知识产权实行有效的管理和运营，这也就是制定和实施企业知识产权战略的内在原因之一，因为企业只有战略性地运作其知识产权，才能不断培育其自主知识产权，逐步形成对知识产权的动态开发和运用能力。资源与能力整合理论要求企业不仅应重视通过创新活动获取自主知识产权，形成强大的知识产权战略资源储备，更应培育知识产权的管理能力和运营能力。资源选择机制在资源的获取决策上影响企业产出过程，能力构建机制则在资源配置的诸过程和环节中影响企业的产出，它们共同构成了企业内部生产的过程，而整合资源与能力所形成的企业竞争战略才能够给企业带来独特的竞争优势。① 资源与能力整合理论为企业以知识产权战略提升核心竞争力、获取市场竞争优势提供了新的认识视角。

---

① 方润生.资源和能力的整合：一种新的企业竞争优势形成观 [J]. 研究与发展管理，
　2005，17（6）：21-28.

# 创新驱动发展战略视野下我国企业
# 专利战略研究 ①

党的十八大提出了创新驱动发展战略，为我国经济社会发展指明了方向。习近平总书记在党的十九大报告中指出，创新是引领发展的第一动力，是建设现代化经济体系的战略支撑。2015年3月13日，中共中央、国务院作出的《关于深化体制机制改革加快实施创新驱动发展战略的若干意见》则指出：要"提升劳动、信息、知识、技术、管理、资本的效率和效益，强化科技同经济对接""鼓励构建以企业为主导、产学研合作的产业技术创新战略联盟"。企业是我国社会主义市场经济主体，也是创新的主体。我国创新驱动发展战略的有效实施，显然离不开企业这一创新主体。由于专利制度是保护和鼓励创新的重要的知识产权制度，企业利用这一制度，有效地实施专利战略，就成为落实我国创新驱动发展战略的重要环节和内容。本文拟在探讨企业专利战略对创新驱动发展战略的重要意义基础上，提出我国企业专利战略实施相关对策。

## 一、企业知识资本的重要性决定了专利战略对创新驱动发展战略实施的重要意义

随着社会发展和科学技术进步，知识资本逐渐取代了土地、劳动力和物质资本的重要性，成为推动经济发展的关键动力源。特别是知识经济的

---

① 原载《学术交流》2016年第1期。

凸显更是提升了知识资本的地位。迄今为止，知识资本已经成为生产要素的主导型因素，成为产业转型升级、经济发展方式改变的关键。在知识产权保护环境下，知识资本的核心是知识产权，因而知识产权制度在当代经济社会发展中地位日益重要。基于知识资本的重要性，发达国家政府、企业和中介机构非常重视将知识产权作为知识资本参与企业经营管理和市场竞争，以最大限度地提升知识产权的效益。在发达国家，知识产权甚至被认为是继人财物之后企业拥有的"第四经营资源"，可见其在企业中的重要性。

当前已进入知识经济时代。根据经济合作与发展组织的观点，知识经济是以知识为基础的经济。在知识经济条件下，世界经济结构及其增长模式发生了重要变化，这就是知识、技术、信息在推动经济增长中作用越来越明显，知识资本被广泛应用，知识产权地位日益凸显，特别是知识产权保护成为支撑知识经济的重要保障，而知识产权本身成为知识经济社会最重要的无形资产。与此相关的是"知识资本"概念的提出及其替代传统的有形资本、实物资本而成为新经济时代的"宠儿"，在知识经济中扮演着越来越重要的角色。

在知识经济中，知识产权与知识资本之间具有十分密切的联系，但两者并不等同。知识产权是知识经济的重要组成部分，知识产权的出现反映了人们对知识价值认识的拓展和深化。知识资本，顾名思义，是以知识形态体现的资本，是企业在生产、销售产品或者提供服务过程中所投入的知识和技术。一般认为，知识资本包括人力资本、结构性资本和顾客资本。其中，顾客资本与以消费形态表现的消费资本相关，它包含企业信誉、营销渠道以及顾客忠诚度等内涵。在研究知识资本问题时，还需要将其与货币资本相区分，所谓货币资本是指以货币形式体现的生产资本，是指产品生产、销售以及提供服务的过程中以货币购买形式体现的物质性投入。知识资本还可以从广义与狭义的角度加以理解。如有学者认为，"广义的知识资本是指以人或其知识成果为载体所凝聚的知识总量。它包括人力、管理、技术、经验及其相应的知识与科技成果等要素。狭义的知识资本是指以人或其知识成果为载体的知识总量在工作岗位上一定期间内释放出来的现值。它包括员工积累的知识及其成果的应用，以及正在创造的知识及其相应的成果等"。① 从知识产权的角度看，从狭义上理解知识资本更贴近知识产权的范畴。知识资本不等于知识产权本身，而知识产权是知识资本运作后产生的成果。"知识资本"概念的提出，为人们探讨知识经济社会中知识流转及其应用价值提供了新的视角和途径。不过，如何对知识资本进行计量，确定知识资本的计量单位、计量标准与实践应用，是值得深入探讨的问题。

20世纪80年代中期以来，国外学者即提出了新经济增长理论，强调知识和技术在经济增长中的主要贡献。在知识经济时代，知识资本、知识产权作用的急剧提升，知识和技术含量在经济元素中的比重不断提升。传统的以体力劳动为主的"劳动生产率"指标很难完整、全面反映新经济时代知识和技术做出的主要贡献，取而代之的是"知识生产率"这一全新的指标体系。当然，知识经济时代并不意味着不存在或者不重视物质产品的生产和销售。事实上，无论是知识资本还是知识产权，都离不开对有形物的依托，并最终以有形物质体现或反映，只是在物质产品生产、流通以外，还存在与知识资本、知识产权直接相关的"知识产品"的生产与流动过程。所谓"知识产品"，是基于知识、技术、信息形态而凝聚了知识劳动的智力产品。知识产品与传统的物质产品的重要区别在于，它具有非消耗性、非竞争性和非排他性，并具有无限使用的特点，因而它能够为市场经济主体创造出更高的利润，并在市场竞争中取得更有利的竞争地位。知识产品在知识经济中的广泛传播和利用，使其成为一种全新的资本形态即知识资本。知识产权学界一般认为，知识产品就是知识产权的客体。不过，从知识资本的意义上看，知识产权制度所保护的知识产品，并非知识资本的全部，而只是部分而已。这是因为，知识产权本身是一种财产权，知识产权制度是市场经济和科学技术发展的产物，知识产权制度保护之知

---

① 陈瑜.量化知识资本提升知识产权价值[N].中国知识产权报，2012-2-3（第10版）.

识产权是能够在市场上流通、转移的知识财产，而不是知识资本的全部。正如有学者指出：在知识产权制度下，知识成果以货币资本形式进行量化之后在市场上流通，但此时知识并非真正的资本。知识产权只是知识资本的成果，而不是知识资本本身。原因在于，知识产权无法完全涵盖、展现知识资本的所有成果，它只是关注可以购买和市场流通的那部分成果。而且，"在知识产权制度下，很大程度是由货币资本代行知识资本的职责，而不是让知识资本本身参与管理并承担责任。在人们根深蒂固的传统思想之下，货币资本所有者仍然是企业的控制者、企业责任唯一的承担者和企业利润的唯一享有者"。[1] 基于这一认识，其甚至主张将现行的知识产权体制转化为知识资本体制，并量化全部知识资本，以凸显和充分发挥知识资本的重要作用。

无疑，知识资本的重要性大大提升了其参与企业产品经营与市场竞争的地位与作用。由于知识资本的核心是知识产权，提升我国企业"产品经营与市场竞争的地位与作用"需要从战略高度利用知识产权，有效实施知识产权战略。正如英国著名的《管理知识产权》杂志编辑约夫·怀尔德（Joff·Wild）曾评价中国和印度在赶超美国方面知识产权这张"牌"的重要性时所指出的："中国和印度只有在知识产权方面赶上美国，才能展现其潜力。不仅要在狭小的法律观念上赶上美国，在将创新转化为可以量化的、能够使用的产品的整个过程方面，也要能与美国相比。换言之，要能够发现、创造知识产权机会的途径以创造新的系列产品，进而增加公司财政收入和国家经济的有效值"。[2] 由于专利是知识产权中的关键内容，专利技术本身也代表了企业创新成果和创新能力，因而也可以认为：企业知识资本的重要性决定了专利战略对创新驱动发展战略实施的重要意义。

---

[1] 陈瑜. 量化知识资本提升知识产权价值 [N]. 中国知识产权报，2012，2，3（第10版）.

[2] 菲尔普斯，克兰. 微软称霸全球的知识产权战略 烧掉舰船 [M]. 谷永亮，译. 北京：东方出版社，2010:165.

# 二、企业专利战略实施对创新活动的激励

我国企业实施专利战略对创新活动的激励，根源来自专利制度的激励功能。专利制度是一种激励创新的管理制度和法律制度。很多经济学家对专利制度的功能和作用做过深入研究。例如，经济学上的期望理论认为，专利制度赋予了专利权人对其发明创造的专有权利，确保不仅能够收回对发明的投资，而且可以通过控制相关市场而获得利润，这样就为人们从事发明创造活动提供了一个"回报预期"，鼓励人们投资于发明创造活动，而社会将从发明创造中获益。古典经济学家萨伊（Say）和克拉克（Clark）也认为，专利制度有利于鼓励发明，因为在付出较小成本的前提下专利制度能够鼓励发明创造，社会则从该发明创造中获益。可以认为，企业实施专利战略激励创新活动、提高创新能力，是充分利用专利制度激励创新、保护创新成果功能的重要体现。具体而言，还可以从专利提高企业创新绩效和提高市场竞争力两方面加以理解。

## （一）企业专利与创新绩效

专利与企业创新绩效之间具有十分密切的联系，特别是专利能够提高企业的创新绩效。其原因在于，专利作为企业重要的无形资产，从资源观理论看具有稀缺性、异质性与难以模仿性等独到特征，从法律属性看具有独占性、排他性等特征，因而可以通过对技术和市场的占领获得竞争优势，提升企业创新绩效。这里的竞争优势或者说"市场竞争优势"，是企业区别于竞争对手而具有的与众不同的特色、品质，而该特色、品质能够使企业在激烈的市场竞争中占据主动，获取良好的经济效益。根据现有研究，确立企业竞争优势的基础要素有卓越的效率、可靠的品质、创新和顾客反应。以可靠的品质而论，企业提供高质量产品或服务能够形成较好的品牌声誉，也能够减少在次产品和低标准的服务上浪费时间，从而能够为企业带来低成本收益，取得竞争优势。[①]

---

① 唐珺.企业知识产权战略管理[M].北京：知识产权出版社，2012:33–34.

关于专利与企业绩效之间的关系，国内外学者均做过实证研究。例如，格瑞里赫斯（Griliehes）研究了美国在1970—1980年340家公司专利申请量与公司市值之间的关系，沃斯丁（Austin）研究了美国20家生物技术公司的专利与公司市值之间的关系。他们发现，专利授权量对于公司市场价值存在正相关影响，其中核心专利的影响更大。[①] 国内学者则通过实证分析认为："企业专利申请数量和专利资产与企业的营业利润存在相关关系，企业专利的申请、实施以及专利战略管理对企业后续的营业利润显著正相关，但其专利作用的发挥存在着至少3~4年的滞后期。企业专利资产与其他无形资产相比，对企业利润有着明显的影响。企业专利资产与企业3年之后的利润呈显著正相关，有一定的滞后效果。"进而得出结论："企业专利战略管理、企业的专利申请与实施可以增加企业利润，促使企业获得更多的经济收益。我国企业应该加大技术研发和专利申请的资源投入，推进专利战略的实施，并耐心等待专利战略实施效果的显现。"[②] 笔者认为，实证分析能得出专利对企业绩效有增益作用，亦可以从专利作为企业重要无形资产在企业价值中作用的角度加以考量：专利以垄断权为基点、提升了企业竞争实力，而且其本身是一种可以转化利用的无形资产。

## （二）专利与企业竞争力

专利本身构成了企业竞争力。在当代，企业之间的竞争表现为产品的竞争。在产品日益同质化时代，企业为赢得竞争优势，必须通过创新保持产品的独特性和个性化。竞争的激烈也会促成产品升级换代，这使得企业之间围绕创新而不断开展竞争。在知识产权保护制度环境下，企业为了在竞争中获得优势，就需要及时将创新成果知识产权化，这样既可以避免他

---

① 祁延莉，张杨杨.企业专利与企业利润的相关性分析———以中国医药制造上市公司为例 [J].科技管理研究，2012，（8）:198–202; Griliehes. Zvi, Patent Statistics as Economic Mdicators: a Survey[J]. Journal of Economic Literature, 1990（28）: 1661–1707; Austin, D. H. The Power of Patents[J]. Resources, 1995（119）: 2–5.

② 祁延莉，张杨杨.企业专利与企业利润的相关性分析———以中国医药制造上市公司为例 [J].科技管理研究，2012，（8）:198–202.

人仿冒、模仿、抄袭，又可以凭借知识产权的专有性垄断市场。这就是企业产品之竞争越来越依赖于专利的缘故，也是很多企业大量申请专利的缘故。特别是有些技术和产业领域高度依赖专利保护，忽视专利保护将变得极为被动。以药品行业为例，其对专利的依赖性程度非常高。专利药品在专利保护期届满后，其市场销售突降就是例证。原因是，在专利保护期届满后，其他制药厂家可以自由仿制原来的专利药，原来由专利权人垄断的市场变成可以自由利用的市场。

专利成为企业竞争力的重要因素，也可以从企业之间愈演愈烈的专利竞赛活动中体现出来。当前，国外很多跨国公司专利申请和授权数量动辄以万计，产品、技术领域可谓专利云集，甚至形成了所谓"专利丛林"。专利丛林现象深刻地体现了专利在企业竞争中的独特地位和作用，也折射出当前企业技术和市场竞争的白热化程度。为了在技术竞争中占据优势，很多企业除了自身开发专利技术以外，还积极寻求购买、许可使用他人专利技术。例如，2011年8月中旬，谷歌公司收购了摩托罗拉移动公司7500件专利申请和1.7万件专利，代价是125亿美元。在该笔专利收购业务中，谷歌公司的真正动因是以专利扩大其安卓系统的实力，在与其他巨头抗衡中占据优势。[①]

以上分析了专利对于企业提高创新绩效和市场竞争力的作用机制。值得指出的是，企业拥有专利并不能当然地产生这些效果，而必须通过从战略高度有效利用专利才能实现这一目的，这就需要企业实施专利战略。

## 三、创新驱动发展战略视野下我国企业专利战略的实施

企业专利战略实施是其利用专利制度的功能和特点，谋求实现占领市场、控制市场并获得市场竞争优势的根本保障。企业专利战略实施，受

---

① 袁真富.核心竞争力：专利价值的深刻体现 [N].中国知识产权报，2012-9-21（08版）.

制于多方面条件限制。在创新驱动发展战略视野下，笔者认为值得重视以下两方面策略。

## （一）企业专利战略实施的层次性

遵循哲学上的事物发展规律，我国企业专利战略实施应当具有层次性，而不能统一要求。不过，总体上，企业专利战略实施是一个层次不断提升的过程。有调查分析表明，我国越来越多的专利工作刚刚起步的企业正在由"没有专利"向"拥有专利"转变，越来越多的后发企业正在从"如何尽快、尽可能地获得专利"向"如何获得有价值的专利"及"如何形成竞争优势"转变，而一些先进企业则从"如何获得有价值的专利"向"如何运用专利制度产生专利价值"转变。[①] 上述调查结论表明，企业专利战略意识和水平有一个不断提高的过程，从总的趋势看，是从如何创造有价值的专利向如何有效运用专利、提升专利的价值的过程，实则是企业专利战略层次不断提升的过程。

企业专利战略运用层次不断提升也可以从其专利工作内容的不断丰富方面反映出来。例如，企业在专利工作发展初期，由于缺乏专利管理人才和经验，专利文化尚未形成，专利数量极少甚至没有。基于此，企业专利工作或者说实施专利战略的基础性质的工作主要包括：①培育专利意识和专利文化，如通过宣传、教育和培训等形式提高企业领导与员工的专利意识；②引进和培养专利管理人员，可以通过外部引进和内部培养相结合的方式实现，为企业专利管理人才队伍奠定基础；③制定和实施基本的专利管理制度，逐步使企业专业业务操作流程化、规范化和制度化；④逐步积累专利，尤其是实现专利"零的突破"，为企业实施创新战略和专利保护战略奠定基础。

当企业发展到一定阶段，已经拥有一定专利积累时，其下一步专利工作者应注重以下内容：①提高专利宣传教育的层次，由基本的专利知识到专利管理、专利战略方面提升；②完善专利管理制度，优化企业专利业务

---

① 杨铁军.企业专利工作实务手册[M].北京：知识产权出版社，2013：序言.

流程，包括与专利管理相关的配套机制；③在进一步积累专利的基础之上注重专利质量的不断提高，实现由数量积累向质量提高过渡；④建立企业初步的专利组合，提高专利保护的总体效果；⑤建立初步的专利管理信息系统或专题专利数据库，提高企业专利信息管理水平，强化专利情报和信息检索对企业研发和技术创新的指导作用；⑥树立专利风险防范意识，加强对专利风险的防范。

当企业专利工作有较大发展，进入专利战略管理的高级阶段时，其专利工作则应注重以下内容：①丰富专利意识和文化内容，融入专利战略管理环境；②强化专利的运营和商用化，使专利成为企业最重要的战略竞争要素，为企业带来更大的竞争优势和经济效益；③完善专利组合，强化专利与技术标准化战略的结合，重视开放式创新环境下的专利战略联盟建设；④进一步完善企业专利管理机制，使其充分实现研发、技术创新与专利管理的衔接和同步；⑤建立较为完善的企业专利信息系统与数据库，提高企业专利信息化处理能力和水平；⑥提高专利管理队伍业务素质，扩大专利管理队伍，通过设立专利工程师等职位，加强企业专利人才队伍建设。

## （二）企业专利产业化：创新驱动发展战略的重要实施形式

企业需要利用专利制度提高其创新能力，最终是要提高专利的产业化程度。专利产业化及专利价值的实现，最终应以企业为主体，以企业创新建设为保障，以企业专利战略实施提高专利能力，更全面地保护企业专利成果。[①] 有学者认为，专利产业化是指以国内市场为导向，以提高经济效益为中心，对专利产业和主导产品实行区域化布局。该观点还认为，在企业层面，专利产业化就是如何利用市场经济规律，使其专利转化为企业效益，为企业带来财富和金钱利益。笔者则认为，专利产业化是企业实现其专利价值的根本途径之一，对于企业自身提高经济效益和市场竞争力具有重要作用，是创新驱动发展战略环境下我国企业提高创新能力和市场竞

---

① 李健 . 浅谈企业的创新建设与知识产权战略 [J]. 江苏科技信息，2013，（13）:16-17.

争力的根本途径之一。专利产业化前景与水平，也是检验某一项或者某一类专利市场生命力和竞争力的重要指标。这是因为，专利本身是对市场份额控制的专有权利，而产业化意味着充分利用市场机制、以市场为导向不断满足市场需求。将专利通过产品化、商品化等形式和途径进入产业化领域，并利用专利自身的专有性特点和功能，就能使这一静态的权利资产在动态运用中保值增值，使专利及时转化为生产力，为企业开拓市场、占领市场并获得市场竞争优势提供保障。专利产业化意味着专利这一法律意义上的专有权利具有了新的内涵，即专利被企业赋予市场属性和经济属性，从而使其在市场经济中更富有生命力。

　　企业专利产业化也是企业服务于我国产业结构调整、经济发展方式改变、提高市场竞争力的重要手段。当前我国经济发展正在由传统的资源消耗型向创新驱动型转变，创新驱动发展战略更强调对知识资源的开发和利用。在知识经济时代，专利成为一种极端重要的知识资源，企业之间的竞争也日益表现为专利的竞争，获得和拥有专利优势日益成为企业之间竞争的关键。然而，企业专利优势需要借助于动态化应用专利才能获得，专利本身无论具有多大的技术含量或市场前景，其转化为企业的竞争优势都离不开产业化这一途径。专利产业化还是专利战略中的应有之义，尤其体现于专利的应用方面。由此看来，企业应将其拥有的专利产业化作为专利经营管理和战略规划的重要内容和目标。为此，在专利创造阶段，企业就应引入专利产业化思维，尽量使其未来获得的专利具有产业化前景，在产业化大潮中焕发新的生命力。

　　正是因为专利产业化对于企业生产经营和竞争力提高具有关键意义，近些年来党和政府无不强调促进专利产业化的重要意义和作用，并制定了相关政策和制度予以落实。例如，党的十八届三中全会通过的决议提出要"加强知识产权的运用和保护"，其中专利产业化无疑是知识产权运用的重要内容。2017年10月18日，习近平总书记在中共十九大报告中强调，倡导创新文化，强化知识产权创造、保护、运用。

　　尽管如上所述，专利产业化对于提高我国企业创新能力，实施创新驱动发展战略具有重要意义，现实中我国企业专利产业化情况却不容乐观。从我国企业专利运用的实际情况看，专利产业化意识薄弱、产业化程度低是普遍存在的情况。尤其是没有建立起产学研一体化的技术创新体系，高校和科研院所从事技术研发取得的大量科研成果缺乏对市场化应用的充分评估和考虑，研发与市场严重脱节，"重研究、轻应用"的现象非常普遍。

笔者认为，造成我国专利产业化意识不强、产业化程度低的原因有很多，其中我国经济社会市场发育程度不高、行政干预强烈，产学研一体化技术创新机制不够健全，缺乏发育成熟的专利产业化中介服务体系，以及计划经济残留的惯性思维都是重要原因。以产学研一体化技术创新机制不够健全为例，高校和科研院所一直是我国从事专利创造的重要主体，但高校和科研院所较为注重理论研究，对研究成果的市场化应用、产业化发展不大关心，很多科研人员也缺乏专利产业化的意识和经验。另外，现行的科研评价机制也在一定程度上不利于高校和科研院所创新成果的及时转化，如重论文和鉴定，重专利申请数量，而忽视专利成果的应用。从企业层面来看，很多企业对待专利问题还停留在保护层面，尚未上升到经营管理和产业化转化程度。

我国专利产业化程度低还与专利本身缺乏实用性有关。毫无疑问，专利产业化的前提是特定的专利能够被产业化，这就要求专利应当具有较强的市场应用性。然而，在缺乏产学研一体化技术创新体系的情况下，高校和科研院所开发的专利总体上市场适应性较差，缺乏市场前景和生命力的科研成果非常普遍，严重影响了专利转化的效率。即使是企业创造的专利，由于缺乏前瞻性的专利战略规划和有效的管理策略，企业研发与市场脱节的情况也很普遍。在取得的专利实用性不强、也没有经过实用化检验的情况下，专利转化就会存在问题。

我国专利中介服务体系不够健全，也影响了专利的转化程度和效率。基于专利中介服务在推动我国专利战略实施方面的重要性，近些年来制定了相关专利中介服务发展的政策和规范，旨在完善我国专利中介服务体系。然而，目前我国专利中介服务总体上仍停留在专利代理、商标注册申请等传统业务层次，涉及专利转化和产业化应用方面的业务开展得很不够，有经验的中介机构和人员数量严重不够。这自然也会影响到专利产业化发展水平和状况。

此外，专利转化和产业化应用需要资金作支撑。尤其是大量的中小企业缺乏技术创新的资金保障，需要通过银行等金融机构获得贷款。但是，在现行金融体制下，银行等金融机构不愿意贷款给缺乏有效担保的中小企业，这就使得专利产业化缺乏资金保障。

企业专利产业化其实是一个系统工程，它不仅涉及专利本身是否具有产业化前景问题，而且需要创造专利产业化的内外部条件。从企业内部条件看，企业应当建立技术成果的孵化机制，瞄准市场需求，采取激励专利转化的措施，并有效地加强专利的管理和保护。从企业外部条件看，则需要国家和政府提供较好的专利产业化环境，包括良好的专利保护环境、促进专利投融资的政策和制度，以及畅通的信息网络等。

## 四、实证研究：我国企业谋求创新与专利战略结合的有效实践

企业可以通过实施专利战略，实现技术创新、提高竞争能力的目标，这不仅是理论上的结论，更为无数企业实践所证明。这里仅针对海信公司和徐工集团经验略作分析。

海信公司是我国著名的家电类大型企业。该公司重视以研发、创新为基础的企业发展战略。据公司负责人介绍，公司长期以来实行"技术立企"的发展战略。在大量资金和研发力量投入的前提下，公司的技术创新工作蒸蒸日上，并形成了大量的创新成果。海信公司的研发、创新与知识产权战略结为一体，在知识产权战略指导下开展技术创新工作，及时在国内外部署了大量专利，在变频空调、变频冰箱、LED 液晶电视等高端产品均具有一批核心技术专利。海信公司重视以技术和品牌为先导开拓和占领国内外市场。随着公司的壮大，公司实施国际化经营战略，在亚洲、欧

洲、北美、非洲等地区拥有海信品牌战略市场，出现了销售收入增幅大大高于销量增幅的现象。根据该公司负责人介绍，海信公司将进一步推进海外自主品牌市场，"在目前的海外工厂基础上，随着海信集团海外自主品牌战略的进一步推进，海信集团将加快在海外建厂的步伐，本土化生产和服务将进一步提升海信集团产品的竞争力"。[①]

徐工集团副总经理李锁云认为，"只有让创新成为企业长青之根，拥有知识产权，才能让'徐工'这个中国行业首选的品牌，成为具有全球性竞争力和影响力的民族品牌。"[②]徐工集团重视技术创新和专利战略，其在2002年即确立了"高端、高科技、高附加值和大吨位"的"'三高一大'的产品发展路线"，强化自主创新。据统计，截至2011年底，公司获得了国内外专利964件，其中发明专利34件。徐工集团的自主创新是以知识产权全价值链上实施的全流程管理为基础的。徐工集团副总经理李锁云认为："在徐工的全价值链中，每个环节都充满了不确定性。任何一个环节的知识产权工作没有做到位，或者控制得不到位，整个项目都可能前功尽弃，企业最终无法获利""徐工集团能不能做成百年老店，关键是以创新文化为根基，真正做到'全员全过程全价值链'的知识产权管理"。徐工集团之所以高度重视和强调企业全价值链中每一个环节知识产权管理和其他工作的重要性，是因为其认识到企业生产经营活动是其产品研发、设计、制造、生产与销售以及售后服务等各个环节和阶段行为的总和，而每一项经营活动都是企业价值链上的一个独特环节，这些经营活动都同时对应着相应的知识产权工作和管理内容，将每一个产品经营环节的知识产权工作做到位，才能让知识产权工作在企业价值链中发挥应有的作用。[③]

海信公司和徐工集团的经验表明，企业创新活动和创新能力提高与其

---

① 向利，刘珊.创新主体 谋求腾飞（企业篇之二）[N].中国知识产权报，2012-1-11（03版）.

② 刘仁，李群，黄红健.知识产权：全价值链整合无缝衔接 [N].中国知识产权报，2012-4-6（01版）.

③ 刘仁，李群，黄红健.知识产权：全价值链整合无缝衔接 [N].中国知识产权报，2012-4-6（01版）.

知识产权战略尤其是其中的专利战略实施具有不可分割的联系，其中技术创新是企业实施专利战略的重要目标，专利战略实施又是企业实现技术创新目的的重要手段和方式。在创新驱动发展战略环境下，我国企业承载着更多的历史使命，如何充分、有效地利用专利制度，实施专利战略，促进专利产业化，是新形势下摆在我国企业面前的重要课题。

## 五、结论

在当代，随着包括专利制度在内的知识产权制度地位的日益提升，专利在企业竞争战略中的地位也日益提升，成为决定企业市场竞争成败的关键性要素。专利制度作为激励创新和保护创新成果的重要法律制度，在企业层面，其有效利用离不开专利战略的制定和实施。当前我国正深入推进的创新驱动发展战略，如何提高企业创新能力尤其是自主创新能力，进而提升其核心竞争力，促进我国产业升级和经济发展方式改变，是一个值得研究的重大课题，随着我国知识产权战略的深入，企业专利战略的有效实施在我国创新驱动发展战略环境下将具有更加重要的意义。

# 小微企业知识产权战略论纲 ①

　　小微企业是与大中型企业相对而言的。我国现存小微企业千万余家，它们不仅解决了大量就业问题，更为我国经济社会发展做出了巨大贡献。关于企业知识产权战略的内涵及其重要性，近些年来随着国家知识产权战略和创新驱动发展战略的推进，相关的研究成果可谓层出不穷。然而，同样是企业，对于小微企业是否需要制定与实施知识产权战略，则很少有人关注，以致我国关于小微企业知识产权战略的研究成果凤毛麟角。实际上，正是基于小微企业经济技术实力和市场竞争力远不如大中型企业，而知识产权是法律上的一种独占市场的权利，小微企业启动知识产权战略工程、制定和实施知识产权战略甚至比大中型企业具有更加重要的意义。小微企业基于自身规模小、技术资源和财力不足等特点，在制定和实施知识产权战略时应当高度重视其个性化需求和特点。鉴于我国尚缺乏对小微企业知识产权战略基本问题的研究，本部分拟对此作出初步探讨，希望以此推动我国对小微企业知识产权战略的深入研究。

## 一、小微企业知识产权战略的概念和特点

　　企业知识产权战略属于战略研究范畴。同时，它既属于企业战略范畴，也属于知识产权战略范畴。小微企业属于企业的范畴，其知识产权战略自然也属于企业战略和知识产权战略范畴。基于此，应当以企业战略和

---

　　① 原载《湖南大学学报》(社会科学版) 2017年第6期。

知识产权战略的一般概念、原理和理论为指导，在此基础上紧密结合小微企业的实际情况，尤其是区别于大中型企业的实际情况，开展对小微企业知识产权战略制定和实施的研究。

小微企业知识产权战略是小微企业战略的子战略，而小微企业战略则可以理解为"为了求得长远的发展，在对企业内部条件和外部环境进行有效分析的基础上，根据企业目标所确定的企业在一定时期内发展的总体设想和谋划，包括战略指导思想、战略目标、战略重点、战略步骤和战略策略等"。① 小微企业知识产权战略也属于企业知识产权战略范畴，而"企业知识产权战略"是指"企业为获取与保持市场竞争优势并遏制竞争对手，运用知识产权保护手段谋取最佳经济效益的总体性谋划"。② 基于此，笔者认为，结合小微企业区别于大中型企业的不同特点和其生产经营发展战略，小微企业知识产权战略可定义为：小微企业为在市场竞争中求得生存与发展，不断提高自身的技术实力和市场竞争力，取得竞争优势，运用知识产权保护手段和机制谋取最佳经济效益的总体性谋划。

小微企业知识产权战略的概念表明，其既不同于小微企业知识产权一般法律事务，也不同于小微企业一般知识产权管理，而是针对小微企业知识产权方面的全局性、长远性问题采取的总体方针和对策，是对小微企业知识产权工作和事务的总体部署与规划。全局性特点反映了小微企业知识产权战略侧重于对其整体的知识产权问题进行规划，而不限于局部、个别的知识产权问题。长远性特点则反映了小微企业知识产权战略在立足现实的基础之上侧重于规划未来一定时期小微企业知识产权工作的安排和实施，而不是一个较短时期内的知识产权工作。从这里也可以看出，小微企业知识产权战略也不同于小微企业日常的知识产权工作计划、年度计划或者规划，其构建的是小微企业知识产权一定时期内的知识产权工作的总的方针和对策。不过，由于小微企业知识产权战略之具体实施又建立在日常的知识产权有效维护、管理之上，小微企业知识产权战略与其日常的知识

---

① 王铁男.企业战略管理[M].哈尔滨：哈尔滨工业大学出版社，2006：6.

② 冯晓青.企业知识产权战略第4版[M].北京：知识产权出版社，2015：4.

产权管理、知识产权维护息息相关，其中后者是前者的基础和保障，前者则是后者的目标。不仅如此，与大中型企业知识产权战略相比，小微企业知识产权战略与其日常的知识产权管理和维护具有更密切的关系，小微企业知识产权战略的诸多实施策略和手段，就是建立在有效的事务型知识产权管理和维护之上的。

战略的本质是竞争。哈佛大学商学院著名的战略学家波特教授认为，战略形成的本质，本来就是为了应付竞争所需；最能左右产业的竞争作用力，也是影响战略形成的最重要因素。在当代，企业之间的竞争越来越激烈，企业制定与实施战略的根本目的就是在与竞争对手的抗衡中赢得竞争优势，从而获得最大限度的经济效益。[①] 小微企业实施知识产权战略的重要目的，就在于利用知识产权这一法定的专有、独占性权利与市场中的竞争对手开展竞争，逐步提升自身的经济技术实力和市场竞争力，最终在求得生存与发展中不断壮大。因此，与大中型企业知识产权战略一样，小微企业知识产权战略最终是围绕如何获得并扩大市场份额、如何获得市场竞争优势到最终占据市场竞争优势进行规划和实施的。

此外，小微企业知识产权战略还有一个重要特点是，它是小微企业战略尤其是其生产经营战略的重要组成部分，具有服务于小微企业战略的目的。小微企业知识产权战略并不是孤立的，而是服务于小微企业总体战略，尤其是生产经营战略。国外学者瓦格麦恩（Wagman）与斯科菲尔德（Schofield）从知识产权制度史的角度考察了知识产权、技术创新、企业战略和收益率之间存在的密切关系，认为："知识产权战略，无论是专利战略还是其他战略，其目标是提供给发明者保护和享有创新成果，以此来促进企业战略"。[②] 笔者认为，小微企业知识产权战略之所以必须服从于其总体战略，尤其是其市场经营战略，是因为小微企业知识产权战略目的是要

---

① 冯晓青.企业知识产权战略（第四版）.北京：知识产权出版社，2015：5；张志刚.中国知识产权文化的基础、价值和愿景 [J].大连理工大学学报（社会科学版），2016，37（4）：105–111.

② 李培林.企业知识产权战略研究综述 [J].经济经纬，2006，（6）：81–84.

提升企业整体的市场竞争力，需要通过将知识产权作为生产要素纳入小微企业市场经营活动和市场竞争中，服从于小微企业生产经营战略的需要。如果小微企业知识产权战略偏离了其总体战略，尤其是生产经营战略，该知识产权战略就不可能实现其追求的目标。进言之，小微企业知识产权战略要实现与其总体战略的对接，服务于小微企业总体战略的需要，应当注意以下四点：将服务于小微企业总体战略纳入制定小微企业知识产权战略制定的基本原则；在制定小微企业知识产权战略过程、对小微企业知识产权战略实施环境考察中，立足于小微企业发展目标、战略定位、企业使命和愿景，以及小微企业生产经营的实际情况；在实施小微企业知识产权战略过程中，根据小微企业的战略格局实时进行必要的调整；对小微企业知识产权战略实施绩效评估时，也应以是否促进小微企业战略作为重要标准。

## 二、小微企业知识产权战略的重要意义与作用

小微企业规模较小、实力不强，尤其是缺乏研发资源、人力资源和财务资源，因此其在与同类型大中型企业开展市场竞争中往往处于劣势。为此，小微企业需要充分利用各种机会和条件获得资源优势，逐步提升自身的市场竞争力。其中，根据资源基础学说，知识产权就是一种具有异质性、价值性的、难以模仿和难以替代的无形资源，在法律上则具有高度的独占性，小微企业完全可以通过有效地制定和实施知识产权战略，盘活知识产权这一无形资产，不断提高自身市场竞争力，从而不断发展壮大，最终步入具有较高市场竞争力的大中型企业行列。笔者认为，我国小微企业制定和实施知识产权战略具有以下重要意义和作用：

第一，利用知识产权的独占性特征占据和扩大市场份额，提高市场竞争力，最终赢得市场竞争优势。

小微企业制定和实施战略可以提高其市场竞争力并最终赢得市场竞争优势，是基于知识产权作为受法律保护的一种独占权、垄断权和专有权，

小微企业凭借知识产权能够抗制竞争对手，尤其是在与大中型企业的市场博弈和竞争中，能够"以小致大"。事实上，当今很多跨国大企业在当初的成长、发展过程中，充分运用知识产权战略与大企业博弈，并最终使自己成为跨国大企业的案例并非少见。像微软公司在20世纪80年代初还是一个名不见经传的小微企业，利用与"蓝色巨人"IBM开发和运用操作系统的合作，成功地实施了事实标准，借助于著作权等方面的保护，最终使其成为计算机行业中的巨无霸。

获得市场竞争优势是企业知识产权战略的终极目标。就大中型企业而言，这一战略目标显得更加突出。就小微企业来说，由于其规模和实力不能与大中型企业相比，其知识产权战略发挥作用更体现于提高自身竞争力，尚难以实现占据市场竞争优势的目的。不过，随着其竞争能力的提高，小微企业知识产权战略会在帮助其获得市场竞争优势方面发挥更大的作用。

第二，积累企业无形财富和知识资源，改善企业形象，提升企业品牌影响力。知识产权本身是小微企业的重要无形财富、知识资源和经营资源。小微企业制定和实施知识产权战略的重要目的是积累具有一定数量和质量的知识产权，这尤其体现于小微企业知识产权创造战略方面。小微企业通过制定和实施知识产权战略，促进自主知识产权数量和质量的提高，不仅能够增加其自身财富的数量和品味，而且有利于改善小微企业形象，提升自身品牌影响，从而有利于开拓市场和获取市场竞争力。这是因为，拥有一定质量和数量的知识产权，也是形成良好企业形象的保障。设想一下一个高科技小微企业，多年来没有几件专利会让消费者产生什么印象？又设想一下一个生产销售大众化产品的小微企业，多年来产品上没有几件注册商标，尤其是没有具有一定知名度的注册商标，如何创牌？其实，"知识产权形象"也是企业形象的重要组成部分。特别是随着科技和经济社会发展，知识产权在企业中地位日益提高，小微企业拥有知识产权不仅能够带来直接的竞争优势，而且其本身就是构建良好企业形象的重要措施。从这个角度来看，小微企业制定和实施知识产权战略，对于塑造良好的企业形象和品牌形象，也具有重要作用。

第三，为小微企业财务绩效做出贡献，提高小微企业经济和社会效益。

"知识产权战略设计是将知识产权变成利润最重要的核心"。[①] 小微企业制定和实施知识产权战略，直接服务于其生产经营战略，对小微企业财务绩效也能做出重要贡献。这是因为，小微企业知识产权战略的核心是其知识产权的有效运营，而知识产权运营的直接目的是实现知识产权的及时转化和保值增值，将知识产权由潜在的生产力转变为现实的生产力，为企业带来直接的经济效益或者竞争优势。小微企业通过自行实施、许可、转让、特许、资本运营等形式利用自身的知识产权，能够有效地盘活无形资产，提高企业经济效益和社会效益，而这些离不开有效地制定和实施其知识产权战略。从实际情况看，国内外一些小微企业通过实施知识产权运营战略，使其知识产权部门成为企业核心部门，知识产权为企业带来了可观的经济效益，其经验值得借鉴。

第四，防范小微企业生产经营风险，为小微企业发展和战略目标实现保驾护航。

小微企业知识产权战略的一个重要方面是防范生产经营中的知识产权风险，保障企业沿着既定的战略目标发展。知识产权风险防范则需要引入知识产权战略思维，在小微企业研发、采购、产品制造和生产、销售、售后服务等环节提前预警，防止在任何一个环节和阶段发生侵犯他人知识产权的行为。另一方面，小微企业自身的知识产权也可能被他人侵害。小微企业为此需要未雨绸缪，保持对市场的监控和跟踪，根据市场情况作出应对性反应。这就需要小微企业通过制定和实施知识产权战略提前部署，高瞻远瞩，预防一切可能的知识产权侵权和被侵权行为，为小微企业发展赢得充分的自由空间。从实际情况看，我国很多小微企业知识产权意识缺乏，对知识产权缺乏整体保护观念和措施，容易成为知识产权侵权的对

---

① 袁俊.企业知识产权战略与核心竞争力 [J]. 航空科学技术，2003，（6）：11-13.

象，以致造成极大被动。很多小微企业则不大注重如何有效地保护自身的知识产权，以致知识产权流失严重，给自身造成了不小损失。这些教训都值得小微企业予以吸取。

第五，逐步形成小微企业良好的知识产权文化和创新氛围，激励员工创造和保护自身知识产权，以无形促进有形，推动企业发展。

小微企业知识产权战略的一个重要目标和内容是形成小微企业良好的知识产权文化和创新氛围，而这对于促进小微企业知识产权创造、调动员工的积极性，具有重要作用。知识产权文化本身是小微企业的软实力，属于小微企业文化的重要组成部分。然而，当下我国很多小微企业缺乏知识产权文化和创新氛围，甚至采取种种不正当竞争手段企图走捷径。这种状况无法改变小微企业规模不大、实力不强的现状。由于小微企业知识产权战略侧重于充分利用知识产权保护制度的功能和特点服务于企业生产经营，其必将十分有利于弘扬企业知识产权文化，形成尊重和保护知识产权、崇尚创新的大好局面，而这反过来有利于小微企业成长壮大。

第六，为小微企业未来发展中知识产权战略层次提升奠定基础，逐步由防御型战略提升为进攻型战略，最终获取市场竞争优势，取得核心竞争力。

小微企业基于其不同于大中型企业的特点，其知识产权战略的层次和内容相对来说也较为粗浅，主要以防御型知识产权战略为主，以积累一定数量和质量的知识产权、规范企业行为和构建基本的知识产权文化为主，以提高自身技术和市场竞争能力而不是获取市场竞争优势为主要目标。但是，也必须指出，小微企业知识产权战略的层次和内容不及大中型企业绝不意味着其没有制定和实施知识产权战略的必要。笔者曾在北京中关村知识产权促进局举办的一个学术会议上讨论过一个问题：小企业是否有制定和实施知识产权战略的必要？讨论中认为，其必要性是肯定的。知识产权战略在企业中的制定和推行有一个循序渐进的过程。就小微企业而言，制定和实施知识产权战略能够尽早使其知识产权工作步入正规化轨道，并且尽早形成较好的知识产权文化和创新氛围，逐步提升小微企业知识产权战略管理的层次和水平。因此，小微企业制定和实施知识产权战略并不是可有可无的行为，而是具有很强的必要性。"不积跬步无以至千里，不积小流无以成江海"，小微企业制定和实施知识产权战略能够为其发展壮大奠定坚实的基础，待未来发展成为大中型企业时，能够大大提升企业知识产权战略的层次，迈入进攻型知识产权战略行列，最终赢得市场竞争优势并拥有核心竞争力。

## 三、小微企业知识产权战略的内容构建

小微企业知识产权战略具有丰富的内容，并且从不同角度和标准出发可以划分为不同内容。以下将根据一些常见的划分标准对小微企业知识产权战略的内容进行探讨。

### （一）根据知识产权战略的不同环节划分

按照这一标准，可将小微企业知识产权战略划分为小微企业知识产权创造战略、小微企业知识产权运营战略、小微企业知识产权保护战略和小微企业知识产权管理战略。

小微企业知识产权创造战略是其知识产权战略的基础，因为"巧妇难为无米之炊"，没有一定数量和质量的知识产权，小微企业制定和实施知识产权战略就会成为空中楼阁。缺乏知识产权的有效积累，也正是当前我国小微企业普遍存在的知识产权方面的问题。也正因如此，这也成为很多小微企业和一些人士主张小微企业没有制定和实施知识产权战略的必要的理由。事实上，正因为缺乏有效的知识产权的积累，小微企业需要通过有效地制定和实施知识产权战略积累知识产权，调动小微企业员工从事知识创造的积极性。也正因为缺乏知识产权是小微企业普遍存在的问题，笔者认为知识产权创造战略是小微企业知识产权战略的重点内容，这与很多拥有较多知识产权的大中型企业不同，其知识产权战略的重点是知识产权运营。

　　小微企业知识产权运营战略的目的是要通过一定的运营形式实现小微企业知识产权的保值增值，盘活小微企业知识产权类无形资产，提高小微企业的经济效益和社会效益，为小微企业财务绩效做出贡献。与大中型企业相比，小微企业由于其规模、资金、技术实力、市场开拓能力等有限，有效运营其知识产权并产生较大的经济效益困难较大。不过，任何企业都有一个成长和发展壮大的过程，小微企业可以通过实施运营战略逐步积累知识产权运营经验。不仅如此，小微企业如果开发了具有很强技术和市场竞争力的专利技术，也不排除以此为契机，赢得跨越式发展的战略机遇。小微企业资金缺乏问题，必要时可以通过知识产权融资和引入风险投资等形式加以解决。因此，虽然知识产权运营战略在小微企业知识产权战略中紧迫性不如其他形式，在有些情况下小微企业也需要大刀阔斧地开展知识产权运营活动，赢得市场竞争力。

　　小微企业知识产权保护战略是小微企业在知识产权保护方面采取的具有全局性和长远性的总体性谋划。一般地说，企业知识产权保护包括保护自身知识产权和尊重他人知识产权、防止侵犯他人知识产权，两方面缺一不可。就小微企业而言，更重要的是需要注意在生产经营活动中防范侵犯他人知识产权的风险，如在采购、合同签订、生产制造、定牌加工、销售和出口等环节都应注意可能的存在侵犯他人知识产权的情况。当然，小微企业总体上知识产权数量不多并不意味着其知识产权保护不重要，相反，正因为小微企业知识产权数量有限，其尤其需要加强自身知识产权保护意识，防止知识产权流失，同时尽可能对符合法律条件的创新成果予以确权。当然，作为一种知识产权战略形式，小微企业知识产权保护战略并不限于保护自身知识产权和防范侵害他人知识产权的情形，还包括采取有效的保护策略和建立预防与控制知识产权流失的机制，以及在小微企业内部建构保护知识产权的文化氛围等内涵。

　　小微企业知识产权管理战略也是其知识产权战略的重要环节和内容。小微企业知识产权管理战略的重要性与知识产权管理的重要性是分不开的，因为"知识产权管理是现代企业管理不可缺少的重要内容。"① 所谓企业知识产权管理战略，"是从本企业长远发展出发，充分利用知识产权这一武器，在以技术创新、知识创新为主导的现代市场竞争与合作中谋求最佳社会经济效益的战略思想与战术行为的综合集成。知识创造性地运用于管理，就会产生管理创新。在知识产权管理创新方面，知识产权战略与知识产权人之间是良性的互动促进关系。"② 小微企业知识产权管理是其知识产权战略的重要环节，也是落实小微企业知识产权战略的重要保障。小微企业基于全局性和长远性考虑对其知识产权管理所进行的总体性谋划，就形成小微企业知识产权管理战略。这里的"知识产权管理"，是指小微企业对其知识产权的计划、组织、指挥、协调、控制等活动和过程，本身属于小微企业知识产权战略的重要组成部分和内容。不过，应注意一个相关概念的区别和联系，即小微企业知识产权战略管理。该概念指的是用战略手段管理知识产权，属于小微企业战略管理的范畴。小微企业通过有效地实施知识产权战略管理，对于提高自身知识产权战略能力无疑具有重要作用。

## （二）根据小微企业知识产权战略实际内容划分

按照这一标准，可将小微企业知识产权战略划分为小微企业专利战略、小微企业商标品牌战略、小微企业著作权战略、小微企业商业秘密战略等形式。这一划分标准的原因在于知识产权由专利权、著作权、商标权、商业秘密等构成。

在上述战略形式中，小微企业专利战略是指小微企业利用专利制度和专利信息谋求获取市场竞争有利地位的总体性谋划；小微企业商标战略是指小微企业利用商标品牌，不断提升商品声誉和企业形象，以此促进占领市场、提高市场竞争力的总体性谋划；小微企业著作权战略是指小微企业利用著作权保护制度，盘活著作权这一无形资产，防范侵权风险，最大

---

① 冯晓青．企业知识产权管理 [M]．北京：中国政法大学出版社，2012：385．

② 冯晓青．企业知识产权管理 [M]．北京：中国政法大学出版社，2012：144．

化地实现著作权价值的总体性谋划；小微企业商业秘密战略则是指小微企业通过有效地管理和保护商业秘密，防止其自身商业秘密被泄露和非法使用，以此防范企业风险，赢得市场主动权的总体性谋划。

### （三）根据小微企业知识产权战略的要素划分

按照这一标准，可将小微企业知识产权战略划分为小微企业知识产权战略思想、小微企业知识产权战略目标、小微企业知识产权战略定位、小微企业知识产权战略原则、小微企业知识产权战略重点、小微企业知识产权战略实施环境、小微企业知识产权战略实施策略、小微企业知识产权战略保障体系等内容。

小微企业知识产权战略思想是小微企业对其知识产权的总体观念和认识，反映了小微企业对知识产权的战略性认识和远见，也是其制定和实施知识产权战略的灵魂，对小微企业知识产权战略目标的确定、战略定位、战略重点选取、战略实施策略等方面均具有重要的指导作用，对于小微企业知识产权战略实施绩效也具有关键作用。可以认为，一个缺乏知识产权战略思想的小微企业是不可能有效制定和实施其知识产权战略的。小微企业知识产权战略思想主要体现于其领导层的知识产权战略方面。如果一个小微企业领导缺乏知识产权战略眼光，不重视利用知识产权促进企业生产经营活动、实现企业战略目标，也就不可能有效制定和实施小微企业知识产权战略，因为小微企业知识产权战略制定和实施最终需要其领导拍板和安排其职能部门、事业部及其员工逐一落实，并且需要由企业安排一定的人财物资源予以保障。如果小微企业领导对知识产权战略的重要性认识不清，将知识产权看成是企业可有可无的财富，甚至认为小微企业由于规模小、实力不强，根本不需要制定和实施知识产权战略，就很难推进其知识产权战略工作。当前，我国多数小微企业没有有效启动知识产权战略工作，与小微企业领导缺乏知识产权战略思想不无关系。基于上述考虑，笔者认为如何培养小微企业领导的知识产权战略思想是小微企业知识产权战略制定和实施的重要前提和保障。

　　小微企业知识产权战略目标，是在小微企业知识产权战略思想的指引下为实现小微企业战略目标而在小微企业知识产权方面确立的目标与要求。小微企业知识产权战略目标的确立应当立足于自身情况和外部环境，包括研发和人力资源、产品和市场定位、自身发展战略、行业竞争结构等因素。由于小微企业与大中型企业相比其市场规模通常较小、技术力量不足、资金短缺，品牌影响力也不大，小微企业在确立自身知识产权战略目标时应当以积累和创造具有一定数量和质量的知识产权，通过有效的知识产权保护和管理防范知识产权侵权，同时建构企业内部良好的知识产权文化和一定的品牌影响力，以此提高小微企业知识产权能力和市场竞争力为目标，而不是以知识产权赢得市场竞争优势、将知识产权作为企业获取经济效益的主要途径。简言之，应当是通过有效运作知识产权提升企业竞争力和品牌影响力。不过，还应当指出，从企业知识产权战略的一般规律看，企业知识产权战略目标具有渐进性和权变性，即随着企业面临的市场环境和竞争环境的变化以及自身规模和实力的扩大，其知识产权战略目标表现出一定的层次性，需要渐进提高知识产权战略目标的要求和水平。就小微企业而言，其知识产权战略目标自然不能定得太高，但随着小微企业产品和市场规模的扩大、经济和技术实力增强，其知识产权战略目标逐步需要以赢得市场竞争优势、将知识产权作为获取企业经济效益的重要来源方面转化。此时，与知识产权战略目标变化相适应，企业的知识产权战略模式将逐渐由防御型知识产权战略转变为进攻型知识产权战略。

　　小微企业知识产权战略定位是指小微企业对其知识产权在相关产品、技术、市场和消费者中确立其相应地位的谋划。根据战略定位学派理论，战略定位是企业制定和实施战略的关键，成功的战略定位能够使自身在战略上取得巨大成功，而不适当的战略定位则会错失良机，丧失大好的市场机遇。实际上，一些著名的跨国公司之所以能够获得巨大发展，与其及时准确的战略定位无不直接关系。例如，20世纪80年代初，诺基亚公司深受债务困扰，以致面临破产境地。一个偶然的机会，公司研发部负责人发现一种移动通信技术专利没有受到重视，于是向公司新任总裁汇报，得到总裁认可。公司决定全线收缩产品线，实行战略大转移，将所有人财物资源转移到开发移动通信技术产品即后来的手机上面，很快取得了巨大成功。就小微企业来说，其知识产权战略定位关系到知识产权战略的走向和方向，应该给予高度重视。小微企业自身的特点决定了其知识产权战略定位于总体上实行防御型知识产权战略。但是，现实中并不排除小微企业在局部技术领域领先的可能，也不排除小微企业在细分市场通过品牌塑造和技术领先赢得细分市场竞争优势的可能。因此，小微企业知识产权战略定位也应注意在特定细分市场和技术领域实施进攻型知识产权战略。

小微企业知识产权战略原则是小微企业根据其生产经营战略发展需要，为实现其知识产权战略目标而应当遵守的一些准则。从一般的企业知识产权战略原则来说，尤其需要重视的是获取竞争优势原则、合法性原则和利益均衡原则。就小微企业而言，其还必须与自身情况高度吻合，尤其是提高市场竞争力和维护知识产权的安全性与稳定性，防范知识产权风险等。

小微企业知识产权战略重点是小微企业实现其知识产权战略目标需要重点突破和解决的重大问题。知识产权工作在企业中涉及技术创新的各个环节和生产经营的各个阶段，小微企业要根据自身生产经营需要分清轻重缓急，以有限的人财物资源重点解决亟需解决的重要问题，而不是面面俱到。小微企业知识产权战略重点虽然基于不同的小微企业具有不同的个性化内容，但从一般意义上说具有一些共同的内容，例如积累更多的具有一定质量的知识产权，建章立制、加强小微企业内部知识产权制度建设和知识产权文化建设，逐步提高小微企业运作知识产权的能力，是小微企业普遍应当重视的重大问题，因为小微企业普遍缺乏知识产权、普遍缺乏相关的知识产权制度建设和文化氛围，这些重要问题如果不解决，小微企业知识产权战略将难以形成气候。当然，小微企业知识产权战略重点也应保持权变性，即随着小微企业外部竞争环境、市场格局以及小微企业经济实力的增强，小微企业应当将知识产权战略重点提升为通过有效运营知识产权、使知识产权为企业带来更多的经济和社会效益。

小微企业知识产权战略实施策略是指小微企业为实现其知识产权战略目标，根据知识产权战略所确定的原则和重点，采取的具体的对策、技巧、方式和方法。小微企业知识产权战略实施策略对于保障其知识产权战略目标的实现具有关键意义。如果实施策略失当，则可能无法实现小微企业知识产权战略目标。因此，小微企业应当重视如何选择以及如何运用相应的知识产权实施策略，如在注册商标策略方面，小微企业是选取单一品牌策略还是多品牌策略，就涉及知识产权策略的选取和实施的问题，如果选择不当，就可能难以实施小微企业的品牌战略。又如，在小微企业专利战略方面，应当以外围专利战略、专利许可战略、利用失效专利战略等形式为主，而不是基本专利战略、专利收买战略等形式。当然，小微企业知识产权战略实施策略也需要随着形势的变化而及时进行调整，而不能固守原来的模式。从这里也可以看出，小微企业知识产权战略实施策略也表现出一定的预见性和灵活性。

## （四）根据小微企业知识产权战略管理过程划分

按照这一标准，可将小微企业知识产权战略划分为小微企业知识产权战略环境分析、小微企业知识产权战略制定（战略规划）、小微企业知识产权战略实施、小微企业知识产权战略控制与评估等内容。

小微企业知识产权战略环境分析涉及小微企业内部环境和面临的外部环境两方面。根据国外管理学界关于企业环境分析的"SWOT"模式（S、W、O、T分别是Strength、Weakness、Opportunity和Threat的英文第一个字母），小微企业需要分析其自身的优势和不足，以及外部环境带来的机会和威胁。笔者认为，小微企业自身的优势与不足涉及以下内容：研发资源和研发队伍；产品与市场占有率情况；流动资金；现有知识产权的数量和质量；现有知识产权机构、人员与制度建设情况；品牌建设情况等。小微企业面临的外部威胁与机会则包括以下内容：市场结构；同行竞争对手的情况；相关市场饱和度及其前景；国家和地方相关政策和制度；消费者时尚及其变化；相关技术发展趋势；细分市场发展趋势等。小微企业在进行知识产权战略环境分析时，不仅应明确有哪些内容，而且应进一步明确对其自身而言属于优势还是劣势，抑或机会还是威胁。综合分析这些因素，有利于小微企业进行正确的知识产权战略决策，为科学、合理地制定小微企业知识产权战略打下坚实基础。

小微企业知识产权战略制定（战略规划）是小微企业对其知识产权战略进行的整体规划和构建，在小微企业知识产权战略管理流程中处于基础和核心地位。小微企业为科学地制定知识产权战略，应当立足于小微企业发展战略，将知识产权战略牢固地纳入小微企业整体发展战略中。借鉴国务院国资委"企业知识产权战略与管理指南"专题研究成果的观点，小微企业知识产权战略制定应当与研发和市场开拓紧密结合，构建"基础—战术—战略业务三位一体的企业知识产权战略"。

小微企业知识产权战略制定通常需要以知识产权战略目标为基准，找准其知识产权战略定位和战略重点，探索可以实现知识产权战略目标的实施方案，并对相关的战略措施和方案提供保障措施。与一般意义上的企业知识产权战略制定相同，小微企业知识产权战略制定最终也体现为具体的知识产权战略实施方案和知识产权战略计划。小微企业知识产权战略计划的制定过程包括小微企业知识产权战略制定过程和具体的知识产权战略规划制定过程。值得注意的是，小微企业知识产权战略制定还存在战略方案选择问题。立足于小微企业发展战略以及知识产权战略目标，小微企业可以制定备选方案并分别进行可行性研究，从中选出最为理想的知识产权战略实施方案和计划。

小微企业知识产权战略实施是小微企业知识产权战略制定后的逻辑延续和必然选择，因为小微企业制定知识产权战略的目的就是为了有效实施，否则小微企业知识产权战略制定就会变得没有意义。小微企业知识产权战略实施是一个系统工程，它涉及小微企业知识产权战略实施环境和条件、实施主体、实施内容及其相互关系。从实施环境和条件来说，小微企业实施知识产权战略应当具备或者创造一定条件与软硬件设施，如基本的资金投入、必要的规章制度、专职或者兼职的知识产权管理机构、畅通的信息沟通网络。从实施主体来说，小微企业知识产权战略实施主体除了知识产权战略的制定者（尤其是小微企业领导）以外，还包括小微企业各职能部门和事业部及其相关人员，包括研发、财务、人力资源、采购、市场营销、售后服务等部门及其相关人员。小微企业知识产权战略实施中应当协调相关实施主体的职责和责任分工，使其共同朝着知识产权战略目标方向迈进。从小微企业知识产权战略实施的内容来看，除了包含专利战略、商标战略、著作权战略、商业秘密战略这些基本形式外，从战略实施绩效的角度评估，则包含了市场开拓、竞争地位改善、技术创新、品牌塑造、制度建设和知识产权文化建设等内容。

小微企业知识产权战略控制与评估是小微企业在实施知识产权战略过程中，根据知识产权战略实施的情况对存在的问题及时进行改进、调整，并根据一定的评估指标和方法评判知识产权战略实施绩效的行为和过程。小微企业知识产权战略控制与评估是小微企业知识产权战略系统的最后一个环节，旨在及时纠正知识产权战略实施过程中发生的偏差和问题，并按照战略柔性原理及时调整战略重点和实施策略，保障小微企业知识产权战略目标实现。

# 四、结论

小微企业是我国社会主义市场经济不可缺少的重要主体，在我国经济社会发展中具有不可替代的地位和作用。由于知识产权是一种法律赋予的独占性、排他性和垄断性权利，拥有知识产权的企业就可以凭借知识产权专门法律赋予的这一权利独占市场，在市场竞争中建构自己的知识产权壁垒，以知识产权作为市场竞争的开路先锋，并最终赢得市场竞争优势。现实中，依靠知识产权的保护而获得市场竞争主动地位，甚至最终赢得市场竞争的小微企业并非少见。很多例证表明，小微企业有效地利用知识产权能够改善自身经济技术地位，极大地提升其市场竞争能力。然而，知识产权在小微企业中有效发挥作用，是以对知识产权的战略性运用为前提的。

当前，我国很多小微企业举步维艰，对知识产权的运用根本没有上升到战略高度，甚至缺乏基本的知识产权保护意识和经营观念，以致造成知识产权工作不力、知识产权能力低下的局面。在我国"大众创业万众创新"的政策背景下，我国小微企业制定和有效实施知识产权战略具有十分的紧迫性和必要性。

# 我国企业知识产权运营战略及其实施研究[①]

## 一、问题的提出

《国家知识产权战略纲要》在"战略重点"部分指出，要"促进知识产权创造和运用"，"推动企业成为知识产权创造和运用的主体。促进自主创新成果的知识产权化、商品化、产业化，引导企业采取知识产权转让、许可、质押等方式实现知识产权的市场价值"。这一规定体现了对企业技术创新中知识产权战略的权利运作机制的充分运用。[②] 党的十八届三中全会通过的《中共中央关于全面深化改革若干重大问题的决定》也明确指出：要"加强知识产权的运用和保护"。实际上，知识产权的价值在于对知识产权资产的动态性利用。企业技术创新与知识产权战略融合要求以实现知识产权资产价值最大化为目的，以发挥知识产权这一独占性产权功能为手段，建立知识产权资产有效利用与市场嫁接的权利运作机制。企业知识产权权利运作机制的核心是盘活知识产权资产，充分利用知识产权在促进企业生产经营和提高市场竞争力方面的重要作用，其中企业的知识产权实施或市场运营是企业将科技成果转化为生产力，实现知识产权开发的投资回报和企业经济效益的重要途径，也是企业技术创新战略的重要支撑。

企业知识产权的权利运作机制要求充分运用知识产权制度的功能和

---

[①] 原载《河北法学》2014年第10期。

[②] 在国家知识产权战略的四个环节中，知识产权运营实际上是最重要的，只有实现对知识产权的有效运营，才能从根本上实现知识产权战略的目的。

特点，不仅重视知识产权的确权和运用，而且重视企业运用知识产权带来的市场效应，重视知识产权对企业财富增长、经济效益提高的作用机制和运营模式。企业知识产权权利运作机制的重要性还体现于，在当代激烈的技术竞争和市场竞争背景下，企业之间的竞争也表现为获得技术方面的竞争与利用技术方面的竞争，竞争制胜的关键则在于技术的利用及其带来的经济效益和竞争优势，而这离不开有效的权利运作，核心则是知识产权运营。因此，企业技术创新与知识产权战略融合的权利运作机制的主要内容是培育和提升知识产权运营能力，有效开展知识产权运营活动。为此，需要在全面把握知识产权运营及其能力培育问题的基础之上，解决知识产权资产的价值评估问题，以自行实施、许可、转让、资本运营等多种形式开展知识产权运营活动。

## 二、知识产权运营及其能力提升

企业知识产权权利运作机制以企业制定和实施知识产权运营战略为核心，将其纳入知识产权运营战略范畴，有利于企业基于市场环境、技术环境和社会环境的变化，灵活地选择知识产权实施策略，通过知识产权有效运营实现企业知识产权的增值。应当说，企业知识产权运营能力与知识产权创造能力一样，均是企业"知识产权能力"的重要内容。其中知识产权运营能力可以界定为，企业管理者在获取、运用专利技术等知识产权的过程中进行综合性管理和系统化谋划的知识与技能的总称。[①]比较而言，企业知识产权创造能力受到企业技术能力、创新人力资本等多方面因素的制约，而运营能力则具有更多的策略性，企业可以在现有环境下创造知识产权的运营条件。就政府而言，需要从政策层面鼓励和引导企业知识产权的资本运营活动，如鼓励风险投资机构和金融机构加大对专利技术转化和产业化的资金保障，加大对创新型企业股份制改造的步伐，充分显示知识产

---

① 朱国军，杨晨.企业专利运营能力的演化轨迹研究 [J]. 科学学与科学技术管理.2008，29（7）:180–183.

权的价值。对拥有自主知识产权的企业通过创业板上市或在境内外上市积极给予支持。同时，鼓励民间资本和外资以合作、联营、独资、参股、特许经营等方式，投身于具有自主知识产权企业的资本运营中。企业知识产权运营是企业利用知识产权获取经济收益的活动，从企业内部来说，应在财务会计制度上加以反映。为全面反映企业知识产权运营的效果，还需要建立企业成本会计制度，在财务上设立独立的账户，记载知识产权运营的成本与收益，以此评价企业知识产权运营绩效。在一般的知识产权理念上，企业则应从通常的鼓励知识产权创造为主转移到鼓励知识产权创造和促进知识产权运营相结合，大幅度提高自身知识产权运营能力。

知识产权运营不同于知识产权的保护和管理，它是企业利用知识产权创造价值，实现知识产权保值增值的过程，是企业在分析面临的技术环境、市场环境和社会环境的基础上，充分利用企业内部的人力资源、财务资源和外部市场资源，谋求知识产权资产增值与价值实现的方式。企业知识产权运营的核心是利用知识资产生产具有高附加值的产品，同时充分运用知识产权的资产运作功能，通过许可、转让、投资入股、证券化、资产重组、兼并收购等多种形式和手段发挥知识资产的竞争和经济效能，提高企业的市场竞争力。由于知识产权运营具有高度的战略性，企业知识产权运营战略被视为企业知识产权战略的重要内容和重要环节，企业知识产权运营管理也成为企业知识产权管理的重要内容之一。

企业知识产权运营贯穿于企业研究开发、生产制造、市场营销和技术创新的全过程，从战略高度重视企业知识产权运营问题，可以有效地将企业知识产权运营纳入企业经营管理范畴，实现科技与经济的有效结合，充分发挥知识产权作为企业重要的经济资源和战略性资源在企业发展中的重要作用。企业知识产权运营是企业有形资源与专利技术、商业秘密、商标、著作权等知识产权类无形资产有效嫁接，在技术市场、产品市场和资本市场实现知识产权的价值增值过程。企业知识产权运营以知识产权的商业化、知识产权资本化运作等为重要形式，大体上可以分为在物质生产中的运用与非物质产品中的应用两类，其中前者一般就是专利技术或专有技术以产品化、商品化形式实现其价值，后者是以知识产权本身为基本产品的形式进行的知识产权经营。

企业知识产权运营能力是实现知识产权资产价值的能力，以知识产权产品化、市场化、商业化、资本化等形式具体运作，以知识产权许可、转让、知识产权投资、知识产权收购、知识产权资产重组等形式提高知识产权资产的配置效率和利用水平。企业知识产权运营能力针对不同的知识产权具有不同特点，如专利运营能力主要涉及专利信息运用能力和专利权运用能力，商标运营能力主要涉及商标经营能力。无论何种类型的知识产权，提升企业知识产权运营能力都需要在诸多方面予以推进，包括技术创新能力、资本运营能力、市场营销能力、资源配置能力等。企业技术创新能力的提高，是企业知识产权运营能力的催化剂；资本运营能力的提升则有利于企业通过收购、兼并、持股、控股等形式提升企业知识产权的存量，利用资本要素扩展知识产权；提高市场营销能力则是企业拓展产品或服务市场，获取较大市场份额的重要因素，对于企业知识产权运营能力的提升也具有重要意义；资源配置能力提升则有利于保障企业资源优势和效率。从企业知识产权价值链原理看，企业知识产权运营的基本活动包括知识产权的获取与知识产权的运用，辅助活动则主要是企业知识产权的有效管理。企业知识产权运营实现企业价值需要借助于知识产权管理辅助活动，以知识产权获取和运用为基本环节，形成一个促使知识产权价值增值的合力。具体地说，通过企业知识产权获取，企业的研究开发资源、市场资源和管理资源转化为法律垄断资源和技术优势；通过知识产权的运用实现企业的技术优势向市场竞争优势转变；通过知识产权有效管理则实现企业的资源与技术优势和市场优势的有效组合和协同，实现知识产权管理的效能。

企业通过实施知识产权战略，可以培育企业自主创新能力的机理与路径。实际上，由于企业自主创新与知识产权战略实施之间存在很强的互动关系，包括企业知识产权运营能力在内的知识产权能力的培养也渗透于企业自主创新过程中。换言之，企业实施自主创新战略的各个环节和过程中，如研究开发的立项、研究开发活动和研究开发成果的产品化、商业化活动等，都是培养企业知识产权能力的渠道和空间。例如，在研究开发的立项可行性论证和立项阶段，企业需要高度重视专利文献与信息的利用和研究问题，企业对专利文献和信息的检索分析能力就成为本阶段企业知识产权能力培育的"试验田"。通过将专利文献与信息检索分析与企业创新目标紧密结合，企业可以提高自身的专利信息运用能力。除此之外，企业还可以培养对技术的决策能力。在研究开发阶段，企业最重要的目标是充分运用现有的创新资源和人力资本，获得预期的创新成果。该目标的实现受到企业研究开发投入经费、研究开发人员、成果创新性程度、研究开发管理等因素的影响，涉及企业的诸多能力，如技术开发能力、技术管理能力、信息追踪能力，而知识产权创造能力则是其中的关键因素。企业知识产权创造能力可以通过研究开发活动得以提升，企业可以通过选择创新模式、研究开发路径、对创新成果的保密等方式促使创新成果的诞生并取得自主知识产权。在创新成果的产品化和商业化阶段，企业知识产权能力主要体现为运营能力，因而它也是培育企业知识产权运营能力的关键环节。知识产权运营能力无疑需要通过知识产权运营实践加以提升。当然，由于知识产权战略诸环节的内在联系，知识产权运营的培育不是孤立进行的，如知识产权运营立足于知识产权的保护，企业知识产权保护能力和水平直接决定了知识产权运营的状况。企业知识产权保护能力影响企业技术创新各个阶段的知识产权状况，对技术创新商业化阶段的知识产权运营状况和运营能力自然也具有重要影响。总的来说，企业知识产权运营能力的提升和运营活动的开展需要将其置于技术创新过程和创新体系建设中，将技术创新活动与知识产权保护和市场营销紧密结合。海尔公司在这方面就提供了值得借鉴的经验。公司确立了立足于消费者需求的"市场、技术、知识产权"三位一体的技术创新模式，将技术创新过程看成是市场化、法律化和知识产权运营过程的统一，主张在技术创新过程中以知识产权的严密保护为手段，提高企业知识产权的运营管理水平，并通过知识产权的运营实现企业技术创新。

正因为知识产权运营在知识产权战略实施和知识产权工作中具有极其重要的地位，《"十三五"国家知识产权保护和运用规划》将"加强知识产权交易运营体系建设"纳入重大专项之一。该专项任务涉及完善知识产权运营公共服务平台、创新知识产权金融服务和加强知识产权协同运用等内容。以完善知识产权运营公共服务平台为例，规划要求"发挥中央财政资金引导作用，建设全国知识产权运营公共服务平台，依托文化产权、知识产权等无形资产交易场所开展版权交易，审慎设立版权交易平台。出台有关行业管理规则，加强对知识产权交易运营的业务指导和行业管理。以知识产权运营公共服务平台为基础，推动建立基于互联网、基础统一的知识产权质押登记平台。"同时，知识产权运用效益充分显现是实施该规划的发展目标之一。也就是"知识产权的市场价值显著提高，产业化水平全面提升，知识产权密集型产业占国内生产总值比重明显提高，成为经济增长新动能。知识产权交易运营更加活跃，技术、资金、人才等创新要素以知识产权为纽带实现合理流动，带动社会就业岗位显著增加，知识产权国际贸易更加活跃，海外市场利益得到有效维护，形成支撑创新发展的运行机制。"① 这些政策性规定反映了知识产权运营是知识产权与经济融合的关键，也是推动我国经济发展、提高企业和产业竞争力的重要手段。

## 三、企业知识产权运营战略的实施方式

### （一）自行实施

企业知识产权的实施是企业将其知识产权投入生产经营实践中，使之产品化，并通过市场运营途径实现商业化的过程。自行实施反映了企业实现知识产权制度"企业内化"的意旨。这里的企业内化是指企业通过学习、行为反馈和社会影响，从"普通人"变为"法律人"，从而自觉运用知识

---

① 2021年10月9日国务院发布的《"十四五"国家知识产权保护和运用规划》对于提高知识产权运用能力也提出了诸多措施和对策，并将"知识产权运用取得新成效"作为主要目标之一。

产权制度促进其进行技术创新、发展和保护自身权益的过程与活动。①

　　企业知识产权实施无疑是实现技术创新的重要方面。企业实施知识产权有不同方式，原则上讲，企业需要针对不同知识产权所要求的实施条件采取不同的实施方式。一般地说，企业实施知识产权应重视以下几点：一是瞄准市场需求，根据市场需要确定实施方式；二是投入必要的实施经费；三是对实施知识产权的效益和前景进行科学预测，同时对实施风险和障碍进行评估，以取得较好的经济效益。

　　为做好企业知识产权实施工作，需要进行必要的市场调查，了解相关技术和市场领域知识产权获取和利用情况，以及实施效果，评估知识产权实施的外部环境有利和不利的方面，在此基础上确定本企业可以利用的知识产权类型和数量。在决定实施知识产权时，争取外部力量的支持也很重要，如在经费安排方面，除了本企业自留资金外，还应争取贷款担保和风险投资基金的支持。从国外企业的经验看，主要有：调动员工重视知识产权利用的积极性，使其能够全方位参与利用自主知识产权；选择利用合作伙伴、利用方式并创造利用条件；制定有利于知识产权实施的战略，确保所获得的经济效益最大化并具有可持续性；避免或减少利用中的风险；在利用知识产权中强化知识产权保护和管理 。② 可见，企业知识产权实施也颇具战略韵味。

　　自行实施知识产权是企业自己对知识产权的利用，通常是将知识产权产品化、市场化和产业化，并取得经济效益。自行实施的优点是可以凭借法律赋予知识产权人的垄断权，获取市场竞争优势。具有较好的实施条件并能有效地将研究开发的产品推向市场的企业，需要重视自行实施策略。不过，自行实施存在一定条件的限制，在有些情况下企业无法或者不必要自行实施，而需要通过转让或者许可等形式利用其知识产权。

　　就知识产权实施的具体内容而言，不同的知识产权类型具有不同的特

---

① 陈家宏.专利制度企业内化的意义及实现路径 [J].知识产权，2008，18（3）:36–39.

② 王九云.论企业如何有效利用在技术创新中取得的自主知识产权 [J].科技与法律，2001（2）:34–40.

点。以专利实施为例，它是企业将专利技术投入生产经营实践并取得经济效益的过程，是反映企业技术进步的重要指标，也称为专利技术的产业化实施。专利实施是专利制度的内在要求，因为专利制度功能和特性的发挥需要将创新成果转化为市场优势和竞争优势，而专利实施是企业实现专利技术价值，将科技成果转化为生产力、将企业技术创新潜力转化为知识产权资源优势的重要途径。专利实施还是企业技术扩散、技术转移的基本形式，对于企业自主创新、提高创新能力具有重要作用和影响。与其他形式的实施相比，企业专利的自行实施还有利于获取较高的经济效益，并通过实施使专利技术更加成熟，为相关的技术改造和革新创造新的机会。2011年国家知识产权局和国资委联合进行的"中央企业知识产权专项调查"显示，在中央企业拥有的75896件专利中，专利实施率为85.9%，其中自行实施投入生产的占66.8%。这说明专利技术的自行实施在中央企业专利实施结构中占主导地位。

　　企业专利实施也受到多种因素的影响，既有企业内部原因，也有企业外部实施环境的原因。根据国外学者的研究，在宏观环境方面，政治环境、经济发展水准和法律传统既是影响专利保护水平的重要因素，也是影响专利实施的重要因素。有研究认为企业的研究开发水平、市场环境特征以及国际协作是影响专利保护和实施水平的重要因素。[①] 还有研究认为，企业专利技术实施的关键因素有：专利技术本身、专利技术产业化过程（商品化、企业化、产品化）中的时间、费用（成本因素），以及风险、专利技术产业化的产出效益因素、环境支撑因素、市场因素等，而专利技术的数量、质量和结构决定着产业化发展的方向，成为产业化实施的基础和源泉。[②] 2008年11月有学者组织的一次针对上海生物医药企业知识产权问题的调查显示，企业专利未能实施的原因如下：时机未到，占51.19%；技术目前还不能形成产品，占25%；无法联系到投资方或生产企业，占

① 王黎萤，陈劲.企业专利实施现状及影响因素分析——基于浙江的实证研究 [J].科学学与科学技术管理，2009，30（12）:148-153.

② 毛金生主编.企业知识产权战略指南 [M].知识产权出版社，2010:73.

3.57%；认为专利与企业关系不大和许可报酬低，分别占1.19%；其他原因，占5.59%。该调查还针对企业专利实施困难这一问题进行了分析。企业专利实施情况受到企业内外环境多方面因素的影响，而政府扶持、专利本身的状况与企业生产经营状况是影响较大的因素。一般而言，企业专利实施重视技术的成熟度和市场适应性，在实践中由于专利技术不够成熟、市场环境发生变化或者缺乏实施环境等原因，企业对其专利难以自行实施，此时就需要考虑以下述许可、转让等形式实施其专利。

在实践中，我国企业存在专利实施率不高的问题。根据国家知识产权局对2716家企业调查显示，2000年以来企业专利的实施率有一半以上小于30%。造成我国专利技术产业化实施情况不佳、专利实施率较低的原因很多，如有些专利技术本身不够成熟，甚至缺乏实用性，尤其在没有经过实用性审查的实用新型专利中偏多；有些专利技术与市场脱节，专利产品的市场容量有限；企业缺乏实施专利技术的资金；企业整合专利技术资源的能力不够等。此外，企业实施专利技术的积极性不高，也是一个重要原因。具体而言，造成企业实施专利技术积极性不高的原因有多种，如我国国有企业实行任期制，而专利技术在实施一段时间内才见效益，短期行为观念导致对专利技术实施不够关心。还如，专利技术实施本身存在较多的风险也增加了企业实施专利技术的畏难情绪。这些风险既可以来自技术方面，也可以来自市场方面或者经营活动方面。例如，在专利技术实施过程中，出现了更先进的新的专利技术，导致专利技术使用价值贬值；又如，专利技术实施受市场供求关系、专利技术产品的市场容量、营销手段和网络等因素的影响。

如何提高专利实施率是研究企业专利战略和技术创新问题需要高度重视的问题。笔者认为，主要应从以下方面加以推进：

一是提高企业专利意识，包括企业专利实施意识。浙江省的一项调研分析表明，在1889个样本企业授权专利中，已实施的专利有1736项，实施率达到91.90%，调查认为专利实施率高的原因除了政策环境与市场经济体制完善外，企业专利意识也是很重要的驱动因素。调查显示，863家企业有 96% 的企业认为专利实施可以提升企业竞争力，92% 的企业认同专利实施可以提高企业知名度，83% 认为专利实施对企业发展推动力较大，82% 的企业认为专利实施可以为企业带来利润。[①]

二是政府主管部门从政策和制度上指导、引导企业加强企业专利实施工作。近些年来，政府相关部门制定了一系列政策支持科技成果转化和专利技术实施工作，启动了全国及技术产业化示范工程、国家专利产业化工程试点等，这些工作的关键在于具体落实。地方政府也制定了相关的政策，如浙江省出台《关于加强专利工作促进技术创新的意见》。就政府从制度和政策支持而言，通过构建产学研平台实施专利技术也是一个重要方面。又如，湖南省通过实施知识产权优势企业培育工程促进了企业专利实施。

三是政府通过建立专项专利实施资金，对产业化前景良好的专利技术给予重点支持。这方面一些地方提供了有益的经验。例如，四川省发布了《省级专利实施专项资金管理暂行办法》，通过省级财政安排专项实施资金，主要支持技术含量高、市场前景大、经济效益好的专利实施项目。在此基础上，该省又颁布《四川省专利实施与促进专项资金管理办法》，扩大了资金扶持的对象，并对重点扶持对象做了专门规定。

四是企业加大研究开发投入，建立专利实施基金，建设实验室和中试基地，提高专利实施能力。研究开发投入与专利实施的关系体现于足够的研究开发投入可以保障申请与获得专利权的技术更为成熟，提高专利本身的质量，为专利实施打下牢固的基础。上述浙江省的调查显示，随着企业研究开发投入强度增强，专利实施率也有提高的趋势，这也印证了上述观点。企业专利实施基金一方面可以通过企业内部解决，另一方面可以利用政策性规定申请政府设立的经费，这是促进企业专利实施的物质保障。如科技中小型企业可以通过国家科技型中小企业技术创新基金获得支持。提高专利实施能力是促进专利实施的关键，这一能力包括企业的技术转化能

---

[①] 王黎萤，陈劲 . 企业专利实施现状及影响因素分析——基于浙江的实证研究 [J]. 科学学与科学技术管理，2009，30（12）:148-153.

力、企业市场营销能力、企业信息捕捉能力等，与企业技术创新能力一脉相承。建设实验室和中试基地，也是提高专利实施率的重要保障。具备条件的企业，可以建立实验室工厂、行业工程中心、中试基地等平台，以促进实施的专利技术更加成熟。

五是逐步健全我国专利技术市场。专利技术市场是企业实施专利的重要桥梁，健全技术市场也有利于专利实施。我国目前专利技术市场很不成熟，成交数量和成交额都有限，需要完善专利技术市场的制度建设和运营环境，为专利技术的适时转化搭建平台。

六是将企业专利实施纳入企业整体战略、企业技术创新战略范畴，提高专利实施在企业技术创新中的地位，落实专利实施的具体措施。企业专利实施涉及研究开发、产品制造和生产、市场经营全过程，与企业诸多部门密切相关。将专利实施工作纳入企业整体战略和技术创新战略有利于在推进技术创新过程中加速企业技术改造和产品结构升级调整，提高企业专利产品实施率。同时，落实企业专利实施措施也十分必要，这已为企业的实践所证实。如一项针对上海生物医药企业知识产权问题调查的结果显示，采取了专利实施措施的企业的专利实施绩效明显好于没有采取专利实施措施的企业。其中，企业采取专利实施措施主要有成立专门的专利实施部门或确定专人负责、对促进企业专利实施有贡献人员予以奖励，以及寻求政府政策与资金方面的支持等。

七是引进开发式创新理念，通过引进外部技术、生产设备，实现与本企业专利技术的嫁接，取长补短，促使企业专利得到有效利用。在有的情况下，企业专利实施存在技术和设备配套的障碍，为此企业可以通过购买、引进技术和设备的形式实施专利技术组合战略，推动企业专利的实施。河南安彩集团有限公司曾以4990万美元购买了美国康宁公司九条大屏幕玻壳生产线，通过实施自己的专利技术顺利投产，成为世界规模最大的玻壳制造企业，就是一例。

八是加强对企业专利实施的可行性研究，加强对企业专利实施的科学论证，为专利实施创造现实条件。如前所述，企业专利实施受多方面条件影响和限制。仅就专利技术本身来说，其技术上是否成熟、是否具有可靠性和先进性、法律状况如何、是否存在实施的法律风险等都是在可行性研究中必须考虑的重点问题。此外，专利实施的目的是要面向市场需求获取实施效益，故市场动态和需求分析也是不可缺少的内容。在可行性研究的基础上，企业需要制作可行性研究报告，供企业决策部门参考。一旦确定实施目标专利，企业应在人员、实施经费、资源配置和管理机制上做好准备。

九是制定企业专利实施计划，建立激励企业专利实施的激励机制和考核评估机制。企业在制定年度专利计划时，专利技术和专利产品的实施应作为重点内容纳入。专利实施计划应考虑落实计划的具体措施和资源配置。同时，为了加强专利实施工作，企业在相关的激励机制和考核评价机制中应有专利实施的指标，特别是对企业直接负责专利实施的工作部门和人员应建立健全这一机制。如将专利技术产业化实施的成效，纳入技术人员、营销人员和有关技术管理人员的考核范围，建立反映专利技术实施效果的考核评价指标体系，有利于促进企业专利技术的实施。

十是对中小企业实施专利采取特殊的扶持政策。我国中小企业数量庞大，但总体上技术研究开发能力较弱，专利数量有限。不过，对于大量的实用性专利技术，中小企业具有巨大的应用前景。为此，可借鉴日本、韩国等国家对中小企业的特殊扶持政策，为中小企业实施他人专利提供便利。日本特许厅和通产省采取了行政措施要求大企业无偿许可中小企业利用其处于"休眠"的专利和周边专利，促进了专利技术的有效实施。当然，具体在我国如何实施类似的政策，还需要理顺企业之间、企业与政府之间的关系，建立特别的运作机制，如将中小企业纳入产业振兴计划并有重点地加以实施。

再以商标实施为例。在学理上，商标实施一般是指企业对商标的自行使用。从商标战略的角度看，这里首先涉及企业商标化决策的问题，核心又是企业商标注册的问题。一般地说，企业应进行商标注册，以此打造企业商品商誉和商业信誉，将企业的各种优势转化为品牌优势和市场竞争优势，也为企业实施驰名商标战略奠定基础。企业及时进行商标注册还是实施商标延伸战略、扩大生产经营规模，实施商标资产经营战略的重要前提。根据调查，我国企业在商标使用方面存在的问题除了商标注册意识不够强以外，商标使用本身也存在诸多问题，特别是将商标使用上升到战略的高度很不够。具体地说以下是常见的需要克服的问题：一是企业没有及时申请注册商标，导致具有一定知名度的未注册商标被他人抢注，给企业造成了无形资产的流失；二是企业对注册商标的使用和宣传不当，造成广告资源的浪费；三是企业将其具有一定市场价值的注册商标闲置不用，造成商标资源浪费，或造成连续3年不使用而被撤销的风险；四是企业缺乏对其注册商标战略性使用的知识或经验，商标使用方式单一，没有根据自身经营战略需要选择相应的使用战略模式等。为克服这些困难，企业需要加强对商标自行使用的战略意识，除了按照法律法规的要求使用以外，还应讲究使用艺术和策略，特别是应将商标的使用和企业生产经营活动紧密联系起来，通过实施商标使用战略促进企业品牌信誉的积累，提高企业的市场竞争力。如以广告使用中对商标的宣传策略而论，企业应在广告宣传中突出使用商标，以宣传商标的核心价值为重要基点。再以商标的日常管理而论，企业应建立商标使用制度，对注册和未注册商标标识的印制、出入库、废次商标的处理实施把关，建立商标使用档案，实施商标使用的动态化管理，这样可以使企业商标在其生产经营活动中充分发挥作用。

关于企业商标使用，除了上述基本的使用要领外，还具有很强的策略性和技巧性，需要从使用战略的高度加以认识。尽管商标本身不涉及企业技术因素，但由于它负载了企业产品的声誉，对于企业产品市场营销具有极大的作用，直接影响到企业技术创新最终能否在市场上实现，企业商标使用与企业技术创新和知识产权战略之间均具有十分密切的联系。例如，企业为在同类产品细分市场占据优势，可以实行同类产品多品牌战略，如宝洁公司在洗发水商品上分别使用"潘婷""海飞丝"和"飘柔"获得巨大成功，就是这一策略的体现。

## （二）知识产权许可

知识产权许可属于许可证贸易范畴，是知识产权人将其知识产权在一定时间内授权被许可人行使，并由被许可人向其支付许可使用费的法律形式。知识产权许可是企业技术扩散、技术交易、技术转移和技术贸易的重要方式，对于企业技术创新具有重要意义，也是企业实施知识产权许可战略的表现。通过知识产权许可，企业可以分担研究开发投入，及时收回研究开发成本，增加企业利润，对于降低企业成本具有重要意义。对于被许可人而言，知识产权许可还是获取先进技术，并以此开拓新的市场，获取巨大市场利润的重要手段。韩国三星公司推向市场的三星手机就是一例。在20世纪90年代模拟技术占主导，但公司敏锐地发现数字技术的巨大前景，于是通过以资本换专利技术的策略获得了当时没有被市场看好的 CDMA 技术的使用权，实现了该技术的商业化。到2003年时三星公司 Anycall 手机销售量已飙升至全球第二。

在当前，知识产权许可已成为实力雄厚的企业获取利润的重要形式，以专利许可为重要内容的知识产权许可也已成为知识产权战略的重要内容。特别是在发达国家，很多企业形成了技术创新良性循环发展模式："研究开发投资→知识产权→知识产权许可收入和产业竞争优势→进一步研究开发投资"，技术创新和知识产权优势日益巩固。[①] 例如，美国高通公司通过掌握核心技术并在核心技术周边部署大量外围专利的形式，立足于手机芯片专利领域，兼及手机设备、系统设备等产业链下游环节，获取了巨额的专利许可费。公司向全球电信设备制造商发放的 CDMA 专利许可有130多家。2000年，高通公司的专利使用费收入占其总收入的25%，2006年达到36%。IBM 公司2001年纯收入81亿美元中，专利许可收入占到17亿美元。以专利许可为核心的技术许可战略是 IBM 公司知识产权战略的重要内容。该公司以密集的专利为基础，逐步形成了以专利许可为主要内

---

① 尹作亮，袁涌波 . 知识产权与技术创新的作用机制研究 [J]. 科技进步与对策，2007，24（5）:10–12.

容的专利运营模式，即在大量申请并获得专利的基础之上构建严密的基本专利加外围专利网，形成专利技术壁垒，灵活运用进攻型专利战略和防御型专利战略。由于专利战略与技术标准战略的关联性，该公司专利许可战略通常还是与技术标准战略结合在一起的。美国德州仪器公司也很有代表性。该公司在20世纪后期约20年内共获得了约150亿美元的许可收入。

知识产权许可收入是企业从事技术创新活动结出的果实，反映了企业知识产权的动态利用水准和价值实现状况。知识产权许可目前也已成为发达国家企业实施知识产权战略的重要形式，它使这些企业的知识产权管理部门由成本机构转型为利润中心。知识产权许可对拥有知识产权的企业和被许可的企业来说各有益处：对许可企业来说，实现了知识产权资产的价值，加快了技术创新扩散的速度，缩短了企业盈利周期；对被许可的企业来说，则以许可费用为代价获取了先进技术，有利于在引进技术的基础上实现二次创新。

基于经济技术实力的巨大差异，知识产权许可在全球分布很不均衡。根据世界银行统计，当前世界90%以上的发明专利和98%的全球技术转让与许可收入来自发达国家。[①]另有资料表明，在涉及专利的国际贸易收支中，高收入国家获得的全球技术转让和许可收入占98%。我国企业知识产权许可的情况则不够理想。国资委进行的一项调研显示，82%的企业没有开展过专利许可贸易，79.2%的企业没有开展过专有技术的许可贸易，88.5%的企业没有开展过商标许可贸易，89%的企业没有开展过著作权贸易。[②]有研究文献指出，我国申请过专利的企业90%仍采取自我实施的方式，采用专利许可或者转让形式的企业不足4%。[③]同时，随着经济发展和技术创新的需要，我国对外获取知识产权许可的费用大幅度增长。以前在技术引进上侧重于硬件引进，现在则逐步过渡到硬件与专利技术、技术

---

① 张平.国家发展与知识产权战略 [J]. 河南社会科学，2007，15（4）:52–55.

② 李金.知识产权——我国企业的软肋及其改进的路径 [J]. 世界贸易组织动态与研究，2008，（10）：25–31

③ 孟奇勋，廖婷.论我国知识产权战略中的政府角色定位 [J]. 唯实，2007（4）:53–56.

秘密等软件相结合的道路上来。从对1997—2008年我国向国外支付的专利使用费和特许费的变化可以看出，我国对外支付的专利技术使用费和特许费逐年增加，贸易逆差在扩大，而不是缩小。我国企业支付给国外的专利许可费和特许费大部分被跨国公司占有，跨国公司通过专利许可等形式收取费用的方法很多，总体上包括直接收费和间接收费两种方式。近些年来，外国在华实施知识产权许可战略，获取了巨额收益。在专有技术入门费和特许费以及品牌特许经营费用方面，我国企业也支付了不菲的费用。这在一定程度上也说明我国通过强化技术创新和知识产权战略，增强自主知识产权的数量和质量的重要性。

知识产权许可以许可使用合同作为基础，在合同中需要对被许可使用的知识产权的名称、许可使用的权利、许可使用的范围和期间、许可使用费以及其他必要内容加以约定。当企业作为被许可方时，尤其应注意通过许可获得知识产权在技术、法律和市场上的风险，以保障以许可费为代价获得的知识产权的价值。通常，被许可方在考虑以许可方式获得他人的技术时，应分析以下因素：该项知识产权是否为避免在技术研究开发或技术创新活动中可能被己方侵害而必须购买的；该项知识产权是否为本企业开拓新市场、进入新的领域所需要的；该项知识产权是否能为企业带来一定的经济效益或竞争优势；该项知识产权能否与企业现有知识产权进行匹配，为企业实行知识产权组合战略创造更好的条件；该项知识产权是否是企业提高技术创新能力，提高企业竞争力所需。在评估以上因素后，作为被许可人的企业还应注意以下诸多法律和相关问题：

其一，对拟获得的知识产权的权属、市场竞争力和经济效益等要素进行评估。以专利技术许可为例，专利技术许可属于技术贸易行为，被许可方应仔细评判：在专利权属问题上，许可方是否为真正的专利权人，或者为共同专利权人；在市场竞争力方面，该专利是否存在同类替代技术，是否具有较强的技术含量而具有较强的市场竞争力；在经济效益方面，该专利技术是否通过在本企业的使用而产生降低成本、提高生产效率、节省能源等方面的经济效益。另外，还应考虑该专利技术本身在技术上的成熟度，是否有可能被他人请求宣告无效等问题。就引进技术而言，更需要注意被引进技术的权属问题。在有些实例中，外方提供一个很长的专利清单，中方由于没有进行专利文献检索与分析，导致不仅多付了很多不该付的外汇，而且还埋下了法律隐患。事实上，清单中的很多"专利"要么过期，要么还是在申请之中的。

其二，获得该知识产权后，企业是否具有配套的适应能力。企业通过许可形式获取他人的知识产权，主要目的是投身于自身生产经营活动，因此应关注企业相应的配套适应能力。

其三，获得该知识产权后，是否能同时取得相关的隐性知识或技术秘密。在实践中，有些被许可人由于没有获得相应的隐性知识、技术秘密而直接影响了被许可使用的知识产权的使用效益，尤其在专利技术许可中表现明显。因此，应注意在获得许可使用权时，对配套的隐性知识和技术秘密的获取。事实上，在当前国际技术许可证贸易中，据统计有80% 左右都是以专利技术外加技术秘密许可证贸易形式实现的。原因在于，单纯的专利技术转让可能无法实现最佳的经济效益，从而无法真正掌握被许可的专利技术。

## （三）知识产权转让

知识产权转让是知识产权人以出让其知识产权为代价获取转让价金的法律行为。知识产权转让对知识产权人和受让人而言均具有独特的价值：就转让人而言，可以从转让行为中获得一次性收益，收回知识产权开发的投资，并获取预期利润。就受让人而言，则可以在不用付出开发知识产权的投资和承担开发风险的情况下直接获取他人的知识产权，并且可以利用受让的知识产权占领市场。例如，美国贝尔公司发明半导体技术后，索尼公司创始人盛田昭夫最早在报纸上获得了这一信息。当时美国人认为半导体的工业化应用为时尚早。盛田昭夫则认为该项技术具有巨大的市场，遂购买该专利。在现有技术基础上，公司率先推出了晶体管收音机，带来了巨大的市场效益。

不过，知识产权转让对双方而言都存在一定的风险。转让人的风险在于可能为自己树立了一个强劲的竞争对手，丢掉了可以垄断的市场，美国早些年转让电视机技术给日本就是一例。受让人的风险则在于通过受让获得的技术存在法律瑕疵或者失去应用价值。因此，无论就知识产权人还是受让人而言，知识产权转让活动均需从战略角度通盘考虑，综合评估转让的方式、对象、价值、风险等问题。事实上，知识产权转让已成为当前跨国公司的一种知识产权战略形式。跨国公司通常以知识产权保护战略为先锋，在技术和产品的产生和发展初期自己生产产品，以获取技术成长阶段的垄断利润。待该技术发展到一定时期被其他很多企业掌握后，即实施专利转让战略，向他人转让其专利技术，而在转让行为本身中，跨国公司也高度重视转让的策略性，如将技术分成不同类型，关键技术、核心技术绝不转让，以保持技术领先。

### （四）知识产权资本运营

知识产权资本运营是知识产权的资本化运作，包括知识产权融资质押、知识产权证券化、知识产权投资入股、知识产权信托等形式，涉及将知识产权作为投资工具和融资工具两方面内容，以下将在进行总体研究基础上分别予以探讨。

### 1. 企业知识产权资本运营的理论依据

从生产经营到有形资本经营再到无形资本经营可谓现代企业生产经营方式的重要发展趋向。知识产权的资本运营体现了知识产权作为一种重要的生产要素在企业生产经营中的作用。在企业传统的生产经营模式中，企业生产、销售适应市场需要的产品并获取利润，逐渐发展壮大。随着资本市场的发育和现代企业制度的建立，以资本为核心，通过资产重组、兼并、收购、控股、参股等形式实现企业的规模扩张，成为企业发展战略的重要内容。在知识产权制度日益完善的环境下，以知识产权为内核的无形资本经营则变得越来越重要，并日益普遍。企业在实施知识产权战略、加强知识产权管理中将技术创新与拥有的无形资产资本化运作结合起来，越来越成为一种经营模式。知识产权资本经营是企业生产经营的高级形式，它能够实现企业有形资本和无形资本的充分嫁接，通过无形资产盘活有形资产，提高企业资产使用效能和竞争力。

知识产权资本属于知识资本的范畴。关于知识资本，如前所述，包括人力资本、关系资本和结构资本等。其中人力资本主要涉及人力资源，在知识资本中又是指以知识和智慧为基础的劳动力资源；关系资本是指企业与供应商、客户、产业界建立的关系及其网络；结构资本则包括创新资本和流程资本，前者包括专利权、著作权、商标权以及知识库，后者包括工作、工艺流程和商业秘密等，与传统资本一起构成了企业资本。狭义的知识资本则可理解为以知识、技能、才智和经验等形式存在并难以被复制、模仿和计量的具有资产价值的资本。随着知识经济的凸显，知识资本在企业发展中的地位和作用日益突出。知识资本概念的提出反映了当代企业生产经营理念的重要变化，由过去只重视物质资本和货币资本等传统资本转向到重视知识资本这一无形资源的获取和运营。韩国三星公司的崛起就是典型例证。该公司在发展的早期重视规模、传统资本和数量的扩张，而研究开发投入和产品技术含量不高，知识资本既未受到重视，其在企业资本结构中比例也不高。李健熙执掌三星后，高度重视知识资本在形成企业竞争力中的重要作用。为此，他大刀阔斧地对企业产业结构进行了重大改组，以提高产品的技术含量为目标，将原先的臃肿而庞大但技术含量低的产业结构整合为电子、机械、化工和金融四个部门，瞄准高新技术发展防线和高端人才，建立了与知识资本运营相适应的新型产业结构。这一重大战略改组，为公司后来成为大型跨国企业奠定了坚实的基础。无疑，公司知识资本理念的引入，有利于企业重视自身的知识资源，以人为本，发挥员工的聪明才智，提高知识资本的效能，优化企业资本结构，为迈向知识型企业奠定基础。

## 2. 企业知识产权资本运营的意义

企业知识产权资本运营通常是以专利权、商标权等进行投资的形式出现的。从知识产权战略的角度看，知识产权投资战略构成了其重要内容。所谓企业知识产权投资，是企业将其知识产权投入入股企业，入股企业则提供实物、货币等资本共同经营的模式。企业知识产权投资是知识产权与资本有效嫁接的法律形式，实现了企业知识产权要素与其他生产要素的结合，对于促成知识产权尽快转化为生产力，加快企业创新成果的转化，提高企业经济效益具有重要作用。企业通过以知识产权出资，获得了入股企业的股东身份和未来的股权收益。对于资金不足但拥有潜在市场知识产权的企业来说，以知识产权投资入股不失为一种现实的选择。企业知识产权投资对被投资的企业来说也具有独特价值，如在不用支付资金的情况下获得投资企业的知识产权的所有权或使用权，以具有市场竞争力的知识产权开拓市场，从而有利于尽快取得市场竞争优势。知识产权投资是企业生产经营的高级形式，是企业拥有技术和知识产权竞争优势的体现，也是一种创新型生产模式。在股权制度下，这种投资还具有激励作用，可以更好地利用专利等知识产权服务于企业生产经营活动。

总的来说，知识产权资本经营对于实现企业生产经营战略、盘活知识产权类无形资产、提高企业竞争力具有重要作用。例如，通过知识产权资本经营，可以取得投资回报，优化融资渠道，提高企业的资信和担保能力，同时也可通过具有一定声誉的知识产权开拓市场。当然，知识产权资本运营也有一定的局限性和风险，例如知识产权价值处于一定的变动状态，在知识产权不同运营阶段具有不同价值，而且其价值本身难以精确评估，再加上知识产权的法律状况也存在一定的不稳定性，以及投入运营的知识产权存在侵权或者被侵权的风险，这些都增加了知识产权资本运营的困难。不过，整体上，知识产权资本运营仍然是企业技术创新与知识产权战略实施的重要形式。

### 3. 我国企业知识产权资本运营的现状分析

知识产权资本经营又被称为知识产权的资本化，从我国企业目前的实践看，知识产权资本经营情况不大理想，发展空间很大，主要表现为：

一是企业知识产权资本经营意识比较淡薄，对知识产权的认识还停留在"保护"层面，从经营管理的角度认识和运作知识产权的经验不足。

二是企业知识产权资本经营程度不高，很多调查表明企业主要是通过自行实施知识产权取得经济效益，大多数企业对知识产权没有进行资本化运作和价值化管理，基本上仍然停留在保护层面，更缺乏充分有效运营知识产权资本的经验。例如，中华全国工商业联合会经济部、中国社会科学院知识产权中心及上海市华城律师事务所专门针对民营企业进行的一项知识产权调查表明，企业中将知识产权作为资本和量化处理的多为大型企业，中小企业偏少，对于专利和科技成果，选择自行产业化的企业405家，占样本数的75.7%。与此相对照的是，目前很多跨国公司的知识产权资本经营已成为一种重要的盈利模式。像IBM等国际跨国公司都将知识产权当成一种重要的资本进行经营并取得了丰厚的经济效益。

三是知识产权仍未完全成为企业独立的生产要素，成为真正意义上的资本，而是从属于资本，造成了知识产权资本化的困境。这一情况尤其在20世纪90年代中期以前更加明显。目前对企业知识产权成为独立的资本在理论和制度上没有疑问，但在实践中仍存在一定障碍，例如知识产权融资质押的情况很不理想，反映了人们对于知识产权这一无形资产价值不稳定性的担忧。

四是企业知识产权资本经营形式比较单一，目前多集中于以知识产权向目标公司出资，对知识产权其他形式的利用比较欠缺。

五是我国促进企业知识产权资本经营的制度不够健全，在实践中缺乏畅通的知识产权资本经营运行机制。这一状况，与我国知识产权资本运营的整体环境密切相关。

### 4.完善我国企业知识产权资本运营的对策

以知识产权投资为例，企业知识产权资本运营应确定适宜的投资环境与范围，积极防范知识产权投资风险。从规范与制度层面看，应当进一步完善我国关于企业知识产权投资的法律与政策。就前者而言，主要应对企业知识产权投资以适当定位。知识产权投资与企业货币和实物资本投资各有千秋，针对不同类型和优势的企业应适当考虑投资公司的选择和投资比例。站在被投资企业的角度看，应当对入股投资的知识产权的市场价值和竞争潜力给予充分的评估，特别是就高科技企业而言，知识产权的高技术含量和市场前景非常重要，知识产权所占投资资本的比例可以适当提高。防范知识产权风险也是企业知识产权投资中的要务。正如前面指出，知识产权资本运营有一定的局限性，在知识产权投资中，应注意防止出现知识产权的法律风险、技术风险和市场风险。在法律风险防范方面，应明确拟投资的知识产权的权属关系，防止出现知识产权权属不明现象；在技术风险防范方面，应防止因为替代技术的出现使出资的知识产权贬值现象；在市场风险防范方面，则应注意拟投资知识产权产品化后的市场前景，充分评估知识产权产品的市场容量和产品竞争力。在政策与制度建设方面，目前我国涉及知识产权投资的规范比较零散，缺乏比较全面、系统的规定，操作性较强的指导性规则也缺位，今后需要在总结现有经验的基础上加以完善。

# 企业知识产权管理制度与激励机制建构①

　　企业知识产权管理制度作为企业知识产权管理的重要组成部分和内容，涉及总体上的企业知识产权管理制度和企业具体部门、具体业务领域制度等。激励机制是企业知识产权管理制度蕴含的重要的价值内涵和价值取向，如何通过构建激励机制促进企业知识产权管理制度的完善，是值得研究的重要课题。②本文将对这两个相关的问题进行探讨。

## 一、企业知识产权管理制度保障

### （一）企业知识产权管理制度保障的作用与内容

　　企业知识产权管理实际上是一种法制管理和规范化管理，因此其离不开企业知识产权制度之保障。国家知识产权局为指导首批知识产权示范创建单位的创建工作而颁布的部门规章《全国企事业单位知识产权示范创建单位创建工作方案》明确规定："进一步建立健全和完善知识产权制度，将知识产权工作融入企业管理全过程，实现知识产权工作全面规范化"，是创建工作的首要内容。企业知识产权管理可以被划分为不同的层次，包括事务型管理、战术型管理和战略型管理等层次。企业知识产权管理制度是连接为企业知识产权管理提供基础保障的人财物管理及企业知识产权管理理念与管理目标这一核心层的中间层次，起到承上启下的作用，是企业知

---

① 原载《南都学坛》2016年第5期。

② 企业知识产权管理制度和激励机制还可以纳入广义的企业知识产权管理体系的范畴。限于篇幅，笔者将另行探讨。

识产权管理理念和目标实现的制度保障与规范指引。进言之，企业知识产权管理制度的基本使命是要以企业知识产权管理理念和目标为指导，立足于企业现有的人财物资源和外部资源，不断提高企业知识产权管理的层次和水准，逐步实现企业战略目标。企业知识产权管理制度因而在企业知识产权工作中处于基础性地位，所谓"不以规矩不成方圆"。不仅如此，由于企业知识产权管理是企业实施知识产权战略的基础保障，知识产权战略的具体策略需要通过企业日常的有效的知识产权管理加以保障，企业知识产权制度还是实施知识产权战略必不可少的内容。从这个意义上看，企业知识产权管理制度的意义和作用更大。

企业知识产权管理制度内容丰富，这是由于企业知识产权管理包含的内容丰富，涉及可行性研究、研发、知识产权确权、采购、产品生产与制造、销售、售后服务等全过程。不过，就整体而言，包括企业知识产权管理的全面制度与企业具体部门、具体业务领域制度。前者如"企业知识产权管理办法""企业知识产权管理与保护规定""企业知识产权管理条例"之类，它是企业知识产权管理的纲领性文件和总括性规定，在企业知识产权管理制度体系中处于统领地位，也是企业知识产权工作的指南和基本法则。其一般应包括以下内容：①总则（制定管理制度的目的与依据）；②知识产权的类型；③知识产权的归属管理规定；④知识产权管理制度原则性规定，包括知识产权管理机构与人员及其职责与任务、知识产权管理模式、各类知识产权管理的基本制度；⑤奖惩；⑥附则等。如华为公司1995年即制定实施了《华为知识产权管理办法》，内容主要涉及界定智力成果、专利、职务发明、技术秘密等概念；建立知识产权管理机构；专利申请与保护、商标命名与注册、软件保护、非专利技术与商业秘密保护、无形资产评估、知识产权许可贸易等各项知识产权管理业务；有关奖惩制度等。后者主要包括以下方面：①企业知识产权管理部门的构建及其相应权利和义务规定；②企业知识产权战略规划和战略实施方案的管理制度；③企业知识产权工作规划、工作计划及其具体实施办法和负责部门，如有些企业将知识产权工作规划分解到年度计划实施制度与年终验收制度；④企业知识产权归属及职务与非职务性质知识产权的界定管理制度；⑤企业在实施技术创新、研究开发和全过程管理中的知识产权管理制度；⑥企业合作研究、委托研究中的知识产权管理制度；⑦企业知识产权利用，尤其是许可使用、转让、质押融资、成果转化等方面的管理制度和规范；⑧企业知识产权培训、教育管理制度，如规定对新进人员进行知识产权专门培训制度、对外聘人员进行知识产权保密教育，对调离或退休人员保守本其企业知识产权的教育；⑨企业知识产权评估管理制度；⑩企业知识产权合同管理制度；企业知识产权档案保存、利用与开放等涉及知识产权档案管理的制度；企业知识产权保密制度；企业知识产权绩效管理制度；企业知识产权预警、监测制度；企业知识产权奖惩制度；企业知识产权分类管理制度，如企业专利管理制度、企业著作权管理制度、企业商标管理制度、企业商业秘密管理制度等。当然，对特定的企业来说，知识产权管理制度的建构有一个过程，并非需要在很短的时间内即将上述内容全部或者大部分囊括在内。总体上说，企业应当根据自身需要和实际情况，先制定一些紧要的涉及知识产权管理的制度和规范。

### （二）企业知识产权管理制度建立的原则

企业知识产权管理制度作为一种法制化的、规范化的管理制度，其构建需要遵循一定的规律和原则，这是企业有效地制定知识产权管理制度的前提和保障。否则，企业知识产权管理制度的制定就可能偏离企业战略，与企业面临的知识产权工作的实际需求不一致。根据很多企业提供的经验，以及企业知识产权管理的内在要求，笔者认为企业知识产权管理制度的制定应当遵循以下四个原则。

（1）遵守我国知识产权法律法规和规章的规定，以企业战略目标为指引，同时符合企业知识产权工作的内在要求与知识产权管理的本质规律，适应企业发展战略需要。企业知识产权管理制度在法律性质上属于通过内部的规范和文件确保国家知识产权法律制度如何在企业予以贯彻，因而其必须与我国知识产权法律法规和规章的规定相一致，不得出现与其相冲突之处，否则在法律上将无效。在制定企业知识产权各项制度时，需要遵循知识产权法律的规定和基本原则。同时，企业知识产权管理作为企业管理领域的重要内容，有其自身的发展规律，企业知识产权管理制度的制定当然需要遵循企业知识产权管理的内在要求和规律。此外，如前所述，企业知识产权管理是企业知识产权战略的基础性质的工作，企业知识产权管理直接服务于其知识产权战略目标的实现，因此适应企业战略发展需要，有利于促进企业技术创新和提高企业核心竞争力，也是企业知识产权管理制度制定之基本出发点和要求。

（2）企业自身特点和知识产权工作现状。企业知识产权管理制度的制定虽然具有很多共同的原则和要求，但对于个性化的企业而言，也存在诸多个性化的内容。原因在于不同规模、性质、经济和技术实力、市场环境的企业，企业面临的知识产权管理任务和目标呈现相当大的差异性。例如，非常成熟的跨国企业和刚成立不久的小微企业，在知识产权管理制度的构建上就表现出颇为不同的特色。因此，企业需要针对其特点制定具有自身特色的知识产权管理制度，而不能简单地照搬其他企业的版本。

（3）力求全面、系统。企业知识产权管理制度包括宏观、微观两个层面。前者体现为综合性的管理制度，主要体现为作为公司战略重要组成部分的企业知识产权管理规划和知识产权管理总体制度，如企业知识产权管理条例、企业知识产权管理与保护办法、企业知识产权保护条例、企业知识产权工作规程等；后者体现为专项的规范企业知识产权行为的管理制度，如企业商标设计、注册与管理办法，企业专利管理条例、企业职务发明登记与奖励办法等。原则上，企业目前和未来发展需要规范的知识产权问题，都需要建章立制。

（4）随着国家知识产权立法、政策以及技术和市场形势的变化而及时做出修改与完善，以保障制度的适应性。我国知识产权立法随着形势的变化已进行过多次修订，随着知识产权专门法律的修订，以原先立法为基础的制度需要相应地进行修改。另外，企业面临的外部技术和市场形势发生了很大变化时，也需要及时修订。

### （三）我国企业在知识产权管理制度建设方面的经验、存在的问题与完善对策

**1. 我国企业知识产权管理制度建设的经验考察**

企业知识产权管理制度来自其自身技术研发和生产经营的实际需要，因此其知识产权管理制度建设应当立足并符合企业实际情况，尤其是知识产权工作的实际需要，而不能照抄国家知识产权法律条文或其他企业的版本，当然可以借鉴其他企业的现有经验。以下即为我国部分企业知识产权管理制度建设的情况：

中兴通讯公司建立了两级知识产权管理的制度体系。其中在公司级方面，旨在制定对全公司所有部门和员工都具有规范作用的知识产权管理规范，这样能够保障知识产权业务在全公司各个部门和相应的员工中有序开展。在业务级规范方面，公司制定的知识产权管理规范对于分散于海内外不同部门和单位的具体的知识产权业务从程序和实体角度都进行了规范，旨在使具体的知识产权业务能够在全公司落到实处。

海信集团重视企业知识产权管理制度建设，制定了《海信集团知识产权管理办法》《海信集团知识产权代理机构管理办法》《海信集团技术秘密管理办法》《海信集团知识产权考核评价管理办法》等。

湖南三一集团则成立了专门的知识产权委员会，以便有效地开展知识产权管理和战略规划。针对企业知识产权战略管理，公司高度重视专利申请流程以及相关知识产权业务工作的流程、条件保障，尤其是在公司技术创新和知识产权全过程管理中注意知识产权管理的有效性和知识产权风险的有效防范。

西北轴承股份有限公司也重视构建与有效实施企业知识产权管理制度。根据公司提供的经验，为有效推进企业知识产权管理工作，实施知识产权战略和技术创新战略，需要制定和实施"科学、合理、切实可行的"知识产权管理制度和规范。近些年来，该公司制定和贯彻实施的相关知识产权管理制度有《知识产权管理办法》《商标管理办法》《专利管理办法》

《技术秘密管理办法》等。公司注意根据国内外环境的变化及时修订相关知识产权管理制度。根据资料介绍，该公司在知识产权管理制度上的特点有：①明确了企业知识产权管理人员的基本职责、任务和目标；②优化了知识产权的获取、维护、管理；③增加了知识产权的使用许可、转让的管理，并要求依法对有关合同进行备案；④加强了对科研人员及相关人员的技术保密管理。[①]

鞍钢集团公司也重视企业知识产权管理制度建设。该公司在知识产权管理方面的经验体现为：重视系统化、网络化和全过程性质的知识产权管理，将知识产权管理与企业技术创新、生产经营管理紧密地结合起来，使企业知识产权管理过程演变为技术创新与产品生产经营发展过程，从而实现知识产权管理与技术创新和生产经营管理的有机结合。

**2. 我国企业知识产权管理制度建设存在的问题与解决对策**

当前，我国很多企业基于知识产权管理意识等原因，在知识产权管理制度建设方面仍存在不少问题。有些企业即使制定了相关制度，但制度的针对性不强、缺乏系统性。

天津市对28家企业集团的一项调查分析表明，出口规模在1000万美元以上这28家企业只有一半制定了知识产权管理制度，出口规模在100万美元的企业这一比例为31.82%，而出口规模在100万美元以下的企业这一比例为28.75%，[②] 可见大部分企业知识产权管理制度构建的情况不容乐观。国家知识产权局一项重点软科学规划项目针对青岛市企业知识产权管理的状况证实，选取样本企业121家，只有20家企业制定了专利管理制度（占16.53%），部分制定的有22家（18.18%），正在制定的有31家（25.62%），尚未制定的有48家（39.67%）。[③] 这些调查数据显示，我国企业知识产权管理制度还不够健全。

---

① 张培强.实施知识产权战略，支撑企业创新发展 [J]. 宁夏机械，2010（1）.

② 马虎兆，栾明，贾蓓妮.天津市企业知识产权现状统计分析及对策研究 [J]. 科技进步与对策，2010，27（2）：93-96.

③ 李立，邢光，张占贞，等.企业专利管理状况调查及特征分析——以青岛284家重点企业为例 [J]. 经济理论与经济管理，2009，（4）：75-80.

　　针对上述问题，关键是提高企业对制定知识产权管理制度的认识水平和制定水平。在认识水平上，企业应当意识到知识产权管理制度的构建和实施对于其生产经营活动和技术创新的重要价值和意义，将企业知识产权管理制度作为企业实施规范化管理的根本保证。在提高制定水平方面，企业应安排熟悉企业知识产权管理制度的人员负责，必要时外请知识产权专家帮助制定。此外，政府相关部门进行政策指导也具有必要性。例如，《云南省企业技术创新知识产权管理指导意见》规定："建立和完善企业知识产权管理制度。把知识产权工作贯穿于企业产品开发、生产经营、市场运作和资产管理的全过程。形成企业内部知识产权管理与保护的工作规范，建立健全技术研发、对外合作、无形资产管理、人事及用工等知识产权重要环节的管理制度。针对企业知识产权的不同类型，分别建立符合企业实际情况的专利、商标、著作权和商业秘密等专项管理办法。"[①]

## 二、激励机制之构建

### （一）激励机制的理论基础

　　从企业管理的角度来说，激励作为企业管理的一项职能，是指"根据某一目标，为满足人们生理的或者心理的愿望、兴趣、情感的需要，通过有效地启迪和引导人们的心灵，激发人的动机，挖掘人的潜能，使之充满内在的活力，朝着所期望（或规定）的目标前进"。[②] 企业建立鼓励和促进知识创造和技术创新的激励机制，可以从包括专利制度在内的知识产权制度本身蕴含的激励创新的机制层面加以认识。

　　知识产权法律制度作为鼓励和保障知识创造以及创新成果的传播和利用的法律制度，本身也是一种激励创新的法律机制和制度保障机制。但

---

① 《云南省企业技术创新知识产权管理指导意见》之二（五）第2款。

② 包晓闻，刘昆山．企业核心竞争力经典案例（欧盟篇）[M]．北京：经济管理出版社，2005：205．

是，知识产权法律制度的激励创新机制并非能够在企业中自动地发挥其作用，而必须通过企业采取有效的措施才能实现，其中制定和贯彻实施知识产权管理制度就是非常有效的措施与手段。

以企业知识产权管理制度中的专利管理制度为例，专利管理制度之激励机制立足于专利制度的激励创新的机制。一般认为，专利制度是国际上公认和通行的鼓励发明创造、促进创新成果推广运用的法律制度和管理科学技术的制度。专利制度通过保障技术创新者对创新投资的回报，提高了技术创新活动的私人收益率，并且借助于其利益调节机制和平衡机制，实现了技术创新收益的分配，从而使技术创新溢出效应内化于专利资产传播和利用中。制度经济学家诺斯曾指出：人类在过去不断发展新技术，但速度非常慢，并且时断时续，主要原因在于发展新技术的刺激偶尔才发生。一般而言，技术都可以毫无代价地被别人模仿，也不需要付给发明者或者创新者以任何报酬，技术变革缓慢的主要原因在于直到晚近未能创新一整套所有权。[①]

专利制度与创新激励制度存在内在的联系。专利制度是一种以公开换取垄断或者说独占的法律机制。在专利制度下，发明创造者对于其投入了资金、人力、时间，从事创新活动的成果具有可预期性和确定性，因为其可以寻求专利权保护，从而以法律给予的专有权保护禁止他人擅自使用其创新成果，以便收回成本并获得投资收益。相反，在现代的生产经营环境和创新环境下，如果没有专利制度的保障，发明者对其发明创造成果只能寻求保密方式的保护。然而，保密方式保护自身有很多局限性，如一旦被公开，则将失去事实上的独占地位，无法保障收回成本和获得收益。事实上，专利制度的激励机制不限于对发明创造激励的作用机制，还包括对发明创造成果商业化的激励机制。这是因为，专利制度以专利法为基本的实现形式，而专利法赋予专利权人的专利权并不是一种直接的财产利益，而是一种期待权，专利权人只有在法律保护之下充分利用这一专有权利才能

---

① 林艳.论技术创新与知识产权相互作用研究 [J].经济师，2008（10）：60-61.

取得现实的利益和价值。正因如此，专利制度隐含了一种激励发明创造成果商业化的机制。这样一来，专利制度通过激励发明创造本身和激励对发明创造成果的商业化机制，能够有力地促进企业技术创新和创新能力的提高。

国外经济学家以全球经济测量为例，通过对经济合作与发展组织的考察，得出结论认为：强化包括专利权在内的知识产权保护是创新绩效的关键驱动因素。[①] 还有资料统计，在美国制药工业中，如果缺乏专利制度，60% 的药品将研究不出来、38% 的化学发明将不会产生；德国的研究则表明，在缺乏专利保护的环境下，德国会有30% 左右的技术发明研究不出来。日本对药品实行专利保护制度前后新药发明的情况也可以在一定程度上说明专利制度对发明创造的激励作用。该国从1940年到1975年的35年间仅发明10种新药，但从1975年到1983年间由于实行了对药品的专利保护，8年间即创制了87种新药。[②]

专利制度通过激励和保护发明创造，丰富了创新资源，立足于它对创新者利益的"刺激"。20世纪70年代初，诺德豪斯和谢勒这两位国外学者借助于经济模型，研究和揭示了专利制度是如何为发明者带来收益的观点。他们按照模型的指引，得出结论说，专利制度环境下创新企业成为垄断企业，而在缺乏专利制度时，创新企业面临模仿和技术溢出，在完全竞争市场上获取的利润为零，与在垄断市场上获取垄断租金截然不同。[③] 国外学者另外一些实证研究则证实，专利制度的法律保护功能使得发明创造者对于其从事发明创造活动有足够的预期，从而能够激发其投入发明创造活动。例如，莱尔勒考察了150多年以来60个国家专利制度与技术创新活

---

① FUMAN, J., PORTER, M. E and STEM S. The Determinants of National Innovative Capacity, Research Policy, Vol.31, 2002: 899–933; ROMER, P. Endogenous Technological Change. Journal of Political Economy, Vol. 98, 1990:S71–102.

② 冯晓青.企业知识产权战略 [M].第3版.北京：知识产权出版社，2008：139.

③ Nordhuas, W., The Optimal Life of a Patent, 62 American Economic Review 428– 431（1972）; Scherer, F., Nordhaus, Theory of Optimal Patent Life, 62 American Economic Review, 12–48（1972）.

动的关系，发现对于那些专利保护水平起点不高但经济发展迅速的国家而言，专利保护的加强大大有助于发明创造和技术创新活动。赫尔和海恩则通过对美国半导体产业的调研，发现"专利保护的加强有利于新技术企业在产品市场的合理选择性的进入，并带来资本密集型企业大规模的专利竞赛"。[①] 还有学者认为，专利对技术创新及其扩散的进程均具有影响，它同时也影响着企业之间的市场竞争，决定着企业能否从技术创新中获得收益。[②] 当然，在企业实践中，专利制度功能和特点发挥作用的大小、专利在企业中的重要性程度也受到企业多方面因素的影响。如据艾润戴尔的研究，企业规模、产业特征、企业创新战略和企业创新的信息来源等都是重要的影响因素。[③]

实际上，我国学者也同样关注专利制度与技术创新的紧密联系和互动关系。如有学者对我国1994年以来专利数据变化进行研究，发现专利制度对我国发明和创新活动所起的作用是积极的。[④] 当然，在企业实践中，专利制度对技术创新的作用是通过有效地实施专利战略的方式加以实现的。专利战略的实施能够充分利用专利制度赋予的专利保护功能和与此相关的激励发明创造的功能。

正是基于知识产权制度激励机制的作用，需要对保护知识产权提出要求，在企业知识产权管理中引入鼓励知识创造和技术创新的激励机制。

---

① 徐明华.企业专利行为及其影响因素——基于浙江的分析[J].科学学研究,2008,26(2):328-333.

② Chih-Hai Yang, Nai-Fong Kuo, Trade-related Influences, Foreign Intellectual Property Rights and Outbound International Patenting, 37 Research Policy, 2008：446-459.

③ Arundel A, The Relative Effectiveness of Patents and Secrecy for Appropriation, Research Policy, 2001,(130):611-624.

④ 周英男，王雪冬.中国发明专利最优保护期的经济学分析[J].科学学研究.2006,24(3):417-420.

## （二）我国企业鼓励知识创造和技术创新激励机制构建的现状与对策

### 1. 我国企业建立鼓励知识创造和技术创新激励机制及政策引导的现状

我国一些企业设立了激励知识创造和技术创新的奖励制度，也有不少企业通过建立和完善保护和鼓励创新的内部性质的激励创新的制度和规范，有力地促进了企业创新能力和知识产权能力的提高，取得了较好的成效。例如，宁波海天股份有限公司重视鼓励发明创造及其转化的制度激励机制。公司一直致力于在注塑机行业中形成自己的技术路线。公司一方面通过《技术创新工作管理办法》《专利工作管理办法》等建立了对发明专利物质奖励和精神奖励的制度，另一方面则在实践中予以兑现。公司的基本做法是，以发明专利对企业的贡献大小作为分级指标，兑现发明专利的具体奖励标准。现金奖励一般在2000元以下，但发明专利在年度评比中还能再次获得现金奖励。如果一项发明专利对企业贡献很大，则可以获得万元以上的重奖。公司为调动员工从事发明创造的积极性，还将发明创造与职工的职务晋升、职称评定和培训学习等挂钩。除了物质奖励，公司还通过设立"海天技术创新奖"等形式给予奖励。对于实现了重大技术突破的发明专利，公司则设立了技术创新特别奖，奖金额度达到50万元之多，如填补了国内空白的 HTF3600X/1 注塑机等新产品，公司分别对两个项目组颁发了上述重奖。这些激励创新和发明的措施大大提高了公司研究开发人员的积极性，为公司实施创新与知识产权战略奠定了坚实的基础。比亚迪公司则设立了激励专利技术创新的奖项，如专利基本奖、专利质量奖、专利工作推动奖、专利荣誉奖、技术创新奖等。

山东丛林集团有限公司依靠制度激励和考核指标约束，激发了企业从事创新活动的动力。公司出台《关于获奖、论文及专利奖励试行办法》，以此为基础建立了企业内部的知识产权激励制度，将专利研究和专利工作获奖人员奖励情况纳入其业务考核档案，以此作为晋级职称和业绩考核的依据。为激发领导和员工的创造力，公司将专利工作业绩直接与考核评价挂钩，建立了以专利工作业绩和绩效为标准的考核指标体系。如公司各基层单位建立了年度专利工作考核和评价指标，并将其纳入各主管部门及其负责人工作绩效考核指标体系。

天津天力士控股集团有限公司激励创新制度的建立过程也反映了制度激励的重要作用。公司以前的奖励政策主要针对取得新药号的研究小组，研究开发人员将取得的创新成果专利化的动力不足，积极性不高。后来公司通过建立促进创新成果专利化的制度，调动了专利申请的积极性，取得了明显效果。

河南许继集团规定，年专利申请量与专利申请类型是考察和评价公司下属企业创新能力的重要组成部分。公司还对新产品立项较多、研究开发能力较强的单位专门制定年度专利申请量考核指标，该指标完成情况直接与企业领导和相关员工收入挂钩，专利管理联络员的先进评定问题则也与专利申请和授权情况挂钩。这些制度将企业主管领导、研究开发人员和专利管理人员的收入与精神奖励和专利工作业绩对应，调动了员工从事创新与创新管理的积极性。

再如，中国科学院上海生命研究院重视以股权激励的形式促进科技创新成果转化的激励机制构建。根据该院提供的资料，研究院对科技创新成果的转化，一般采取许可实施以获得许可费用的方式加以转化，也有少部分以技术入股的形式参与企业生产经营管理。该院对于科技成果转让的收入，有一半奖励给发明人，10%分配给知识产权与技术转移中心，剩余部分则在院及其下属研究所之间进行分配。对于股权收入，研究院也充分考虑对发明人的收益保障。研究院规定股权收入先由其持股，但在变现后个人可以获得上述同样比例的等额现金奖励。

为了强化企业贯彻国家法律关于鼓励企业从事知识创造和技术创新活动的规定，近些年来我国在涉及技术创新和知识产权管理的有关政策和制度中也给予了确认。例如，《国家技术创新工程总体实施方案》指出，要"进一步完善对技术创新能力的考核指标体系，引导企业加大科技投入。推动企业集团将技术创新能力指标纳入内部各层级企业的考核评价体系"。[①] 又如，上海市实施了《发明创造的权利归属与职务奖酬实施办法》。该办法规定：在同等条件下发明人或设计人可以优先受让职务发明创造的权利。单位转让或者无偿放弃职务发明创造的权利时，应当优先书面告知该发明创造的发明人或设计人。发明人或设计人应当在被告知后予以明确答复，愿意受让的，应当书面通知单位。超过双方约定的期限发明人或设计人不答复的，单位可以视其为放弃受让。其还规定了权利优先受让、无偿或者低价转让及许可实施职务发明创造的报酬计算，以及发明人或设计人对相关信息的知情权问题。

**2. 现行企业建立鼓励知识创造和技术创新激励机制存在的问题**

对我国企业的调查发现，很多企业促进技术创新和知识创造的激励机制不够完善，甚至基本缺位。有些企业即使有一些激励政策和制度，但没有认真兑现，以致不但没有达到鼓励创新的效果，反而挫伤了创新主体从事自主创新的积极性。例如，莱芜市知识产权局提供的《中小企业知识产权工作状况调查报告》指出，某钢铁有限公司企业章程中建立了激励创新的制度"取得重大技术突破的员工一次给予5000元奖励"。一些员工在取得技术突破后申报奖金，被以成绩不突出为由拒绝授予，一些确实取得了重大技术突破的员工领取了奖金也嫌奖金数额低而情绪低落。[②] 该调查表明，奖励标准不高、奖励政策含糊难以达到真正激励自主创新的效果。另外，企业领导层对研究开发和自主创新活动本身兴趣有限，这在一定程度上是由于企业领导注重在任期内避免风险，不愿投资具有风险性和长期性的技术研究开发活动，这自然也会影响到企业自主创新和知识创造的激励政策和制度的实施效果。这一现象在部分国有企业反映尤其明显。

**3. 完善鼓励企业知识创造和技术创新激励机制的对策**

针对我国企业现行鼓励知识创造和技术创新激励机制存在的问题，企

---

① 《国家技术创新工程总体实施方案》之三（三）第3款。

② 庄晓. 莱芜中小企业知识产权管理中的问题与对策 [J]. 合作经济与科技，2010（18）：24–26.

业及相关政府部门应从以下六方面入手加强相关激励机制建设。

第一，建立激励企业创新型人才投身于技术开发、科技创新的机制。企业创新型人才是企业实施知识产权战略的关键资源，为促进企业知识创造和技术创新，获取更多的具有自主知识产权的新技术、新产品，需要建立一整套鼓励企业创新型人才从事技术开发、科技创新的制度和政策，其中尤其表现于对创新型人才的经济激励与精神激励。在经济激励方面，主要是建立创新型人才考核评价机制，将创新型人才从事创新活动的情况与取得的成果作为考评基础，建立股权、期权、实物分配等利益机制。在精神激励方面，需要在企业文化中建立尊尚创新、鼓励创新的氛围，形成激励创新的企业环境，同时对创新型人才从事创新活动及其取得的成就给予精神奖励，以此增强创新型人才的荣誉感，进一步激发其创新活力。

第二，建立奖励企业员工创新成果的奖励制度。这方面，发达国家积累了较多的经验。这些国家为鼓励企业技术人员从事发明创造活动，一般都建立了激励创新的奖励制度。以美国 IBM 公司为例，其建立的所谓累计积分奖励制度就颇具特色。其基本内容是：预先设计公司员工申请专利可以获得积分，按照一定时间内积分多少确定相应的奖励报酬。以发明为例，发明专利申请的基本积分是 3 分，当员工的积分达到累计 12 点时，即可获得 3600 美元的业绩奖。其企业技术与制造部副总裁杜诺佛指出：公司在专利技术上连续多年保持领先优势，是公司稳居市场领导地位的关键。这也证明了公司在 10 年前决定维持在业界最充分的研究开发投入，并建立真正重视与激励创新的文化是正确的策略。[①] 再以日本企业为例，企业针对专利申请和获得专利权都规定了具体的奖励制度和措施。在申请阶段，可以获得的奖金数额，少则几千日元，多则数万日元。如果该专利申请后来获得了专利权，则作为专利权人可以获得一笔奖金。如果专利被有效实施，则作为专利权人还可以获得实施奖金。奖励对象包括发明者、实施单位和实施单位的知识产权管理部门等。例如，东芝公司及富士通公司

---

① 赵玉港 . 跨国企业的专利谋略 [N]. 国际商报 .2003-3-28.

对发明专利规定了最低和最高奖金额度，其中前者为4000日元，后者为60万~100万日元。日本三菱公司还规定，如果专利发明具有效益，发明人过世后其继承人仍然可以获取一定的奖励。这些奖励员工创新成果的制度，自然有利于调动其从事知识创造和技术创新的积极性。具体就奖励制度的设计而言，企业可以针对不同的创新规定相应的奖励形式，如技术发明奖、技术革新奖、合理化建议奖、专利成果奖、专利转化奖、设计方案奖、创新管理奖等。

第三，改革科技奖励和评审制度，在科技奖励和评审制度中引入技术创新和知识产权数量指标及质量指标。过去，我国在成果鉴定、科技奖励的评定指标设计与具体的评审工作中，通常并不考虑其中的知识产权问题，缺乏以知识产权为导向的评价制度。这样做的结果是，造成了长期"科技经济两张皮"现象，不利于利用知识产权制度激励创新和提高创新能力。因此，需要对我国的科技成果鉴定、评审以及科技成果奖励制度进行改革，引入知识产权评价指标体系，重点支持那些能够在核心技术方面取得突破、形成自主知识产权的项目。

第四，贯彻实施国家关于知识产权权属和奖励方面的规定，以调动发明创造者从事发明创造的积极性，保障发明创造者的合法权益。我国《专利法》《专利法实施细则》《促进科技成果转化法》《国家重大科技专项知识产权管理暂行规定》等规定了相关知识产权权属和利益分配问题，需要在实践中加以贯彻。例如，2020年我国第四次修改的《专利法》第15条规定："国家鼓励被授予专利权的单位实行产权激励，采取股权、期权、分红等方式，使发明人或者设计人合理分享创新收益。"这一规定需要在实践中予以落实，以调动职务发明人的积极性，促进职务发明创造的研发和运用。

第五，加大运用知识产权评价指标引导企业技术研发和技术创新活动的力度，在专业技术人员职称评定中重视对专利等知识产权指标的考量。当然，不限于知识产权确权数量方面的指标，也要考虑知识产权在实践中被运用的情况，如专利实施的情况、科技成果转化的情况等。

第六，在国家和地方层面深入贯彻实施关于企业自主创新、技术创新和形成自主知识产权的优惠政策和措施。近些年来，随着我国提高创新能力、建设创新型国家，以及创新驱动发展战略的实施和深入推进，我国各级政府部门颁行了不少促进技术创新和知识产权能力提升的政策和制度。这些政策和制度涉及科技创新项目申报、专利申请、知识产权运用、知识产权融资、政府采购等多方面，关键在于如何有效实施。当然，有些政策与措施的效果有待总结经验，如一些地方关于鼓励专利申请的政策逐渐被演化为政绩工程，而不是真正意义上提高创新能力，就值得思考。近年来，国家知识产权局已发布文件，终止这种政策性资助机制。

# 企业品牌战略及其实施策略探讨 ①

　　品牌是企业的整体形象在市场上的定位，其本身反映了企业的形象，是企业形象的外在表征。品牌形象塑造可以使品牌在消费者心目中留下深刻而美好的印象，从而有利于促销和建立起与消费者之间的"品牌忠诚度"，提升品牌的价值。品牌是企业竞争力的重要表现，甚至被看成是企业的生命，品牌竞争已成为当前企业竞争的重要内容。在当代，品牌是企业形象和企业重要的无形资产，现代企业的竞争在很大程度上表现为技术的竞争与品牌竞争。品牌的重要性不仅在企业的实体化生产中得到体现，在虚拟化生产中也得到了充分体现。当然，企业品牌重要作用的发挥是以有效实施品牌战略为前提的。本文拟对品牌战略的概念与意义以及品牌战略的实施策略问题加以探讨。

## 一、企业品牌战略的概念与意义

### （一）品牌战略及其与相关概念之间的关系

　　企业品牌战略是企业立足于自身条件和外部环境，以自主品牌的创立、品牌使用和品牌声誉积累为主线，以提高企业商品或服务声誉与企业整体信誉为目的而对品牌的策划、选择、运用、管理、保护等制定的总体性谋划和总体行动计划，是"企业为了提高自身的市场竞争力，围绕产品的品牌所制定的一系列具有长期性的、带有根本性的总体发展规划和行动

---

　　① 　原载《武陵学刊》2013年第5期。

方案"。<sup>①</sup>品牌无疑是品牌战略的对象，在广义上，除了企业以外，它还包括了国家、地区乃至个人的范畴，是一个国家、地区或企业文化的重要表征。企业品牌战略的核心是营造企业品牌形象，提升品牌的影响力和竞争力。在当代社会，企业之间的竞争已由过去的产品竞争、资本竞争发展到技术竞争和品牌竞争，因而企业品牌战略成为企业发展战略的核心内容之一。《国家知识产权事业十二五规划》在"重大工程建设"部分中就提出了"国际知名品牌创建"问题，要求推进国家商标战略实施示范城市和示范企业工作，力争使示范城市达到100个，示范企业达到100个。创建一批具有国际影响力的知名品牌，探索建立重点产业集群品牌基地，加强民族自主品牌的知识产权保护。

自主品牌与自主知识产权具有千丝万缕的联系，而这两者与自主创新则存在相辅相成的密切联系。一般来说，没有自主知识产权，就很难谈得上自主品牌，而没有自主知识产权和自主品牌，则也谈不上自主创新。通过创造自主知识产权培育自主品牌的知名度和美誉度，是企业实施名牌战略<sup>②</sup>的基本规律。

品牌战略与企业商标战略关系密切但又有区别。商标战略应属于品牌战略的范畴，而且应是品牌战略的核心。但是，企业品牌形象是以商标和商号为基础并融合了企业技术和经济实力、企业文化等在内的整体形象，其形成是企业商标战略、专利战略、科技创新战略等实施的综合结果。因此，品牌反映了企业的综合经济和技术实力，品牌声誉和影响力是形成企业竞争力的重要组成部分。企业品牌战略的目的是要树立品牌的核心价值，赢得消费者，获得企业品牌竞争力。品牌战略的内容比较广泛，它以商标战略为基础，涵盖了企业产品、商标和企业文化，特别是企业文化与品牌战略的融合又形成了企业的品牌文化。不过，品牌战略的核心则是企

---

① 张昕. 商标显著性在企业品牌战略中之消长 [J]. 中华商标，2011（7）：59-61.

② 名牌战略属于品牌战略范畴，它是以提高品牌的知名度、美誉度、影响力以及消费者忠诚度为目标，以生产、销售质量高的名牌产品为依托，借以实现企业战略目标的一种战略。名牌战略和企业驰名商标战略之间也具有紧密联系。

业商标、商号和商誉，均属于知识产权的范畴。品牌战略的重点是追求产品或服务的高质量以及不断地进行创新。产品或服务质量是品牌的灵魂，是品牌赢得消费者青睐的内在根源。产品或服务的高质量则需要企业通过开发先进的技术和科学管理的形式加以实现。创新则是品牌价值塑造的驱动力，企业通过创新活动，可以获取相对于竞争对手的技术优势，并通过知识产权保护转化为市场竞争优势，促进品牌的不断成长和技术含量的不断提高。品牌战略的本质属性则可以从差异化竞争战略的角度加以理解，也就是说，在当前企业竞争愈演愈烈的环境下，同类企业之间的产品、技术乃至服务越来越具有同质化趋向，不同企业的品牌则可以具有不同的个性特点，因而可通过塑造品牌个性实现品牌差异化战略。

### （二）品牌战略的重要意义

关于品牌战略的重要意义，从对跨国公司娴熟地运用品牌战略获取巨额经济利益以及我国企业因为忽视品牌战略而处于劣势的对比中即可深刻地对其加以理解。在国际市场竞争中，一方面，国外企业凭借品牌和知识产权优势获取了巨大的利益；另一方面，我国企业自主品牌的缺乏在很大程度上削弱了自身市场竞争力，处于产业链价值的低端。[①] 其结果是，很多企业缺乏进行自主创新的资金和实力，只能满足于低层次的定牌加工，难以实现经济的转型升级。由于企业缺乏技术能力和品牌优势，贴牌生产获取的利润份额非常低，进而造成缺乏足够资金用于自主创新和自主品牌建设，形成对外技术依赖程度高达50%的被动局面。其实，不仅仅是在国际市场上我国品牌处于劣势，在国内市场上我国企业品牌也面临外国公司的国际品牌竞争。目前我国市场上充斥着国外品牌，有资料统计我国27个对外开放的主要行业品牌的前五位都是外国品牌。

实际上，我国企业品牌战略形势不容乐观。又如，在玩具行业，我国每年出口超过80亿美元，具有一定规模的企业也有15000多家，但自主品牌很少，原因在于很多企业长期习惯于OEM贴牌加工模式，结果导致

---

① 冯晓青．企业知识产权战略 [M]．北京：知识产权出版社，2008:3-34.

在玩具产业链中利润率非常低，专家估计甚至只有8%左右。如苏州某企业贴牌生产的芭比娃娃在中国离岸价格为2美元，在美国的市场价格则为10美元，该企业获得的收入为扣除运输费、管理费、来料加工费以后的余额，仅剩0.35美元。

我国是商标大国，但还不是品牌强国，我国企业知名品牌少，特别是国际知名品牌少、自主品牌少，这是严重影响我国企业国际竞争力的重要瓶颈，也是影响我国国家形象的不利方面。例如，在国际市场，"中国制造"往往与"廉价""低端"和"贴牌加工"联系在一起。世界品牌500强排行榜评选也能说明问题。该项评选是世界品牌实验室组织的，评选的标准主要是品牌开拓市场、占领市场和获取利润的能力，具体指标则有市场占有率、品牌忠诚度和品牌全球领导力等。[①] 尽管近些年来我国上榜品牌数量不断增加，但离美国等发达国家的情况仍有一定差距。

基于品牌战略的极端重要的意义，以及我国品牌竞争优势严重不足、国外跨国公司利用品牌战略大举进攻我国市场的形势，我国极有必要启动培育具有自主知识产权的知名品牌的战略，大力实施品牌战略，提高我国企业市场竞争力。党的十七大明确提出要"培育具有自主知识产权的名牌产品"的战略思想，这一战略思想旨在激发我国本土企业在自主知识产权培育中打造知名品牌。国家发改委、商务部、国家工商行政管理总局等联合发布的《关于加快我国工业企业品牌建设的指导意见》（以下简称《企业品牌建设意见》）也体现了推动企业品牌建设、提高品牌声誉和价值的用意。其提出"企业为主，政府推动；自主创新，提高质量；市场导向，重点培育；各方参与，形成合力"等原则，在区域知识产权战略层面上，也有体现。例如，宁夏回族自治区知识产权战略纲要明确将"大幅提升宁夏优势特色领域发明专利和知名品牌的拥有量，建设知识产权密集区和示范区"纳入区域知识产权战略中战略重点的重要内容之一。

---

① 冯晓青.企业知识产权战略[M].知识产权出版社，2008:39–240.

## 二、企业品牌战略的实施策略

品牌战略包含丰富的内容，涉及品牌创造、品牌管理、品牌传播、品牌定位、品牌保护、品牌创新、品牌延伸等。从企业的角度来说，为了打造企业品牌优势，实施品牌战略应重视以下策略。

### （一）强化企业品牌意识和创立名牌的信念

要强化企业品牌意识，特别是品牌的价值和战略意识。品牌是企业综合实力和信誉的凝聚，它不只是表彰企业商品、服务的符号，更是企业形象和核心价值观的体现。这里的核心价值观是企业文化沉淀的结果，是企业在长期的生产经营实践中形成的共同价值观念，对于形成企业的凝聚力和竞争力具有重要意义。企业核心价值观可以在一定的外在形式中体现出来，商标就是承载这一价值观的外在表征。品牌的知名度和美誉度对于企业开拓市场，取得竞争优势具有重大意义。品牌的影响力对于企业确立在同行中的竞争地位举足轻重。正因如此，品牌是企业巨大的无形资产，具有极大的价值。企业只有树立品牌意识，特别是品牌的价值和战略意识，才能珍惜品牌，并从战略高度经营品牌，维护和巩固品牌的核心价值，有效地实施品牌战略。当前我国很多企业品牌意识仍然不够，特别是在"合资潮"中，我国大量自主品牌被流失、冷冻、淡化或低价贱卖，教训十分深刻。

企业品牌的形成是其内外部因素综合作用的产物。品牌信誉和价值的形成是一个漫长的过程，其本身也具有一定的规律性，就是品牌的形成、成长、成熟和发展。纵观发达国家跨国公司的知名品牌，很多是经历了漫长风雨，甚至经历了几代人的努力才牢固地确立于消费者心目中的。例如，有资料统计，在世界上100个名牌中，50年~80年的占25%，80年~100年的占28%，而用了100年的占36%。可见知名品牌的打造绝非一日之功。即使是已经成为知名品牌的企业，也存在一个巩固和发展的过程。国内外均有不少反面事例证明，"毁树容易种树难"，由于忽视质量管理、危机应急处理等，一些大名鼎鼎的知名品牌毁于一旦的事件无不触目惊心。

创立名牌则是企业在追求品牌卓越的基础上更高境界的追求。名牌也就是著名的品牌，在市场上受到消费者高度肯定和偏爱，具有很强的市场竞争力。目前我国真正具有世界性意义的名牌还很少。需要通过实施品牌战略培育出一大批国内和世界名牌。

## （二）健全企业品牌管理机构和制度

健全企业品牌管理机构和制度，可以为企业品牌管理和战略运作提供基础保障。基于品牌与商标的高度关联性，很多企业是在对商标管理和制度建设中体现对品牌的管理与保护的。但也有企业是以品牌管理的形式出现。例如，袁隆平农业高科技股份有限公司即组建了品牌工作小组，成立了品牌管理部。公司还制定了《品牌管理制度》，将品牌战略与商标的设计、管理、使用与保护结合。

## （三）探索企业品牌培育的规律和模式

探索企业品牌培育的规律和模式，着眼于建立企业个性化的品牌成长机制。品牌的成长不能一蹴而就，它有一定的成长规律，包括品牌的建立、品牌定位、品牌推广、品牌忠诚度的确立、品牌维护和品牌核心价值塑造等内容。品牌成长需要在品牌战略指导下，以有效的品牌管理为基本形式，不断提升企业品牌的价值和影响力。

1.品牌的建立

品牌本身是企业产品或服务外在形态与内在质量统一的名称、符号或标记，是表彰企业及其产品或服务的标志。品牌建立应根据企业经营战略的需要，以特定产品或者服务为对象，并在符合国家法律的框架内建构，国际性品牌则还需要考虑目标国家或地区的法律和文化传统。由于品牌与商标之间具有不可割离的紧密联系，企业品牌的建构以设计科学合理的商标标识为基础，以自主运用为发展的保障。这方面很多企业的品牌成长史都提供了很好的经验。以日本索尼公司为例，其商标"SONY"的创立就如此。当初公司使用"东通工"已享有一定知名度。为了适应未来国际化企业发展的需要，公司创始人盛田昭夫与井深大决定将其改为"SONY"。该品牌在早期创业阶段自然名气不大，以致在1955年首批TR-52晶体管收音机产品出口到美国时，当时美国最大的钟表公司宝路华公司要求将出口的收音机改换商标。为了树立自己的品牌，盛田昭夫拒绝了对方的贴牌（OEM）要求。设想一下，当初如果盛田昭夫同意以贴牌方式经营，就难以成就今天国际著名的"SONY"品牌。

2. 品牌的定位

品牌定位强调品牌商品或服务与其他商品或服务的独特性，体现商品的优越性和个性化特征，它包括品牌档次定位和品牌个性定位等内容。品牌定位能够为特定产品或服务确立相应的消费群体，建立适合于特定产品或服务的消费市场，向特定的消费者展示品牌的个性、特征和档次，从而有利于树立在消费者心目中的形象，提升品牌的价值和影响力。品牌定位具有丰富的内容，包含了品牌理念、品牌价值定位、品牌消费者群体定位、品牌自身地位、品牌档次与内涵、竞争者反应定位等。以品牌自身地位和竞争者反应定位为例，前者是以企业特定产品或服务为导向的定位，如快递服务品牌定位于"快捷"；后者是从竞争者的角度及其反应方面的定位，如七喜公司将自身定位于非可乐型公司，避开了与可口可乐公司和百事可乐公司的直接冲撞，也同时确立了自身独特的内涵。

品牌定位是企业赋予其品牌的独特内涵和价值的外在表征，体现了产品或者服务的功能性定位和情感诉求，对于企业确定细分市场、实行差异化战略，具有关键意义，也是实施品牌战略的基础。一个品牌定位清晰的企业能够获得巨大成功，而品牌定位模糊的企业则难以取得成功。像奔驰公司的品牌定位就是树立"高贵、显赫、至尊"的品味，在人们心目中确立财富、地位和成功的形象，取得了极大成功。又如，雀巢公司的"雀巢"品牌定位于"Good food, Good life"，体现了为顾客提供优质食品，服务于人类健康生活的理念，加之公司"雀巢"文字及图形做商标的独特内涵，公司通过生产销售婴儿奶粉、咖啡等取得了巨大成功。

3. 品牌的推广

品牌推广需要在确立品牌定位的基础上，通过在商标使用和广告中融入企业文化和核心价值观念，提升品牌形象，提高品牌竞争力。就国际化企业而言，品牌推广的一个重要内容是实施品牌的本土化战略，这样就能较快地融入东道国的文化和市场，获得东道国消费者的认可。同时，企业为走向国际化，建立国际化的品牌，也需要通过品牌营销的形式推广品牌。韩国三星公司的品牌"奥运营销"就取得了极大的成功。公司通过对盐湖城冬奥会等的赞助，提升了品牌的影响力。由于在人们的心目中，奥运会赞助商都是世界一流企业，三星公司加入这一行列自然极大地促进了其"三星"品牌的推广。

4. 品牌忠诚度的建立

品牌推广的直接目的是要扩大品牌的知名度，在消费者心目中建立品牌忠诚度，在消费者和品牌之间建立牢固的信任关系。很多跨国公司在华品牌战略的重要内容就是实施这一战略，并取得了很大成功。例如，联合利华公司过去在广告中着力于介绍产品的功能和特点，现在则将重点转化为塑造和巩固品牌形象。当然也有企业在建立和巩固品牌忠诚度方面存在教训。例如，可口可乐公司研究开发新可乐配方就存在战略失误。在20世纪70年代，认可可口可乐品牌的消费者占18%，而认可百事可乐品牌的消费者则占4%。20世纪80年代以来，上述比例分别变为12%和11%，也就是说百事可乐品牌在消费者心目中的影响力已上升到与可口可乐几乎并驾齐驱的地步。为了在可乐饮料市场竞争中获胜，可口可乐新任总裁罗伯特·郭斯达决心改变可口可乐配方。可口可乐配方一直是可口可乐公司的绝密信息，改变配方生产的新型可乐能否继续赢得消费者青睐，是新可乐配方创新决策必须认真考虑的问题。公司最终决定实施新可乐配方创新战略。然而，在新配方产品"独特、无法形容的口味"投放到市场后，遇到了原可乐用户的强烈抵制，新产品销售无法实现既定目标。在这种情况下，公司不得不恢复使用原有配方。总结可口可乐公司开发新配方的自主创新战略失败的原因，我们可以看到，对于那些拥有广大消费者的产品来说，不能忽视消费者的心理认同和需求，不能忽视品牌的文化内涵，更不能忽视市场需要。该失败案例也说明，技术上的成功不等于技术创新，技术创新还需要在市场上取得成功。从品牌意义上说，该案则反映了品牌忠诚对企业实施品牌战略、实施技术创新战略的重要意义。

品牌培育具有一定的规律性，如有的学者提出名牌成长方式有市场主导型、技术主导型和全面创新型模式。其中，市场主导型成长模式适合于具有较强的营销创新能力、市场资源较为丰富的企业，这类企业的营销创新能力在其潜力性竞争力结构中占主导地位，因而品牌培育的战略导向通常是采取"技术改进、市场渗透"的战略，而在品牌培育策略方面侧重于利用其较强的营销创新能力实施品牌推广，加强营销网络、分销渠道，细分市场建设，不断扩大品牌的市场渗透力。通过实施品牌培育行为的一系列策略，企业最终目的是要培育出具有较高知名度、美誉度和消费者忠诚度的知名品牌，以此实现企业市场影响能力转化为市场竞争优势。技术主导型模式则适用于具有较强的技术储备和技术创新能力、在潜力性竞争力结构中技术创新能力具有比较优势的企业。这类企业品牌培育与成长更多地强调实施"技术突破、市场集中"，在选择品牌培育路径方面，侧重于培育技术能力以及对技术能力的选择、获取、应用与提升，采取突破式创新模式提升技术竞争能力。[①] 全面创新型模式则适用于在技术突破和市场开拓上均具有较强实力的企业。不过，不同企业在具体的品牌培育模式上则表现出高度的个性化特色，因为企业品牌定位、品牌核心价值、品牌战略重点和策略都需要与企业战略紧密结合。以德国宝马公司为例，众所周知，其品牌定位是具有独到特点的高档汽车，这些独到特点如高水平的质量、科技含量、精细的工程设计、高超的工艺和强大的感染力。公司品牌核心价值是树立成功人士以购买该品牌为荣的信念。无论企业实行何种个性化的品牌成长机制，品牌管理总是其实现品牌战略的基本途径和手段。

---

① 黄永春，郑准、江杨晨. 企业自主知识产权名牌成长路径的生成机理研究——基于资源成长理论[J]. 现代经济探讨，2011，（2）：47-51.

由于品牌是一个综合性的概念，品牌管理也具有丰富的内容，它立足于品牌定位和品牌的文化内涵，着力于品牌核心价值的塑造，并结合企业技术创新战略以提高产品或者服务质量为坚实的保障。

在建立上述品牌个性化的成长机制方面，质量和创新是品牌培育的基本要点，离开了这两点，很难造就一个高质量的企业品牌。以质量而论，优良的产品或者服务质量是品牌成长和培育的根本保障。上述《企业品牌建设意见》即指出，应发挥品牌建设企业主体作用，引导企业牢固树立"质量第一"的思想，实施品牌经营战略，强化品牌竞争意识。就生产产品的企业而言，主要抓产品的质量，实现质量管理战略。很多企业成败的事实证明，"质量是企业的生命"。发达国家的大企业尤其重视质量管理。例如，美国摩托罗拉公司在20世纪80年代末至90年代初，创立了"6西格玛"标准，亦即每百万个机会中出现的缺陷或失误，将产品的残次品率大大降低。该标准的重点是充分满足顾客的需要，优化生产管理流程，减少失误和故障。"6西格玛"模式与通常的质量管理的不同之处在于其将质量管理置于每个员工上，立足于顾客的期望和要求。又如，美国波音公司前首席官桑顿·威尔森曾指出，质量是飞机的生命，公司将质量管理置于管理的最重要位置，通过技术创新确保质量的提高。雀巢公司则成立了专门的质量保障系统，由工厂实验室、地区实验室、中央管制室等加以落实。无论是在制造环节还是产品销售环节，公司都有严格的质量监控措施，公司还重视消费者对产品质量的反馈，要求市场营销人员具备高度的质量意识。良好的质量保障使其产品长盛不衰。还如，日本丰田公司确立了质量第一的原则，建立了质量管理系统，在汽车制造的每一个工序中严格把关，并通过成立质量管理小组强化质量管理学习等手段提高员工的质量意识。日本日立公司树立了"无次品"的质量观念，实行3N、4M和5S的全员质量管理模式，成立专门的质量管理部门，建构企业质量保障体系。我国很多成功企业也十分重视品牌背后的质量保障。如五粮液集团公司早在20世纪80年代即推行全面质量管理，将质量管理置于企业管理的核心。实际上，由于产品和服务质量的好坏直接关系到消费者的利益和社会利益，企业质量管理远不只是维护品牌个性化成长的基本保障，还是企业履行社会责任的基础。当然，从战略运作的角度讲，企业产品和服务质量的提高还需要重视"知觉质量"问题，也就是以各种方式将高质量产品或服务的信息传递给消费者，以便在其心目中树立起质量高的品牌形象。

　　再以创新而论，它是提高企业品牌的技术含量，实施品牌定位、确立品牌核心价值的技术基础，是形成品牌竞争力的根本推动力。《企业品牌建设意见》也要求构建品牌的技术创新体系。工业和信息化部出台的《关于加快我国家用电器行业自主品牌建设的指导意见》也体现了加快创新成果的知识产权化、产业化以及核心技术自主研究开发对培植自主品牌和名牌的重要作用。该意见明确指出，增强品牌意识，首先要加大核心技术的自主研发力度，推进创新成果的产业化。在实行差异化的品牌培育和推广方面，则应选择一批市场占有率高、盈利能力强且具有自主知识产权的自主品牌企业，在技术创新、技术改造和海外市场拓展等方面予以重点扶持和跟踪培育。

　　在上述以创新实施突破方面，美国百事可乐公司与可口可乐公司竞争中实施的创新战略就是一例。在20世纪50年代，与可口可乐公司相比，百事可乐公司还只是可口可乐公司的追随者，其品牌无法与可口可乐公司品牌抗衡。为此，百事可乐公司实行了一系列创新战略，采取了一系列措施实行创新变革，如改进百事可乐的口味，重新设计瓶子和商标，改变公司形象，重新设计广告宣传模式，并且充分挖掘当时被可口可乐公司忽视以及未被占领的前苏联和中东市场，终于成就了一个与可口可乐并驾齐驱的国际著名品牌。又如，联合利华公司的成功经验之一就是"用创新推动品牌的发展"。公司将品牌的发展分为三个阶段，其中第一阶段是保存品牌生存应具备的生存能力，如产品配方、广告营销和分销模式改革，为此公司每年投入的品牌推广费用达60亿美元；第二阶段是以创新提升品牌的价值，赋予品牌以新的形式，如公司研制的兼具洗衣粉和洗衣药功能的洗衣药片就是如此；第三阶段则是让品牌突破自己，如公司设计的以投币购买的方便食品。公司深刻认识到在科技发展导致产品的技术含量越来越高的情况下，创新是维持品牌生命力的根本。如其开发的夏士莲黑芝麻洗发液就是以创新嫁接国际品牌与本土品牌的成功范例。联合利华实施以创新推动品牌发展的原则，使得老品牌具有了新的内容，而且使产品质量不断提高，从而可以认为创新是决定品牌影响力的关键。[①]无疑，这里的创新核心是技术创新，因为技术创新包含了技术发明和对创新成果的市场化适用的内涵，技术创新才是维系品牌声誉与保持其旺盛的生命力的关键。从这里也可以看出，企业品牌战略与技术创新融合是真正实现其核心竞争力提高的保障。

### （四）将品牌战略置于技术创新战略和知识产权战略的运行环境中

前已述，企业品牌与技术创新和知识产权战略具有紧密联系，品牌战略的推行不能孤立进行，而应与企业技术创新战略和知识产权战略有效结合。这种结合的基本运行机制如下。

（1）强化企业创新的主体意识，树立企业技术创新和自主创新的主体地位，将推进自主品牌建设作为树立企业上述主体意识和地位的重要内涵。我国提出了建立以企业为主体、市场为导向、产学研深度融合的技术创新体系的政策，这一政策运营需要以培育自主品牌为基础，以知名品牌产品生产和销售带动产业结构升级和集约经营，实现经济增长方式的改变和竞争力的提高。像我国启动的"国家创新工程"就提出要"形成适应社会主义市场经济体制和现代企业自身发展规律的技术创新体系及运行机制，大型企业拥有自主知识产权的主导产品、名牌产品和关键技术的开发能力，产品在国内具有较高市场占有率，并在国际市场具有一定的竞争优势"。

（2）坚持将品牌战略纳入企业总体战略、企业经营战略和营销战略中，将品牌建设作为企业提高自主创新能力和实现企业经济增长方式变化

---

① 包晓闻，刘昆山.企业核心竞争力经典案例（欧盟篇）[M].北京：经济管理出版社，2005：193-194；199.

的重要手段。品牌不是孤立的，企业生产经营活动是其成长的沃土，而品牌培育本身也是企业生产经营管理活动中的重大问题，因此品牌建设应纳入企业总体战略中，在实实在在的生产经营活动中通过生产高质量的产品或提供高质量的服务提升品牌形象，反过来以品牌形象推进企业生产经营活动，形成企业生产经营与品牌成长的良性互动机制。

（3）坚持自主品牌培育为主的品牌战略方针，将自主品牌培育贯穿于企业技术创新全过程。品牌信誉和价值是在企业长期的生产经营活动中逐步形成的，企业的生产经营活动和技术创新是品牌成长的天然舞台。因此，企业品牌的培育应在其生产经营、技术创新全过程中予以渗透。例如，在新产品研制出来后，上市之前就应考虑注册商标；在进行国际化经营过程中，实行"产品未到、注册先行"的策略；在企业生产经营过程中注意塑造品牌形象和树立品牌的核心价值，赋予品牌与企业生产经营和技术创新战略相适应的合理定位。值得注意的是，关于我国企业自主创新模式，有学者提出了其基本的运行机制是：确立自主创新目标；进行自主创新设计；存量技术扫描；创新；获取自主知识产权；必要的知识产权引进；自主实施。[①]这一运行机制中就涵盖了自主品牌培育。这一过程显然是以自主品牌培育为核心的，它揭示了自主品牌培育是一个不断发展的过程。

（4）坚持以技术创新和市场导向作为创立、培育和发展企业品牌的基本路径。上述品牌的个性化成长机制中强调质量和创新的重要性，实际上企业产品或服务质量的提升均是以科技创新和技术创新为基本活动形式的。企业技术创新与品牌战略如何有效结合，是值得深入研究的课题，总体上则应以技术创新和市场导向作为基本的思路，探索适合自身的品牌发展模式。例如，美国麦当劳公司在打造全球餐饮业第一品牌方面的经验就值得研究。该公司在品牌价值和形象追求方面特别重视品牌的视觉形象，统一、鲜明的视觉形象构成了公司品牌形象战略的基石。公司品牌经营战略的核心是以品牌为核心的特许经营模式，其独特的品牌特许加盟制度及

---

[①] 宋河发，穆荣平，任中保.自主创新及创新自主性测度研究[J].中国软科学,2006（6）：60-66.

其有效运作成就了这个世界餐饮业帝国。公司统一的品牌推广制度也是其上市品牌战略的成功经验之一。从品牌理论讲，品牌推广是扩大品牌影响力，在消费者心目中树立品牌形象和提升品牌价值的基本手段。基于全球性战略的需要，麦当劳公司为推广品牌，建立了联合广告基金制，在广告中除贯彻麦当劳的品牌核心价值理念外，还融进了本土化战略的内容，允许不同区域实施不同的创意。

技术创新与市场导向本身之间具有密切联系，而品牌成长和发展与两者都息息相关。从品牌培育与市场导向的关系看，主要是将品牌成长与发展牢牢地置于市场环境中，在市场营销环节大力培育和发展品牌。为此，需要赋予品牌和产品以适当的市场定位，以市场为导向，建立良好的客户关系和营销渠道，以创新的产品和营销模式为依托，运用现代科学管理手段和营销网络，不断提高品牌在消费者心目中的形象，建立品牌忠诚度和美誉度，使品牌成为市场营销的重要资本。

（5）整合企业知识产权战略与品牌战略，在企业知识产权战略目标中确立创立名牌的目标，在品牌战略中实施推动自主知识产权的形成和保护。品牌战略和知识产权战略融合的核心是培育具有自主知识产权的知名品牌，通过提高自主品牌的影响力和市场开拓能力提升企业竞争力。

### （五）完善品牌的激励机制，提高品牌管理水平

建立和完善品牌的激励机制，促使创立名牌成为企业的导向。在这方面，需要政府激励的正确引导，以发挥知名品牌的示范效用，防止品牌评选、认定的不公正因素。为此，政府出台有关品牌建设的政策措施具有必要性。这类措施特别应注意防止品牌激励的异化。

品牌战略的实施离不开高素质品牌管理人员的参与。为此，需要加大对品牌管理专业人员的培养，积极扶持品牌管理和品牌战略中介机构的发展。在培养品牌管理人员方面，建立和完善"品牌管理师"职业资格制度具有重要意义。所谓品牌管理师，是专门从事品牌策划、品牌塑造、品牌推广与应用、品牌宣传、品牌运营等工作的专业人员。全国品牌管理师纳

入人力资源和社会保障部专业技术人才知识工程管理。品牌管理师制度无疑有利于激励品牌管理专业人员投入品牌管理事业，从而为企业实施品牌战略提供强大的人力资源保障。

### （六）实施企业品牌国际化战略

对于具备开拓国际市场能力的国际化企业而言，国际化经营战略是其极其重要的经营战略。为实现企业国际化经营战略，需要相应地实施品牌国际化战略。在这方面，很多公司提供了范例。如海尔公司制定了走出国门、创立国际知名品牌的品牌经营战略。公司总体扩张战略的基本内容是：第一步是输出商标，也就是进行商标的海外确权，目前公司已经在100多个国家和地区申请注册了2000多个商标，为公司创立国际知名品牌奠定了坚实的基础。第二步是输出产品和管理理念，公司出口产品坚持注册先行的策略，以商标作为创立商品声誉的载体。第三步则是建立全球化的品牌，实现企业全球化经营的战略目标。又如"好孩子"公司为开拓国际市场，一方面直接使用在目标市场国家注册的商标，另一方面则与东道国著名儿童品牌合作，以联合品牌形式使用，打开了国际市场。公司还善于以专利树立品牌信誉，公司拥有国内外专利3000多项，其流线型车架造型、秋千式婴儿车等风行美国市场，只用3年时间就获得了美国婴儿车市场的头把交椅。

### （七）严防品牌被贬值、贱卖和收买

品牌声誉的创立不易，一个具有良好声誉的品牌的创建甚至需要几代人的努力。然而，品牌的毁损或者流失可能在一朝一夕。过去，我国相当多的具有较高声誉的企业品牌因为企业品牌意识淡薄等原因而流失或淡化，教训十分深刻。较早如20世纪90年代占据全国饮料市场75%的"天府可乐"曾试图借助于世界巨头百事可乐走向世界，结果在合资后反而遭对方扼杀。近些年来，国外跨国公司加大了对我国知名品牌的进攻力度，造成饮料、化妆品、洗涤用品市场，感光行业等大部分被国外品牌垄断的

局面，原先我国的众多知名品牌先后以合资的名义被吃掉或者冷冻、淡化，这种局面的形成除了国外企业品牌战略经验丰富、我国企业品牌价值意识淡薄等原因以外，我国缺乏对民族品牌的特别保护政策和制度，特别是对外资收购品牌可能存在的涉嫌行业和市场垄断的后果缺乏足够的法律与政策调整手段也是重要原因。近年国内知名品牌"双汇"在外资收购中被商务部反垄断审查程序阻止则是难得的通过行政和政策手段保护民族品牌的成功先例。为此，在政府和规范层面上，应建立健全对国内知名品牌的保护政策和制度；在企业层面则应强化品牌价值意识和战略意识，严防轻易毁掉来之不易的企业名牌。